シリーズ・学力格差 ④ 国際編

世界のしんどい学校

東アジアとヨーロッパにみる学力格差是正の取り組み

Resilient Schools
Overcoming the Achievement Gap in EastAsia and Western Europe

【監修】志水宏吉 Kokichi Shimizu
【編著】ハヤシザキ カズヒコ Kazuhiko Hayashizaki
園山大祐 Daisuke Sonoyama
シム チュン・キャット Sim, Choon Kiat

明石書店

刊行にあたって
シリーズ・学力格差　全4巻

　「学力低下の実体は学力格差の拡大である」という主張を、監修者らの研究グループが行ってから15年あまりが経過した。小中学生の「学力の2こぶラクダ化」という言葉で表現したが、そうした見方は今日では日本の学校現場の常識となっている。

　いわゆる学力低下論争が勃発したのは、1999年のことであった。日本の子どもたちの学力が、もはや世界のトップではないことを示したPISA第1回調査の結果が、それを後押しした。2003年に文部科学省は、それまでの「ゆとり教育」路線を「確かな学力向上」路線に転じた。そして、2007年には全国学力・学習状況調査がスタートした。今日それは、小中学校現場の年中行事として定着した感がある。点数学力を中心に学校が動いていく状況は、今後もしばらく変わりそうにない。

　日本の子どもたちの学力低下は、一体どうなっているのだろうか？　学力格差の状況はよくなっているのか、あるいは悪化しているのか？

　全国学力・学習状況調査の結果を見ると、学力上位県と下位県の格差は順調に縮まっているようである。3年おきに実施されるPISAの結果でも持ち直した感がある。その他の調査の結果を含めて考えると、日本の子どもたちの学力は、一時期落ち込んだが、その後はある程度回復していると総括することができる。

　ただし、21世紀に入ってからの日本社会の経済的格差状況は変わっていない。ことによると、ひどくなっているかもしれない。そのなかで、学力調査の結果が改善傾向にあるのは、ひとえに学校現場ががんばっているからに他ならない

というのが、私たちの実感である。諸外国に比べると、格差是正に費やされる国費の額はきわめてお寒いのが日本の実態である。もし現場が手をゆるめると、学力格差がもっと拡大していくおそれが多分にある。

　学力格差の是正は世界各国の共通課題である。現時点の日本に、そして世界に、何が起こっているのか。それを教育社会学の観点から探究したのが本シリーズである。15年以上にわたって学力格差の問題を追いかけてきた監修者は、2014年度に科研費を獲得し、5年間にわたる総合的な研究プロジェクトに着手した（科研費基盤研究（A）「学力格差の実態把握と改善・克服に関する臨床教育社会学的研究」、研究代表：志水宏吉、課題番号：26245078）。本シリーズは、その成果を4巻本にまとめたものである。参加した研究分担者は18人、協力した大学院生は20人以上にのぼる。

　本シリーズの特徴をあげると、以下のようになる。
　1）教育社会学という学問分野の最新の問題意識に立つものであること。
　2）その結果として、学力格差研究の最先端を行くものであること。
　3）「家庭」「学校」「統計」「国際比較」という複合的視点を有していること。
　4）3〜4年にわたる定点観測的な経時的調査研究にもとづいていること。
　5）現状分析にとどまらず、積極的に格差是正の提案・提言を行っていること。

　各巻の主題は、以下の通りである。
　第1巻＜統計編＞『日本と世界の学力格差』では、各種の学力データの分析を通して、日本と世界における学力格差の現状の総合的な把握を試みる。本書は3部構成である。第Ⅰ部では、これまでの学力研究のレビューを通して、現時点の日本の学力研究の到達点と課題を明らかにする。第Ⅱ部ではPISA・TIMSSといった国際学力調査から、日本の学力実態を論じる。そして第Ⅲ部では、ある自治体で実施された学力調査から、国際調査ではわからない日本の学力格差の実態について分析を行う。

　第2巻＜家庭編＞『学力を支える家庭の姿』では、就学前後4年間（3〜6歳）の追跡調査を通して、子どもたちの学力を支える家庭の力の諸相を明らか

にする。具体的には、大都市圏の子育て世帯を対象にしたインタビュー調査と訪問調査をもとに、各家庭が自ら有する資源や資本を活用しながら展開する子育て戦略が、子どもとの相互作用を通じてどのように実現しているのか、さらにはそれが学力とどう結びついているのかを検討する。

　第3巻＜学校編＞『学力格差に向き合う学校』では、対象校における3年間にわたるフィールド調査をもとに、子どもたちの学力の変化について検討する。対象となるのは、都市部の同一自治体に所在する、異なる社会経済的背景の地域を持つ2つの中学校区の学校（各1小学校、1中学校）、計4校である。子どもたちの家庭背景をふまえた上で、彼ら、とりわけ低学力層の学校経験や学力形成の動態を捉え、学力格差の拡大・縮小のダイナミクスを解明する。

　第4巻＜国際編＞『世界のしんどい学校』では、世界の学校現場において学力格差の問題がどのように解決されようとしているのかという課題にアプローチする。対象となるのは、東アジアの3カ国（韓国、香港、シンガポール）とヨーロッパの4カ国（イギリス、フランス、ドイツ、オランダ）、計7カ国の「しんどい」地域（低所得層や移民が多く居住する地域）に立地する7つの小学校である。各小学校での教師たちの奮闘ぶりとその背後にある各国の政策の特徴に焦点が当てられる。

　各巻の中身は、数年にわたって展開された、用意周到な学術調査・研究にもとづくものであるが、幅広い層の読者に読んでいただきたいと考え、できるかぎり平易で、ていねいな記述を心がけた。
　現代の学力格差研究の決定版として、自信をもって世に送り出すものである。

志水 宏吉

はじめに

　レフ・トルストイ『アンナ・カレーニナ』冒頭の言葉である「幸福な家庭はどれも似たものだが、不幸な家庭はいずれもそれぞれに不幸なものである」になぞって、「しんどくない学校はどれも似たものだが、しんどい学校はいずれもそれぞれにしんどいものである」と言いたい。否、「しんどい」の意味を広げて解釈すれば、程度の差こそあれ、しんどくないという学校が果たして世の中にどれくらいあるのだろうか。それに、一見しんどくないと見えている学校でも、しんどい子が隠れて見えない場合も十分にありえるのだ。
　もっとも、多種多様に存在しうるしんどさの中で、本書が主に取り上げるのは、より目に見える形で認識される子どもたち、具体的に言うと勉強が不得意な子、嫌いな子、その意義が見いだせない子、あるいは何らかの生活環境、家庭事情や社会的背景などで勉強に気持ちが向かない子たちであり、そしてこれらのしんどい子たちとそれに向きあう教師たちがいる学校なのである。
　言うまでもなく、このような子が多く集まるしんどい学校は世界のどの国にも存在する。国際調査などで世界的に高学力であると言われている私の国シンガポールももちろん例外ではない。しかしながら、各国のこういった学校に関する調査研究が充実しているとは決して言えない。その理由は簡単である。そもそもしんどい学校は調査などに協力できる余裕がほとんどないからであり、また多くの国では、とりわけシンガポールのような中央集権的な教育行政を行っている国では、課題が集中する学校に部外者を入れたがらない傾向があるからである。
　私もその昔シンガポールの教育省に勤めていた頃は、日本から来た視察団や研究者をよく学校に案内したものの、対象校として選ばれるのは全部しんどく

ない学校ばかりであった。その都度、内心ではシンガポールの教育と社会の真の姿を見たければ、本当はそうでない学校に行ったほうがいろいろわかるのに……と思ったりしていた。

そうであるからこそ、大阪大学の志水宏吉先生から本研究の調査協力を打診されたとき、難しい調査になると思いながらも是非参加させていただきます！とものの一秒で返事をした。それでは、しんどい学校を見せたがらないシンガポールでどのように対象校に行き着いたか、さらに高学力国のそのような学校はいったいどのような様子を見せるかは、この本を読んでの楽しみである。

実際にこの本を読めばわかるように、しんどい子に対して教師たちがどのように対応し、学校がどのような対策を取っているのかは、それこそ「十国十色」でまさに「いずれもそれぞれにしんどいものであり」、それら国々の教育ポリシーを映す鏡でもあると言える。その一方で、共通点が見られ、希望の光も見えた。私たちの研究グループメンバーも実によくお互いの調査結果に驚いたり感心したりしたものだった。

「世界の○○学校」をタイトルとする本は少なからずあるものの、その○○に「しんどい」が入るのは初めてなのではないだろうか。異なる国のしんどい学校を広い地域で比較する本書には、例えば日本で同じような学校を狭い地域で掘り下げる本とは異なる知見と発見があるはずだ。この本をきっかけに、私たちの研究グループメンバー全員がそうであったように、各国、引いては日本の学校を見る目が変わり、教育のあり方と原点を今一度考える一助になれたら、私たちが数年にわたって調査を行ってきた努力も、ほとんど余裕がない中で私たちの研究にご協力いただいた学校の思いも報われることだろう。

それでは、イントロはこれくらいにして、世界のしんどい学校への扉をどうぞお開きください。

シム チュン・キャット

シリーズ・学力格差
第4巻〈国際編〉

世界のしんどい学校

東アジアとヨーロッパにみる学力格差是正の取り組み

目次

刊行にあたって　シリーズ・学力格差 全4巻　（志水 宏吉）　3
　　　はじめに　（シム チュン・キャット）　7

序章　東アジアの優等国と欧州の大国の学力格差是正
　　　　　　　　　　　　　　　　　　　　　　　　ハヤシザキ カズヒコ　15

1. 社会の変動と学力　15
2. 本書でとりあげる国々　17
3. 7つの国の教育の特徴　20
4. 各国のひとつの「しんどい学校」の実践をえがく　24
5. 2部構成　28

第Ⅰ部　各国の教育事情と学力是正策

第1章　シンガポール
　　　　落ちこぼれをつくらない都市国家の教育戦略
　　　　　　　　　　　　　　　　　　　　　　　　シム チュン・キャット　32

1. はじめに――「ヒト」だけが唯一の資源であるシンガポールの宿命　32
2. 国づくりの根幹をなすシンガポールの教育制度　33
3. シンガポールにおける学力格差是正策　40
4. 外国人児童の教育　43
5. おわりに　44

第2章　韓　国
　　　　政府と自治体はテストの点数向上を目指さない　　　　　朴 志煥　48

1. トンビが鷹を生めない韓国社会　48
2. 韓国政府の教育政策　51
3. 自治体の教育政策　53
4. 革新教育政策の行方と是正　58

第3章　香　港
　　　　潤沢な教育費を投入し、移民の言語能力向上に資する教育政策
　　　　　　　　　　　　　　　　　　　　　　　　　　　　　石川 朝子　62

1. 香港の社会と政治経済　62

2. 香港の教育制度　63
  3. 香港の教育の特徴　64
  4. 香港における学力格差と移民が抱える教育課題　67
  5. 香港における学力格差是正のための教育政策　70

第4章　イングランド
格差是正は至上命題！　現場に次々とムチうつ保守政権
………………………………………………………… ハヤシザキ　カズヒコ　76

  1. イングランドにおける学力格差の是正策　76
  2. 連立政権以後の教育改革の反動　78
  3. イギリスの貧困と格差　81
  4. 学力格差の是正の成果と学校の目標　83
  5. ロンドンの学力格差是正　87
  6. まとめ　89

第5章　フランス
エリート教育からの転換、大衆化する学校教育に挑む……… 園山　大祐　91

  1．政策背景　91
  2．階層別にみる教育の大衆化　93
  3．初等教育段階から始まる学力低下と階層間格差　96
  4．中等教育の大衆化と進路選択にみる格差の固定化　97
  5．校区間格差是正策「第6次優先教育」の特徴　100
  6．移民の学業問題　101
  7．おわりに　103

第6章　ドイツ
個々への支援を目指す、連邦と州による教育政策………… 濱谷　佳奈　109

  1. はじめに　109
  2. 分岐型学校体系に基づく学力格差是正策という矛盾？　111
  3. 教育モニタリングの総合戦略による学力格差是正への挑戦　114
  4. 成績低位層の児童生徒に向けた支援策　117
  5. おわりに　120

第7章　オランダ
社会文化的多様性への学校教育の終わりなき挑戦……… 末岡　加奈子　125

  1. はじめに　125

2. オランダにおける社会文化的多様性と、都市部の貧困問題　126
3. 移民の背景をもつ子どもの「教育達成」　127
4. 教育システムと学校教育の特徴　129
5. 初等教育からの学校選択と児童の「家庭背景」に応じた予算配分　132
6. 人口動態の多様化に伴う教育優先政策の経緯　135
7. おわりに——近年の動向　137

第Ⅱ部　各国のしんどい小学校はどのようにガンバっているのか？

第8章　シンガポール
世界トップレベルの学力を誇るシンガポールのしんどい学校　………………………………………………… シム　チュン・キャット　144

1. はじめに——ネイバーフッドスクールの特徴　144
2. 調査対象マーライオン小学校の特色　145
3. 調査対象と方法　146
4. マーライオン小学校4年生児童のスクールライフ　148
5. マーライオン小学校の授業風景　152
6. インタビューからみる低学力児童が抱える諸問題　159
7. おわりに　167

第9章　韓国
革新学校づくりと学力保障のジレンマ ………………………… 朴　志煥　169

1. ウリ小学校の置かれた地域的文脈　169
2. 地域によるウリ小学校へのサポート　171
3. 民主的な学校文化づくり　174
4. 体験中心の教育実践　177
5. 学力保障への取り組み　181
6. 学力のジレンマ　184
7. 過程中心教育に対する省察　186

第10章 香港
学校に関わる全ての人的リソースをパワーに
.... 石川　朝子　189

1. 移民児童の学力を支える「望海小学校」の取り組み　189
2. 教職員と保護者の「学力観」をめぐるジレンマ　199
3. 望海小学校の取り組みの特徴
　　——学校に関係する全ての人で児童の学びを支える　201
4. 取り組みの結果　205
5. 調査を終えて　209

第11章 イングランド
プレッシャーにつぶされない教職員と子どもたち
.... ハヤシザキ　カズヒコ　211

1. タワーハムレット　211
2. マルメスベリー小学校と校長のジョアン　214
3. スタッフ　216
4. スチュワーツクラスの1日　217
5. 介入と促進　224
6. 学童保育——朝食クラブと放課後クラブ　226
7. コミュニティ・アプローチ　227
8. 学力格差縮小の成果　229
9. イングランドの「いいわけゼロポリシー」　232

第12章 フランス
基礎学力と「コンヴィヴィアリティ」の育成をめざして
.... 園山　大祐　236

1. はじめに　236
2. 本校におけるフレネ教育と制度主義教育の実践の意味とは　237
3. 調査地とエッフェル小学校の特徴　239
4. エッフェル小学校の授業実践の特徴　241
5. 授業観察からみえてきたこと　244
6. 校長先生および教員のインタビューから　246
7. 求められる学力と学力向上の難しさ　250
8. おわりに　252

第13章　ドイツ
健康な教員が担うインクルーシブな教育実践 ……………… 濱谷　佳奈　254

1. はじめに　254
2. ノルトライン・ヴェストファーレン州イグナチオ基礎学校の特徴　255
3. イグナチオ基礎学校でのVERA 3の結果とその評価　261
4. イグナチオ基礎学校にみる学力底上げに向けたカリキュラムと教育実践　264
5. 児童の成長と分岐型中等教育への進路勧告　274
6. おわりに　276

第14章　オランダ
ロッテルダムの未来を担う子どもたち ………………… 末岡　加奈子　280

1. はじめに　280
2. 調査対象と方法　281
3. 教師と子どもたちの一日　285
4. 是正策の一つとしての食生活への介入　287
5. 授業実践　289
6. 学力テストと中等学校への進学　293
7. おわりに　295

終章　世界を通してみるがんばる教師たち
………………………………………………………… 園山　大祐　299

1. はじめに　299
2. 政策にみる共通点、各国の特徴　301
3. 欧米にみるポピュリズム化と国際教育調査の与える政策影響への懸念　303
4. 国際調査（PISA, TIMSS）の結果と7カ国の教育制度との連動性　306
5. 日本への示唆　314
6. おわりに　319

　　おわりに（志水　宏吉）　323
　　監修者・編著者　略歴　326

序章
東アジアの優等国と欧州の大国の学力格差是正

ハヤシザキ　カズヒコ

1. 社会の変動と学力

　本書の問いは、世界の学校では学力の格差にいかに対処しようとしているか、である。

　今世紀も初頭をおえつつある現在、世界をとりまく状況は劇的に変化している。情報技術とインターネットの進化は、鉄道や電気につぐ大きな産業革命をもたらした。それらに付随して、ゲノム科学、バイオ技術、電子商取引や仮想通貨、ロボット工学、再生エネルギー技術、人工知能技術が劇的に進化した。わたしたちの世界の変化はかつてないほどの加速度をもっているのではないか。「10年ひと昔」とはいうものだが、いまでは5年前がすでに大昔であり、時代おくれともいえる。

　日本を例にとってみても、5年前は、たとえば、コンビニではスマートフォンでの支払いもできなかった。サッカーや野球の中継はネットの動画配信ではなく、テレビでのみ観戦するものだった。日本の原子力発電所はひとつも稼働していなかったが、2018年には電気があまりすぎて再生エネルギーの出力を抑制するほどになった。また、日本がLCC元年とよばれたのは2012年だっ

たが、2013年からアジア系の観光客が急増し2014年には「爆買い」が話題となった。この直近5年で、海外からの旅行者は1832万人増加、5年前の約3倍となった（日本政府観光局 2019）。日本に在留する外国人は57万人増加した（法務省 2018）。都市のコンビニで外国人のアルバイトを目にすることがマレではなくなったし、人口2万人以上の都市にはどこにでもネパール人経営のインドカレー屋がある。他方、57万人も在留外国人が増加したにもかかわらず、2014年から2019年の5年間で90万人の人口が減少、すなわち政令指定都市ひとつ分にも相当する、日本にすむ人の数が減少したのだ（総務省 2019）。

　世界では技術や経済での中国の台頭がめざましい。現在では中国がハイテク分野のみならず、基軸通貨においてさえもアメリカの地位をおびやかしている。2013年に時価総額で世界一だった米国石油会社エクソンモービルが、中国系IT企業のアリババにおいぬかれていることは象徴的である。経済的な優位性のブレにともなって政治状況も一変した。2015年シリア難民がヨーロッパに大量に避難し、ナショナリズムと排外主義が世界中で跋扈している。英国はEUからの離脱をきめ、米国では2016年にトランプが大統領に就任した。日本では2015年に70年ぶりに集団的自衛権が違憲ではなくなったとされた。

　このような変化のなかで、学校で習得される力（＝すなわち学力）とはどのようなものであるべきなのか。学校でえられる知識のなかには、その価値の有効期限が5年以下のものさえあるのだ。世界に学力論争をまきおこしたPISAを開発した経済協力開発機構（OECD）はあたらしい学力の形態としてキー・コンピテンシーを提唱している。それはきわめてシンプルにいえば、知識の量よりも、知識を利用する能力をより重視するものだといっていい。こうした動向によりそって、教育政策がより比重をもつ国々では、カリキュラムの更新がはかられている。その方向性は一様ではないものの、各国の教育は継続的な変化のなかにある。ある国々ではその変化が加速している。

　しかし、いくら学校で習得される力を政府が更新していったといても、それがすべての子どもたちに習得されるというわけではない。学校でみにつける力が変化のはげしいあたらしい世界で各国が生存をはかるためのものだとしたら、できるだけおおくの子どもがその力を習得することが必要となるだろう。そして全体の学力をあげることが目指されている場合には、学力の格差はむしろ

あってはならず縮小すべきものである。実際にある国全体での平均学力のたかさがその底上げによってもたらされていることは、後述するように、さまざまな調査でも実証されているところだ。もう一方で、メリトクラシーが支配的な社会では、貧富の格差が再生産されることは公正でないとみなされる。どんな家庭に生まれたかではなく、能力で人は評価されるべきとするのがメリトクラシーである。しかし、ある社会で、社会経済的に不利な立場におかれた人々が、学校をつうじて、その不利な立場を挽回できないとすれば、教育は不平等を強化する道具にすぎない。それゆえ学力格差の縮小が社会的公正の観点からも目標となる場合がある。たとえば、アングロ・サクソン系の国では左右を問わず教育の社会的公正は政治的な関心となっている。そして、わたしたちの研究グループもある程度こうした意思を共有している。国家や社会の持続性のためにも変革のためにも、そして、個人の生存のためにも、一定の基礎学力をよりおおくの人々が身につけるべきであると。

2. 本書でとりあげる国々

　わたしたちが本書でとりあげる国は、シンガポール、韓国、香港、イギリス、フランス、ドイツ、オランダの7つの国である。なぜこれらの国々を調査対象の国としたのか。それには理論的で必然的な理由と、わたしたちの研究グループのコネクションや都合によるものがある。

　じつは、上記の関心を共有するわたしたちの研究グループには前身がある。それらのメンバーとは、およそ4年前に類似した問いをもった研究の成果として、『学力格差是正策の国際比較』（志水宏吉・山田哲也編著 2015）を上梓している。

　この著では、アメリカ、オーストラリア、イギリス、フランス、ドイツと、さらには日本の学力格差の是正策について紹介している。OECD の PISA による学力ランキングの各国への影響度のちがいをふまえつつ、アングロ・サクソン系の国々（アメリカ、オーストラリア、イギリス）と、ヨーロッパ大陸系の国々（フランス、ドイツ）とに学力格差への対策を分類し、さらにそれら国々と日本との差異をこの著は考察したものであった。いわば本研究は前掲書の後継であり、フォローアップになる側面もある。

表 0-1 2015 年 PISA 科学的リテラシーの平均スコア上位

順位	国・地域	スコア
1	シンガポール	556
2	日本	538
3	エストニア	534
4	台湾	532
5	フィンランド	531
6	マカオ	529
7	カナダ	528
8	ベトナム	525
9	香港	523
10	北京・上海・江蘇・広東	518
11	韓国	516

出典：DataLink http://dx.doi.org/10.1787/888933431072

前掲書の国々にくわえて、この研究グループでは、あたらしく東アジアの3つの国をとりあげている。東アジアの国々が世界の教育界で着目をあびているからである。

あたらしい学力の提唱と学力の向上、学力格差の是正（または学力底辺層の縮小）、社会経済的な背景と学力との相関の改善は、まさにPISA調査の関心でもある。PISAの第1回目の調査は2000年で32カ国の参加でおこなわれたが、3年ごとの回をおうたびに参加国・地域をふやしてきた。2015年の第6回目の調査では、初回の倍以上、72の国と地域が参加した。

そして、このPISAの参加国・地域がふえるにつれて次第にあきらかになったのは、東アジア諸国・都市の優位性だった。第1回目の2000年調査ではフィンランド、韓国、日本の好成績が着目された。そして、第2回（2003年）で参加した香港、マカオ、第3回（2006年）で参加した台湾、第4回（2009）の上海、シンガポールなど、いずれの東アジアの国・地域もが上位のグループに位置したのだ。2015年のPISA調査では科学的リテラシーが調査の中心とされたが、科学的リテラシーの平均スコア（**表0-1**）は、ぶっちぎりのトップにシンガポールがきた。つぎのグループには日本、台湾、マカオ、香港が位置している。さらには、中国の4都市と韓国も次のグループにつけている。

ちなみにこれらの平均スコアの上位の国々では低学力とされる人々がすくないこともわかっている。**表0-2**はおなじ2015年の科学的リテラシーでレベル1以下の割合をすくない順からしめしたものである。順位のいれかわりはあるものの、およそ平均スコアの順位と学力の底上げの順位が相関していることはみてとれるだろう。格差の是正と学力平均の向上は、相反するものではなく両立するものなのである。

表 0-2　2015 年 PISA 科学的リテラシーのレベル 1 以下の割合（%）

順位	国・地域	レベル 1 未満	レベル 1b	レベル 1a	合計
1	ベトナム	0.0	0.2	5.7	5.9
2	マカオ	0.1	1.1	6.9	8.1
3	エストニア	0.0	1.2	7.5	8.7
4	香港	0.1	1.6	7.8	9.5
5	シンガポール	0.2	2.0	7.5	9.7
6	日本	0.2	1.7	7.7	9.6
7	カナダ	0.1	1.8	9.1	11.0
8	フィンランド	0.3	2.3	8.9	11.5
9	台湾	0.3	2.7	9.4	12.4
10	韓国	0.4	2.9	11.1	14.4

出典：DataLink http://dx.doi.org/10.1787/888933431072

　では、これらの国々の優位性はどこからくるのだろうか。これらの国々は貧困や移民や多様なエスニシティの増加といった、学力の低下につながりうる要因にどのようにとりくんでいるのか。これまでにみた欧米とはことなるアプローチがあるのかどうか。こうした問いは前著でものこされた課題だった。

　それゆえ、わたしたちは、かつての調査対象国のなかでも代表的な国を継続的に調査するとともに、東アジアの国をできるだけ調査対象国・地域としてとりあげようとした。当初のメンバーには、前身のグループから監修者の志水とともに、編者のハヤシザキ（イギリス担当）、園山（フランス担当）がいた。そこに志水の知己である中堅の研究者で、まず、シンガポール出身でその教育制度に精通するシムと、日本の学校でもフィールドワーク経験をもつ韓国の人類学者である朴に参加してもらうこととなった。さらに北京語ができるという理由で石川にもくわわってもらった。石川には（どれも北京語圏ではないのに）上海、台湾、香港のどれかを調査してくれないかと、わたし（ハヤシザキ）が依頼し、香港がえらばれた。こうしてシンガポール、香港、韓国の 3 つの国がきまった。

　比較対象としてのヨーロッパには、3 つの大国をとりあげている。すなわち、アングロ・サクソン系の代表であり、学力格差に真正面からとりくむイギリス、PISA や狭義の学力など「どこふく風」のフランス、PISA ショックが教育政策に影響をあたえたものの、自由主義的な教育風土のつよいヨーロッパの大国ドイツを前身のグループから継続した。ドイツの調査には、園山の紹介で濱谷

にきてもらった。さらに志水の研究室から、多文化教育がすすんでいて、移民の学力が比較的優秀であるオランダの学校を研究していた末岡もくわわることとなった。この4つの国は教育改革がつねづね日本で着目されている国であるといっていい。イギリス、フランス、ドイツは前プロジェクトでも調査対象となったとはいえ、教育政策についても5年はひと昔であるかもしれない。そのごの動向もふくめて、本書では紹介する予定である。

　以上が7つの国をとりあげるにいたった理由と経緯である。わたしたちのおおくが日本で研究しているのだから、前身の成果とおなじように、ここに日本も当然のことながらくわえるべきだろう。これについては、日本についてはともにおなじプロジェクトで協働してきたべつの研究グループがある。本書とあわせて、**シリーズ第3巻『学力格差に向き合う学校』**を参照していただければさいわいである。

3. 7つの国の教育の特徴

　7カ国（地域）の特徴を概観しておきたい。**表0-3**は日本をくわえた各国について、教育の効果や格差の是正に関連するとおもわれるポイントについてまとめたものである。おおまかに、7カ国は学力格差がちいさく、かつ、学力もたかい東アジアの国々と、ヨーロッパにおける大国の2つにわかれる。しかし教育の制度や政策については、その2分とはことなる類似があることがわかる。

　まず、国の学校体系として、分岐制、とくに早期の選抜があるかどうか。早期の選抜制度とは、すなわち、小学校卒業と同時に、大学への進学を前提とする一般の学校へとすすむか、それとも、職業訓練につながる実学系の学校にすすむかが、小学校修了ちかくの試験や成績によって決定される制度である。早期選抜は子どもの将来をあまりにもはやく決定づけ、敗者復活の道がせまいシステムともいわれ、学力の格差を拡大するのではないかとみられがちである。そうした懸念からイングランドでは、早期選抜を廃止し、単線型の総合制中等学校へとシステムを編成してきた。欧州にはまだドイツやオランダをはじめとして、早期選抜を維持している国々もある。

　しかし、東アジアでも、シンガポールと香港は早期選抜のシステムをもって

いる。シンガポールはコモンウェルス（イギリスの旧植民地）のメンバーであるし、香港もイギリスの植民地・租借地であった。それゆえに、イギリスのむかしの学校体系と類似して、分岐制がのこっているとかんがえることができる。

　小学校の開始年齢をはやめることによって、よりおおくの高度な内容をまなぶことができるとかんがえる国もある。イギリスとオランダがそうである。実質的にこの２カ国では４歳から小学校の教育がはじまる。それら以外の国では６歳から小学校に入学することが一般的だ。同様に、就学前教育の就学率をあげることもひとつの方策であるが、対象国のほとんどで就学前教育の就学率は100％にちかづいている。ちいさな就学前の子どもの保育がどのように提供されるかは、きびしい家庭の親が仕事ができるかどうかにもかかわる。就学前教育の普及は、格差是正にもおおきくかかわるが、移民や貧困層ほど就学前教育の普及率がひくくなっている国もある。いずれにせよ、おおくの国では、就学前から就学までの移行期に課題をかかえる子どもへの対策を重視している。それらの課題はきびしい背景をもつ子どもたちにみられがちであるからである。

　時代の要請におうじてあたらしい学力が導入され、国としての学力向上がめざされるときに、しばしば教育のスタンダード化がおこる。その代表が統一のナショナル・カリキュラムの導入である。この７カ国のなかでは、ドイツが比較的最近、統一のナショナル・スタンダードを導入した。そのほかの国々にはすでにナショナル・カリキュラムがあったが、それらの自由度や柔軟性にも着目すべきであろう。教員や地方の創意工夫などがはいる余地があるのかどうかによって、スタンダード化の硬軟に差異はでてくる。また統一カリキュラムがなにを目指しているかは学力格差にも影響がなしとはいえない。たとえば、伝統的なホスト国の文化は移民にとって疎遠であることもありうる。あまりにも高度な目標が設定されれば格差はひらくといえるだろう。イングランドのあたらしいナショナル・カリキュラムはまさにそうした懸念をいだかせるに十分な高度さ・難解さや伝統的な英国文化を強調しすぎている。他方で、韓国にみられるように、過度な競争を抑制し、テストの点数にみられる成果よりも学習のプロセスや行動を重視する国もある。

　スタンダード化のもうひとつの柱は評価やテストである。学力テストは政策の評価でもありうる。しかし、全国テストが悉皆調査でおこなわれる場合は、

表 0-3　各国の教育制度の特徴

	シンガポール	韓国	香港	日本
分岐制度／早期選抜	前期中等入学時で分岐	後期中等入学時の一部で分岐	前期中等入学時で分岐	後期中等入学時で分岐
早期教育（小学校開始年齢）	6歳から1年生	7歳から1年生	6歳から1年生	6歳から1年生
教師児童比率（小学校）	15.2(2017)*1	14.5(2017)*2	13.8(2017/18)*3	15.4(2017)*4
低学力対策への学校支援予算	世帯収入に応じての経済的支援／教育貯蓄口座の設置など	事業への応募による支援／就学援助金	無料給食／就学補助／エスニック・マイノリティのための教育に対して、2億香港ドル／学校単位で補助金支給	貧困層に就学援助／教員の加配
就学前教育／保育	義務教育段階でないため月謝と質はピンからキリまで／低所得層への支援あり	3歳から5歳まで公立6万ウォン、私立22万ウォン支援、公立数不足	2歳～6歳までで、半日制では原則無料、全日制は負担あり	有料／公立は無料だが数に限界／待機児童問題
全国カリキュラム	○	○	○	○
全国テスト	小4・小6	小なし（中3、高2でサンプリング調査）	小3	小5, 中2
分岐以前の学校選択制	自由選択制だが入学優先順位あり	校区制／ただ一部自治体で革新学校のみ選択許容	自行分配学位(各学校が就学者を決定)30%、統一派位(教育局が就学者を電子処理して決定)70%	校区制／一部自治体で選択制導入
学校裁量	教員の任命・採用や免職・停職、生徒の入学許可、学校の予算配分など、校長の裁量権大	市・道教育庁に人事権、学校裁量予算は少ない	人件費や雇用等すべて校長・理事会の裁量	地方教育委員会に人事権／学校裁量予算は少ない
学校査察・評価	教育省の学校評価部門（School Appraisal Branch）による	市・道教育庁による学校評価あり	教育局（Education Bureau）が行う。学校種類によって異なる	自己評価／自己評価は公開傾向
TIMSS 2015 算数平均スコア（小4）	618	608	615	593
TIMSS 2015 科学平均スコア（小4）	590	589	557	569
PISA 2015 科学平均スコア	556	516	523	538
PISA 2015 科学下位10％の平均スコア	412	388	413	412

*1：Education Statistics Digest 2018 available at https://www.moe.gov.sg/docs/default-source/document/publications/education-statistics-digest/esd_2018.pdf
*2：2017 教育統計分析資料集（2018年刊行）。
*3：School Education Statistics Section, Education Bureau: Dec 2018 available at https://www.edb.gov.hk/en/about-edb/publications-stat/figures/pri.html

序章　東アジアの優等国と欧州の大国の学力格差是正

イングランド	フランス	ドイツ	オランダ
総合制中等教育（分岐なし）	後期中等入学時で分岐	前期中等入学時で分岐	前期中等入学時で分岐
4歳から準備クラス 5歳から1年生	6歳から1年生(飛び級、原級留置可)	6歳から1年生（早期就学、飛び級、原級留置可）	5歳から1年生（飛び級、原級留置可）
20.9(2017)*5	19.4(2016)*6	15.3(2016)*6	16.8(2016)*6
無料給食資格の子どもの数に応じて1人あたり約1300ポンド／事業によるプロジェクト予算は減少	優先教育校を指定し、加配を用意している。教員特別手当あり。	連邦レベル:「教育と機会のためのパケット」による直接支援。州レベル:ベルリンの「ボーナス・プログラム」が先駆的。他州ではインクルーシブ教員の加配や特別プログラムの実施による。	各児童の保護者学歴に応じて傾斜配分されるシステム。その他、学校のおかれる環境に応じて、市町村レベルで各種補助金など
3歳より週15時間無料／条件付き週30時間無料	3歳から5歳まで終日無償、就学率100%。2019年度より義務教育年齢は3歳からとなる。	無償化の傾向だが州による（3歳から5歳までの利用率94%；移民の背景をもつ子どもの利用率65%)、基礎学校との連携・移行期を重視	2.5～4歳まで。各市町村が国からの特別予算で独自に実施。「保護者の教育レベル」を指標に対象者を決定。
○	○	△（学習指導要領は州ごと、連邦レベルの教育スタンダードあり）	×（中核目標あり）
小6、中5	小1、小3、中1	3年生、8年生（4年生、9年生でサンプリング調査）	小8
自由選択制	校区制	基本的に校区制／多くの州で選択可	自由選択制
人件費や雇用、学校予算の配分など、すべて校長・理事会の裁量	地方教育委員会に人事権／学校裁量予算は少ない	州が教員を雇用、任命権、服務監督権も州が有する	人事や雇用、学校の予算配分含め、校長・理事会の裁量
教育水準局（Ofsted）による／査察結果は公開	地方教育委員会	学校監督（外部評価）と自己評価（それらのあり方や結果公開の有無・程度も州ごとに異なる）	教育監査局（Inspectie van het onderwijs）による監査および学校自己評価。監査結果はHPで公開。
546	488	522	530
536	487	528	517
512	495	509	509
378	355	376	372

*4：学校基本調査 平成29年。
*5：National Statistics School workforce in England: November 2017 available at https://www.gov.uk/government/statistics/school-workforce-in-england-november-2017
*6：OECD Stats 2019 "Student-teacher ratio and average class size" available at https://stats.oecd.org/Index.aspx?DataSetCode=EDU_CLASS

べつの意味をもつことがおおい。すなわち、地方間、学校間、生徒間での競争をうながす効果である。それが資格や進学の材料となる場合には、すでにその試験は個人間の競争の手段となっている。さらに、学校選択制の拡大と同時に、学校の裁量がたかくなり、教育の成果へのアカウンタビリティがさけばれる場合は、疑似市場化による学校間格差の拡大も懸念される。ミドルクラスの家庭がすぐれた学校や私立の学校を選択し、情報収集能力に限界がある貧困層や移民の家庭がたんに近隣の学校を選択することがおこりうるからである。さらに優秀で力をもつ教員が勤務条件がよい学校や、成果をだしやすい学校にかたまることもありうる。

　こうした競争と選択による学校間優劣の偏重をおこさないためには、どの学校にいっても質のたかい教育がうけられる学校間の均一化が必要であり、公立教育のたかい普及率や校区制が維持されることがのぞましい。この点で、小学校段階での学力テストを廃止した韓国や、それがないフランスは、テストの学校の平均点を判断材料にして保護者が学校をえらぶということが抑制されている。さらに韓国やフランスは、日本と同様に家庭の学校選択も制限されている。そして、学校裁量ではなく、教育行政のアカウンタビリティを重視している。もちろん、学校裁量がたかいことによって、校長たちはさまざまな手をうつこともできる。ただしそれには資金調達が可能であることが条件となる。イギリスや香港でとりあげる学校の事例ではそうした努力をみることができるだろう。

4. 各国のひとつの「しんどい学校」の実践をえがく

　わたしたちが問題とする学力格差についてよくある疑問にこたえておく。格差とは2つ以上のグループにわけたときに、グループの間に差があることを意味する。たとえば、男女、エスニシティ、障害の有無、経済的に裕福な人々とそうでない人々、第一言語のちがいなど、社会には学力の格差がみとめられがちな様々なグループがある。とくに社会的経済的な要因は学力にもっともおおきな影響をあたえるとかんがえられている（貧富のグループ間の学力格差）。

　もちろんグループの両者の学力が同様にたかくても、ひくくても格差はちいさくなる。学力格差の是正を問題としたとき、「すべての子どもの学力がひく

くてもいいのではないか」という不思議な疑問がたびたびなげられる。しかし、わたしたちの関心は、社会の持続性や変革、そして、個人の生存のために、子どもたちがまなぶことにある。だから全グループの学力がひくくなることをもってヨシとかんがえることはない。わたしたちの関心はいかにすれば低学力がすくなくなるかにある。いいかえれば、社会に必要とされる能力がカリキュラムとして設定される一方で、何の能力もみにつけずに学校をでる人々をいかにすくなくするかにあるといっていい。それゆえ、先程の表0-2では、レベル1以下の生徒の割合がひくい国々を、格差がちいさいと記述した。わたしたちのあきらかにしたいことは低学力層にいかに各国の学校がアプローチしているかにある。

　もっとも、社会経済的な要因やその他の要因の学力への影響度をどのように学校が緩和しうるのか、について明確で機械的因果律の回答がみいだせるわけではない。学校では学力格差の生成や是正にかかわる要因が複雑にからみあっている。カリキュラムのあり方や教員の力量もそうだろうが、たとえば各国でことなる学校文化や慣習も無視できないようにおもわれる。ある国では小学校の授業で教科書はつかわれない、ある国では点数をとるためのトレーニングばかりしている、ある国では授業中にはアシスタントがいるのが普通である、というように。おカネをつかって、教材をそろえたり子どもの活動を企画したり、スタッフを増員したりすることができれば有利だし、おカネがないのをおぎなう創意工夫もありうる。こうした多様で複雑な要因に接近するため、このプロジェクトでは学校エスノグラフィーの手法をとることにした。

　そして、わたしたちは小学校にフォーカスをあてることにした。理由は、おおくの先行研究が学力格差の拡大の開始時期を早期にみいだしており、かつ、格差拡大の防止にも早期の対策が有益だとしてきたからである。

　各調査者は、ひとつの国につきひとつの小学校を選出し、できるだけ何回も訪問してデータをあつめてきた。学校を選出するさいには、経済的にきびしい環境にある子どもがおおくいる学校をえらぶこと、さらに、低学力になりがちな状況にたいして、なにかしらの手だてをうとうと努力をしている学校をえらぶこと、を条件とした。ひらたくいえば、本書では、世界における「しんどい」学校のガンバっているとりくみをみていく。

表0-4　7つの学校のプロファイル

国・地域	シンガポール	韓国	香港
学校名	マーライオン小学校	ウリ小学校	望海小学校
地方	シンガポール北西部のSエリア	全羅北道ウリ市	藍天地区
地域の特徴	Sエリア内の公営住宅地サブゾーン；低所得層がおおい。	旧都心地域にあり、低所得者層の割合がたかい。	香港の他地域に比べて貧困率がたかい地域、かつ単純労働者の割合がたかい。
エスニシティ構成	マレー系を中心に、非華人系の割合が半数をこえる。高度人材の外国籍の児童の存在も。	ほとんどが韓国人。	9割がパキスタン系。中国本土やパキスタンからのニューカマーもいる。
学校・教育の特徴	多様な経歴をもった教員がおおい。校長も高学歴エリート。教授言語は英語だが、多様な民族を前提として母語教育や人格教育がある。	革新学校、教育福祉連携学校などの指定を通じて、学習意欲や主体性をそだてる。教員のチームワークがよい。	イスラム教を大切にしながら、校長のカリスマと外部資金の調達で人材・資源が豊富。自立型学習をすすめる。

出典：各執筆者からの情報によりハヤシザキ作成。

　「しんどい」とは関西で主につかわれる言葉で、1「ひどく疲れを感じるさま。つらい」2「面倒が多いさま。骨が折れるさま」をあらわす（デジタル大辞泉）。教育界では、手がかかる子どもや、そういった子どもがおおい職場をさしてもちいられる。

　結果的には、近隣をみればその国で一番「しんどい学校」とはいえないが、何かしらの手がうたれており、成果もでつつあるという学校がえらばれているとおもう。表0-4には、それぞれの調査者がえらんだ学校のプロフィールをまとめている。

　香港、イギリス、フランス、オランダ、ドイツでは移民のおおい学校が抽出された。しばしば言語や社会経済的な背景から移民がおおい学校が「しんどい

イギリス	フランス	ドイツ	オランダ
マルメスベリー小学校	エッフェル小学校	イグナチオ基礎学校	マースハーフェン小学校
ロンドン・タワーハムレット	イル・ド・フランス地方	ノルトライン・ヴェストファーレン州ドルトムント郊外	ロッテルダム市南部
ロンドン都心に近く再開発がすすむが、貧困率も高い地域。	優先教育地域にあり、新移民がおおい。	5段階で2番目に厳しい立地条件（移民背景46％以上、求職者基礎保障の受給率13％等）にある学校。	港湾エリアに位置する移民の集住地区。
7割がバングラディッシュ。アフリカンが1割弱。エスニックマイノリティが9割。	マグレブ諸国（北アフリカ）出身者および中国、インド、パキスタン、ネパールのアジア系移民	ポーランドとモロッコを中心に、56％が移民。ルーツは28カ国と多様化している。	ほぼ100％が移民の背景をもち、保護者の出生地はモロッコ、トルコ、スリナム、旧オランダ領アンティル等35カ国。
学力の綿密なモニタリングにより、各グループ間の格差をつねに意識。年少時から手をかける。保護者へのサポートも充実。	制度主義教育およびフレネ教育を実践。異年齢学級や生徒同士の協力、異文化間主義などを推進している。	教員が積極的に学校の開発に参加。障がい、移民、難民などの困難をかかえる子どもへの手あつい支援がある。	柔道、ガーデニング、哲学、料理などの実技系科目のプログラムを導入。週1日午後をイスラム教・文化学習にあてている。2019/20年度から特別支援学校と統合。

学校」となることがある。シンガポールでは中国系、いわゆる華人系がマジョリティである一方で、マレー系はマイノリティである。元々多民族国家であるシンガポールでは移民の境界はむずかしいが、低所得者層のおおい学校を紹介された結果、マレー系や新移民などのエスニックマイノリティがおおい学校が調査対象となった。

　韓国では地方都市の学校がサンプリングされているため、エスニックな多様性はすくない学校がえらばれている。いずれにせよ、事例となったどの国の学校もいわゆる低所得者層があつまる地域にある。

　ただし、学力格差への対処をわれわれがみたところでは、「しんどい」子どもたちにたいして、教義の学力、すなわち、テストの点数をあげることが目標

となっていない国や学校の事例もある。フランスや韓国がその典型だし、ドイツもそれにちかい。それらの国では、点数よりも、自律性や子どもの関心や意欲といった学習の動機を大切にする教育思想や意思がつよく現場に反映している。その反対はイギリスであり、どのようなカテゴリーに属する子どもであろうとも、国が用意した「学力」を身につけさせること（標準点以上をとること）が目標となっている。それらの国の学校が具体的にいかに子どもにアプローチしているのかは、本論にすすんでいただきたい。

ひとつの学校を何回も訪問することとしたのは、それによりデータのあつみがますとおもわれたからである。観察数がふえ、校長、教員、子どもなどのかんがえ、見方などにもアクセスできる。さらには、数年をかけて訪問すれば、学校側の努力により、特定の子どもの変化をみることができるかもしれなかった。残念ながら、各国ともおおくの子どものエピソードを収集することはできていないようにおもう。さらに、実際には、国によって、現地の学校の都合などがあり、訪問が数回にかぎられたところもあった。また校長、教員、子どもへのインタビューが実現できた国も、できなかった国もある。国によってデータの濃淡があるのは、おことわりしておかねばならない。わたしたちの能力、調査手法の限界のひとつである。

なお、学校名は仮名と実名がまじっている。それらは国の教育政策事情によるところがおおきい。イングランドの第11章は実名のままであるが、その他の学校名は仮名である▶1。

5. 2部構成

本書は2部構成となっている。第Ⅰ部では、学校現場のいとなみの背景を理解するため、そして、各国の教育行政がどのように学力格差にとりくんでいるのかをしるため、各国ごとに教育事情や格差是正にかかわる教育政策がのべてある。そして格差の背景となる経済的な指標についてもふれている。この第Ⅰ部が必要だとおもわれたのは、各国の事情をしらなければ、学校現場のいとなみも理解できないことがあるからである。

第Ⅱ部ではそれをふまえて、各学校現場ではどのようなことがされている

かをあきらかにしている。この学校現場のとりくみがわたしたちのより着目するところである。第Ⅱ部では各国ごとにひとつの学校のいとなみが展開される。関心が政策というよりも、学校現場にある人は、第Ⅱ部からよみすすめることもできるだろうし、わたしたちが現場に足をはこんで、調査してきたことのメインは第Ⅱ部にある。

　わたしたちが調査したのは小学校現場のとりくみだ。学校エスノグラフィーを採用したのは「複雑な要因にアプローチするため」というのはたしかに正当な学術的な理由である。しかし、わたしたちの心のなかには、現場を応援したい気もちがあり、現場に役にたつ調査にしたいという気もちがある。日本の「しんどい」学校現場の人々やそれにかかわる人々が、本書をよんで他国の事情をしってもらえれば、これほどうれしいことはないとおもう。また、本書がよまれることが、わたしたちに協力してくれた各国の現場へのエールにもなるとおもう。

　研究者が校内をウロウロしたり、自分の授業をジロジロみたり、ましてや自分のとりくみが評価されるとなれば気もちのいいものではないことは、わたしたちも教鞭をとっているのでわかる。さらにどこの国でも教員はいそがしいものである。そのようななかでも、調査の意義をおもしろいとかんじ、各国で調査に協力してくれた人々、とくに各校の校長先生には感謝もうしあげたい。

❖注

▶ 1　またハヤシザキの執筆章はいわゆる「訓よみ」の漢字の使用を最小限にとどめる独特の文体であることをおわびもうしあげる。漢字のよみのおおさは移民の子どもにとっておおきなバリアとなっている。わたしは漢字の使用をすくなくすることに賛同する。

❖参考文献

法務省（2018）「平成30年6月末現在における在留外国人数について（速報値）」http://www.moj.go.jp/nyuukokukanri/kouhou/nyuukokukanri04_00076.html（最終閲覧日 2019/

02/03）

日本政府観光局（2019）「月別・年別統計データ（訪日外国人・出国日本人）」https://www.jnto.go.jp/jpn/statistics/visitor_trends/（最終閲覧日 2019/02/03）

志水宏吉・山田哲也編著（2015）『学力格差是正策の国際比較』岩波書店。

総務省（2014）「住民基本台帳に基づく人口、人口動態及び世帯数（平成 26 年 1 月 1 日現在）」http://www.soumu.go.jp/menu_news/s-news/01gyosei02_02000062.html（最終閲覧日 2019/02/01）

総務省（2019）「人口推計（平成 30 年（2018 年）8 月確定値，平成 31 年（2019 年）1 月概算値）（2019 年 1 月 21 日公表）」https://www.stat.go.jp/data/jinsui/new.html（最終閲覧日 2019/02/01）

第Ⅰ部 各国の教育事情と学力是正策

第 1 章
シンガポール

落ちこぼれをつくらない都市国家の教育戦略

シム チュン・キャット

1. はじめに
——「ヒト」だけが唯一の資源であるシンガポールの宿命

　日本から見れば、シンガポールはいろいろな意味で変わった国であろう。まず、国土面積が東京 23 区より一回り大きいだけの土地に総人口が 2018 年において 564 万人いるとはいえ、国籍と永住権を持つ住民はそれぞれ 6 割強の 347 万人と 1 割弱の 52 万人にとどまっている。外国人人口が多いことに加え、国民と永住者を合わせた民族の構成も華人系 74.3％、マレー系 13.4％、インド系 9.0％とその他 3.2％と非常に多様である（DOS 2018a）。次に、日本は「天然資源に乏しい島国である」とよく自認他認されているものの、そのような日本より数段も資源に欠乏しているのがシンガポールである。なにせ非常に狭いうえに飲み水まで隣国のマレーシアから輸入しているほどだからである。
　富になる資源が何もないシンガポールにおいて、国を存続させるために頼れるのは言うまでもなく「ヒト」だけとなる。したがって、人的資源を最大限に引き出すよう努めなければならないことがシンガポールの宿命なのである（シム 2009）。
　このような背景をもとに、国家の発展と未来を先導するエリートを選び出すべく初代首相の故リー・クアンユー氏らが率いる与党・人民行動党は、メリト

クラシー（Young 訳書 1982）つまりメリットのある、言い換えれば能力があって努力もする人が社会を支える人材に育てていく制度を築いてきた。結果として、「人の質」を高めるべく才能ある若者には意図的に最良の教育機会を提供しつつ、そうでない者にもその人の能力なりに持てる力を十分に発揮してもらうことが、シンガポールではいつでも重要な意味を持つのである。さらに、故リー氏がその回顧録（Lee 訳書 2000）の第7章「公正な社会」でも詳述したように、過度の福祉が個人間の互助精神や個人の自助努力（セルフヘルプ）を損なうことから、国が行うべきは、金銭的な援助などよりも、セルフヘルプ精神を育みつつ労働能力と意欲を高めることであり、そしてその基盤となるのが教育なのだという理念は今日でも変わらない。

それゆえに、シンガポールの教育省に充てられる歳出予算は毎年常に全体の2割以上を占め、国防省に次ぐ規模であり続けている。また、日本とは違って国の借金や財政赤字がないことに加えて、国際通貨基金のデータによれば2017年時点で国民一人当たり国内総生産も世界第9位のUS＄57,710（日本は同25位のUS＄38,450）[1]であるため、教育に投資する経済的余裕がシンガポールにはあることもここで指摘しておく。

シンガポール教育省が毎年発行する教育統計ダイジェスト2018年版（MOE 2018）によると、2017年において小学生1人当たりの年間公財政教育支出はS＄11,387（S＄＝シンガポールドル、2019年4月現在、S＄1＝¥80強）となっており、小学校における教員1人当たりの児童数は15.2人であった。後者について、日本の場合では文部科学省の平成29年度学校基本調査の結果によれば、2017年に15.4人と両国の間に大きな差はなかった。

2. 国づくりの根幹をなすシンガポールの教育制度

2.1 二言語政策

多民族国家シンガポールにおいて、三、四世代も遡れば国民のほとんどの祖先はより豊かな生活を求めて中国やインドと周りの国々からやってきた移民である。最初の移民の多くが中国とインドのような「場所が変われば言葉も変わ

る」という「方言大国」から来ているゆえに、言葉、引いては教育の問題は初めから複雑であった（Sim 2019）。

このような状況から、独立した1965年当時、シンガポールではまず華語（中国の「普通話」に相当）を多数派の華人系の標準語にし、そのうえでイギリス植民地時代からの行政用語である英語を異民族同士の共通語にする必要があった。これに伴い、教育制度にも二言語政策が導入され、華人系なら華語と英語を、マレー系ならマレー語と英語を、インド系なら南インドの言葉であるタミル語と英語を学校で学ぶことになり、今日まで至っている。

2.2 ストリーミング政策

シンガポールの教育制度のもう一つの大きな特徴として、児童・生徒を能力別にグループ分けするストリーミング政策がある。トラッキング政策ともいわれるこの教育方針が導入されたきっかけとなったのも、実は以上で述べた二言語政策であった。

独立から間もない頃に実施された二言語政策のもとで、言語能力の乏しい児童・生徒が学業について行けず学校を後にする者、即ち落ちこぼれが年々増えていった。当時の教育省レポートによれば、1970年代の半ばにおいて小中学校における中退率がそれぞれ29％と36％にものぼっていた。問題の根源は、二言語政策が強化される中で、85％もの子どもが家で話されない言葉で学校の授業を受けることになり、そのため多くの児童・生徒が進級できず、学校を中退せざるを得なくなったことにあると同レポートは報告した（Goh 1979）。

人的資源理論の視点からみれば、小中学校の中退者、つまり落ちこぼれはいわば教育の「浪費」であるとされ、このような「浪費」を解消するためには二つの方策が考えられる。一つは教育に「ゆとり」をもたらすべく学習内容のレベルを下げること、もう一つは落ちこぼれそうな子どもの能力に合わせた学習内容を提供することであった。「人の質」を高めることを国策の柱とするシンガポールが採択した道は、言うまでもなく後者であった。

こうして児童・生徒を能力別に振り分けるストリーミング政策が1979年に初めてシンガポールで登場したのである。しかも、インターナショナルスクー

ルへのシンガポール人の入学が原則的に禁止されているうえ、私立学校もほとんど存在しないため、国内で教育を受ける以上、すべての国民はこの厳しい制度に従うことを余儀なくされる（シム 2009）。

2.3 小学校から中学校への進学

　図 1-1 に示された通り、シンガポールの現行教育制度において、児童・生徒は小学生 5 年次から教科ごと習熟度別に、義務教育でない中等教育段階ではコース別に振り分けられることになっている。MOE（2018）によれば、小学校修了試験の合格率は毎年約 98％で、合格した小学生は中学校におけるいずれかのコースに入学することになる。もっとも、修了試験に 2 回以上挑戦しても合格できなかった小学生は職業訓練系の学校に入る選択肢もあるため、ほぼすべての小学生が進学すると考えてよい。また同 MOE（2018）によれば、2013 年から 2017 年までの 5 年間において中学校レベルで上位の快速、中位の普通学術と下位の普通技術のそれぞれのコースに在籍する中学校 1 年生の割合は 60 〜 64％、23 〜 27％、12 〜 14％ であった。

　なお、図 1-1 が示す通り、4 年制の快速コースの中学生が卒業時に GCE 'O' レベルを受験するのに対して、同じく 4 年制の普通コースの中学生は難易度のより低い GCE 'N' レベルの試験を受けることになる。ただ、学力の低い普通コースの生徒でも 'N' レベルで良い成績を収めれば、中学 5 年に進級し 1 年後に 'O' レベルの試験にチャレンジすることはできる。

　また近年、シンガポールでは中高一貫校および芸術やスポーツなどの分野に特化した特殊独立学校が年々増えつつあることもここで記しておきたい。しかし、これらの学校の入学対象者は 'O' レベルを受けずとも優に高校まで進学できる成績優秀な小学生、もしくは優れた才能と環境に恵まれた児童であるため、低学力児童とはおよそ無縁である。

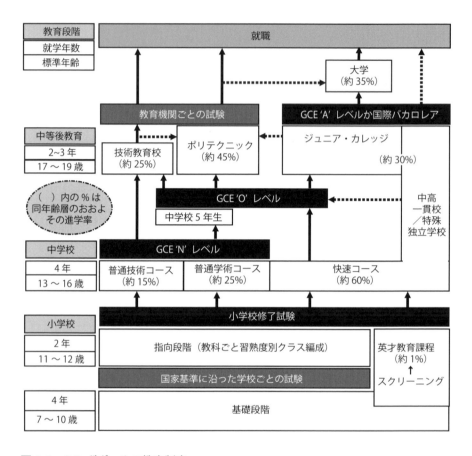

図 1-1 シンガポールの教育制度
出典：シンガポール教育省の資料（MOE 2018）を参考に筆者が作成。

2.4 中学校卒業後の進路先

　分岐型教育制度が展開されている以上は、中学校のコースや成績などによっては無論進路が変わってくる。図1-1に示したように、前述した中高一貫校で学ぶ生徒を除き、中卒者が入学できる公的教育機関は基本的に、大学進学を目指させる二年制ジュニア・カレッジ（以下JC）と卒業後の就職を前提とする3年制ポリテクニック（以下ポリテク）および2年制技術教育校のみである。

　図からもわかるように、大学へ進学できるのは、大学入学資格試験に当たるGCE'A'レベルあるいは数校の中高一貫校が行う国際バカロレアを合格したJCの生徒とポリテクの優等生に限られ、技術教育校の卒業生について言えば、進学先はポリテクのみとなる。MOE（2018）によれば、2017年においてJC・ポリテク・技術教育校への進学率がそれぞれ27.7%、47.3%、24.8%であったことから、学力の高低を問わずほぼすべての中学生が中等後教育段階におけるいずれかの教育機関に入学することがわかる。さらに付け加えて言えば、2017年における大学進学率（国内の全日制のみ）は35.8%となっていた。

　もっとも、技術教育校の学生でも頑張って良い成績を収め続ければ、ポリテクあるいはディプロマ資格が取得できる民間の専門学校へ進み、そしてそこからまた大学へ編入するというふうに、アカデミックな能力を基準とした選抜ルートとは手段も評価基準も異なる「敗者復活トンネル」を通じて学歴を高めていくこともできる（シム 2009）。シンガポールのメリトクラシーが「容赦のない」制度ではなく「情のある」メリトクラシーなのだとNg（2017）が主張した所以の一端もここにある。なぜなら、選抜がある以上誰かが落ちこぼれなければならないとはいえ（Labaree 2010）、シンガポールではこういった落ちこぼれた「敗者」には何回も復活戦が与えられるからである。

2.5 学歴による賃金格差

　シンガポール国内の大学への進学率が35.8%にとどまっていることは前述したものの、統計局が発表したデータ（DOS 2018a）によれば、2017年時点で25～34歳と35～44歳の年齢層における大卒者の割合はそれぞれ55.3%と

49.2％であった。このような差は、多くの中等後教育修了者が、たとえすぐに国内の大学へ進学しなくても、あるいはできなくても、数年働いた後にリカレント教育を受けるなり留学するなりなどして、別のルートで大卒の資格を取得していることを意味する。

シンガポール人のこのような学習熱の高さの背景として、**表 1-1** に示された賃金格差が大きいことが挙げられる。警察官になるのに専攻は一般的に問われないため、表 1-1 はシンガポールにおける学歴がもたらす金銭的便益を鮮明に表していると言えよう。もっとも、同じ階級の初任給に幅があるのは、学歴だけでなく学校成績、年齢や職務に関連する経験によっても給料が変わるからである。さらに、これまで述べてきたように、たとえ学校で落ちこぼれた「敗者」であっても、その後別のルートをたどって学歴の階段を上がっていけば、巡査部長でも警部になれる道は開かれている。こうした背景から、転職や中途採用が珍しくないシンガポールにおいて、より高い地位、より高い収入を得るために、多くの者が学校教育を終えた段階でも学歴競争に挑み続けることは理解できよう。

ところで、表 1-1 が示した賃金格差を見ても、シンガポールにおけるジニ係数が低くない（所得格差が大きい）ことは想像に難くない。冒頭でも触れた通り、シンガポールの国づくりの礎には過度の福祉より個人の自助努力（セルフヘルプ）を促すべく、教育を通じて人々の労働能力と意欲を高めるべきだという考えが根強くある。だからこそ、次節で見られるように、生活困難者には、とりわけ教育の面で手厚い支援が行われているのである。

しかも、シンガポール統計局のデータによれば、国民と永住者の8割が、国

表 1-1　シンガポール警察署における学歴別初任給

階級	学歴	初任給（月収）
Inspector 警部	学士	S＄3,700 – S＄4,670
Sergeant 巡査部長	ポリテク・ディプロマ / GCE 'A' レベル	S＄1,970 – S＄2,640
	ITE 資格 / GCE 'O' レベル	S＄1,820 – S＄2,170

出典：シンガポール警察署 Singapore Police Force のホームページをもとに筆者が作成。
https://www.police.gov.sg/join-us/police-officer（最終閲覧日：2019.4.30）

の資金援助を受けて建てられる瀟洒で格安の公営住宅に住んでおり、住宅の所有率も9割に達している（DOS 2018a）。つまり、よしんば表1-1に示された最低初任給からキャリアがスタートしても、民間のコンドミニアムや多額の税金と諸費用のかかる自動車などの「贅沢品」の購入さえ避ければ、赤貧の生活を強いられることは滅多にない。そのうえ、敗者復活戦で学歴を高めていけば、職位階級とそれに伴う報酬を上げることもできる。最後のセーフティネットが、シンガポールにもある生活保護であるとすれば、最初のセーフティネットは教育におけるヒトづくりであると言えよう（シム 2009）。

2.6 国際学力調査から見るシンガポールの学校教育の実績

21世紀に入って国際学力調査として注目を集めているのがTIMSSとPISA[2]である。前者のTIMSS（1995年から4年ごとに実施）が小学校4年生と中学校2年生を対象に児童・生徒の算数・数学および理科の教育到達度を測るのに対して、後者のPISA（2000年から3年ごとに実施）は対象に当たる15歳児の生徒が読解力、数学的リテラシーと科学的リテラシーの3分野において実生活の様々な場面でどの程度活用できるかを測定する。

表1-2が示すように、同じ2015年に行われたTIMSSとPISAの調査では、シンガポールは史上初の七冠を達成した。無論、高い順位イコール良い学校制度というわけではないものの、この実績はシンガポールの分岐型教育制度があ

表1-2 TIMSSとPISAにおける学年・科目別のトップ5の国・地域

	TIMSS-2015				PISA-2015		
	小4算数	小4科学	中2数学	中2科学	数学的応用力	科学的応用力	読解力
1	シンガポール	シンガポール	シンガポール	シンガポール	シンガポール	シンガポール	シンガポール
2	香港	韓国	韓国	日本	香港	日本	香港
3	韓国	日本	台湾	台湾	マカオ	エストニア	カナダ
4	台湾	ロシア	香港	韓国	台湾	台湾	フィンランド
5	日本	香港	日本	スロベニア	日本	フィンランド	アイルランド

出典：日本文科省・国際学力調査（PISA、TIMSS）のホームページをもとに筆者が作成。

る程度功を奏し「世界標準の人をつくる教育」（花輪 2018）を提供している証拠として、国民を納得させる良い材料となったことは間違いない。現に、小学生を持つ保護者 1500 名を対象としたシンガポール政策研究所の調査によれば、9 割以上の回答者がシンガポールの教育制度は世界的に優れており、また小学校が質の高い教育を提供していると思っている（IPS 2017）。

シンガポールがトップ独占の理由について、読売新聞（2016 年 12 月 7 日付）は「5 年生から科目ごとに習熟度クラスに分け、低学力層の成績の引き上げを進めている」と記した。もっとも、同記事で筆者は「早い時期からの競争が好成績につながっている。ただ、進むコースによって希望職種に就けるかどうかが決まるため、保護者や児童のストレスが問題になっている」とも指摘している。ともあれ、洋の東西を問わず、完璧な教育制度を実現した国はないだろう。実際に、分岐型教育制度ゆえの学校間格差、試験偏重の学校教育、塾通いの過熱化、家庭環境の違いがもたらす学力格差や低学力層の児童生徒へのレッテル貼りなど、シンガポールの教育制度が抱える課題を提起する論考も少なからずある（シム 2009; Choy 2011; King 2016 など）。一方で、児童・生徒一人ひとりの能力、進度と関心に応じて教育を施すシンガポールの制度から学ぶことが少なくないとの考えも数多く見られる（OECD 2012; Soh 2017; Crehan 訳書 2017; 花輪 2018 など）。

3. シンガポールにおける学力格差是正策

当然ながら、国際学力調査で好成績を残したとしても、早期から子どもたちを能力別にふるい分ける分岐型教育制度では、「学力格差」はそもそもの前提になっている。それゆえに、「敗者復活トンネル」が用意されていながらも、人的資源を最大限に活かすためには、小学校における学力是正策は重要な国策の一つとなる。

3.1 前提となる学力格差を是正する経済的支援の充実

家庭の環境や経済力が子どもの学力低下を招いている可能性があることから、

国籍所持者に対してシンガポールの学校の学費は安く抑えられている[3]。例えば、義務教育段階に当たる小学校の場合では、学費が無料であるうえ、学校の雑費も月に千円程度しかかからない。

さらに言えば、経済的支援措置もシンガポールでは充実している。例えば、世帯月収Ｓ＄2,750以下の場合では、学費・雑費などの全額免除と教科書・制服の無料配布だけでなく、通学定期支援や給付型奨学金なども与えられる。加えて、比較的に学費の高い中高一貫校の場合でも、学費・雑費全額免除（世帯月収Ｓ＄2,750以下）から33％免除（同Ｓ＄6,901〜9,000以下）までと、世帯収入に応じて児童・生徒への教育支援の条件と金額が細かく設定されており[4]、「経済背景に関係なくすべての国民が最も良い教育機会を得られるよう貧窮な国民に経済的支援を提供する」とのシンガポール教育省の政策方針が如実に反映されている[5]。

同様に、年間最低Ｓ＄8,200という授業料を課すシンガポール国立大学でも「学生が大学での学習生活を送るための経済的負担について大学は理解しており、経済的な困難を抱える優秀な学生が進学を諦めることがないことを保証することにコミットしている」との経済的支援ポリシーを掲げている[6]。

3.2 教育貯蓄口座の設置

上述した経済的支援策のほかに、シンガポールでは技術教育校を含む初等中等教育機関に通う国民の一人ひとりを対象に、教育貯蓄口座が1993年から設けられ、世帯収入や児童・生徒の学業成績、品行、社会貢献、リーダーシップなどに応じて、毎年政府からこの口座に教育支援奨励金が支給されることになっている。

小学校４年生を例にとると、毎年すべての児童にＳ＄200が教育貯蓄口座に振り込まれるほか、世帯月収Ｓ＄6,900以下の場合に限って同じ学級内で上位25％の成績を収めた児童にはＳ＄250、見習うべきふるまいや行動をした上位2％の児童にはＳ＄350、落ちこぼれそうで学力が低くても学業成績が前の年より最も伸びた上位10％の児童にはＳ＄150が、該当する児童の口座に入金されることになっている[7]。要するに、良い成績の獲得や良い行動の実践に

向けての努力と能力向上は良いことなのだというメッセージが児童に送られるのである。

児童の潜在能力と努力をお金で引き出すことに対して違和感を訴える声はあるものの、日本の児童手当制度とは異なり、シンガポールの教育貯蓄口座に入った金額は学校の校長と教員の承認のもとで書籍購入や海外研修旅行などの教育活動にのみ利用できるため、給付金が確実に子どもの教育にのみ活用される点だけでも意味と意義があろう。

3.3 民族間学力格差の緩和

図1-2が表すように、シンガポールでは小学校卒業時点から民族間格差も存在する。特にマレー系児童の低学力問題は積年の課題であり、今日でも教育的・社会的・経済的問題にとどまらず、政治的にも大きな影響を及ぼしている（Lai 2004; Kamaludeen et al. 2010; Tan 2013; シム 2017 など）。ただ、図1-2からわかるように、小学校修了試験におけるマレー系を含むマイノリティの合格率が近年上昇しており、学力是正策がある程度功を奏しているのは確かなようだ。

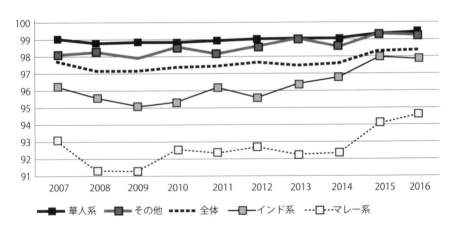

図1-2　シンガポールにおける民族別小学校修了試験（PSLE）合格率（%）の推移
出典：Ministry of Education, Education Statistics Digest 2017（MOE 2017）をもとに筆者が作成。

シム（2017）でも詳しく説明されているように、児童・生徒の進路や将来を大きく左右する学力の格差が場合によっては国民統合にかかわる政治的問題にもなりうる。そこで民族間格差を解消すべく低社会経済階層の児童・生徒に月謝の安い放課後補習塾を提供したり、学外教育活動を実施したり、保護者へのサポートを進めたりするなどの事業を展開する自助団体（セルフヘルプ・グループ）が、それぞれの民族のニーズに合わせてシンガポールでは四つ設置されている。ここにもセルフヘルプ精神を育もうとする意図が見られる。

4. 外国人児童の教育

冒頭でも触れたように、シンガポールはアジアの中でも多民族化が最も進んだ移民大国であり、また数多くの外国人労働者を受け入れてきた国でもある。それゆえに、前節で見た通り「人の質」の問題以外に「人の種類」によっても課題が大きく異なってくる。

表1-3を見れば、シンガポールの移民および外国人労働者の受け入れに関する過去数十年間の変貌は一目瞭然で、多くの説明を要さない。統計局のデータ（DOS 2018b）から、外国人人口の4%を占める留学生を除けば、高学歴・高収入の高度外国人材とその扶養家族がそれぞれ23%と17%を占めており、一方で家族の帯同やシンガポール国民との結婚が原則的に禁じられる有期契約単純労働者が外国人の56%にものぼることがわかる。

したがって、シンガポールは技能レベルと所得の低い外国人労働者の子どものための教育を提供する必要がないことに留意されたい[8]。翻って、収入レ

表1-3　シンガポールの人口構成の推移（千人）

	1970	1980	1990	2000	2010	2017	2018
国籍所持者	1874.8 -90.40%	2194.3 -90.90%	2623.7 -86.10%	2985.9 -74.10%	3230.7 -63.60%	3439.2 -61.30%	3471.9 -61.60%
永住権所持者	138.8 -6.70%	87.8 -3.60%	112..1 -3.80%	287.5 -7.10%	541 -10.70%	526.6 -9.40%	522.3 -9.30%
外国人労働者・居住者	60.9 -2.90%	131.8 -5.50%	311.3 -10.20%	754.5 -18.70%	1305 -25.70%	1646.5 -29.30%	1644.5 -29.20%
総人口	2074.5	2413.9	3047.1	4027.9	5076.7	5612.3	5638.7

出典：Department of Statistics, Singapore, Population Trends 2018（DOS 2018a）をもとに筆者が作成。

ベルが高く専門性のある高度外国人材であれば、その経済的な余裕から子どもを数多く存在するインターナショナルスクールに入学させることもできれば、シンガポールの学校に通わせることもできる。ただし、後者の場合では授業料が国民の場合よりも高くなり、例えばシンガポール国民なら小学校の授業料が無料であるのに対して、2018年時点で永住権を持つ者ならS＄155、アセアン諸国から来る外国人ならS＄415、それ以外の外国人ならS＄650の月謝がかかる。

5. おわりに

　シム（2014）でも主張されているように、どんなに良い教育方針と政策を掲げようと、どれぐらい素晴らしい学校設備と教材を整えようと、教育の最前線にいる現場教員が自信と情熱を持つとともに、誇りとゆとりを実感して教壇に立たなければすべての努力は水の泡になってしまいかねないことは、万国共通である。したがって、落ちこぼれをつくらないためにカギを握るのはやはり優秀でやる気のある教員の存在なのである。

　シンガポールでは、教員の社会的地位とモチベーションを向上させるべく1998年から児童・生徒に推薦され教育省に選出される優秀な教員には「教師への大統領賞」が、また1999年からは優れた若手教員には「傑出教育青年賞」が大統領から授与される。実際に、「教師は社会の人々から尊敬されている仕事である」と思う日本の教員が約4割にとどまるのに対して、同じ質問項目について肯定的に答えたシンガポールの教員は7割を超える調査結果もある（シム 2014）。

　そもそも、日本と違ってシンガポールの大学には教職課程がなく、原則的にトップ層の成績で大学を卒業した教員志願者のみが採用候補となり、書類審査、筆記試験、プレゼンおよび面接という難関試験を突破した者だけが、国内唯一の教員養成機関である国立教育学院で訓練を受けることになるのである。教職課程の授業料は国が負担し、そのうえ14週間にわたる学校での教育実習を含む16カ月の訓練期間中も給与とボーナスは支給する。

　さらに、同国の教員のキャリア形成には[9]、最終的にほかの教員への指導

助言や研修を主たる職務とするマスターティーチャーになるための「ティーチングトラック」以外にも、カリキュラム開発の専門家になるための「シニア・スペシャリストトラック」および校長や教育省本部の部長以上の役職を目指すための「リーダーシップトラック」がある。言うまでもなく、キャリア組の教員が乗るのは三番目のキャリアトラックである。

それでは、こうして選ばれた校長と教員の存在がどのように低学力児童の学力向上に影響を与えるのかは、現地調査から得られた知見をまとめた第8章で見ていただくとしよう。

❖注

▶1　各国の一人当たりの国内総生産は国際通貨基金のホームページで確認することができる：https://www.imf.org/external/datamapper/NGDPDPC@WEO/OEMDC/ADVEC/WEOWORLD（最終閲覧日 2019/04/30）

▶2　TIMSS（Trends in International Mathematics and Science Study）国際数学・理科教育動向調査の実施団体が国際教育到達度評価学会（The International Association for the Evaluation of Educational Achievement IEA）であるのに対し、PISA（Programme for International Student Assessment）は経済協力開発機構（Organisation for Economic Co-operation and Development OECD）による調査である。

▶3　各教育段階や学校タイプにおける学費はシンガポール教育省のホームページで確認することができる：https://www.moe.gov.sg/education（最終閲覧日 2019/04/30）

▶4　各教育段階における児童・生徒への経済的支援措置についてはシンガポール教育省のホームページで見ることができる：https://www.moe.gov.sg/education/financial-assistance/moe-financial-assistance-scheme-（fas）（最終閲覧日 2019/04/30）

▶5　児童・生徒への経済的支援に関するシンガポール教育省の政策方針は同省のホームページで確認することができる：https://www.moe.gov.sg/education/financial-assistance（最終閲覧日 2019/04/30）

▶6　学生へのシンガポール国立大学の経済的支援策については同大のホームページで確認することができる：http://www.nus.edu.sg/oam/financial-aid（最終閲覧日 2019/04/30）

▶7　教育貯蓄口座に関する詳細はシンガポール教育省のホームページで確認することができる：https://www.moe.gov.sg/education/edusave（最終閲覧日 2019/04/30）

▶8　シンガポールの人材省の以下のホームページにも明記されている通り、家族や子どもを伴って入国・在留できる外国人労働者は、特定の就労ビザ、所定の最低基本月給や役職と専門資格の保持者に限る：http://www.mom.gov.sg/passes-and-permits（最終閲覧

日 2019/04/30）
▶9　教員のために用意されている三つのキャリアトラックは教育省のホームページで見ることができる：https://www.moe.gov.sg/careers/teach/career-information（最終閲覧日 2019/04/30）

❖参考文献

Choy, W. and C. Tan, eds. (2011) *Education Reform in Singapore: Critical Perspectives*, Singapore: Pearson.

Crehan, Lucy. (2017) *Cleverlands: The Secrets Behind the Success of the World's Education Superpowers*, Kansas City: Unbound（＝橋川史訳（2017）『日本の15歳はなぜ学力が高いのか？──5つの教育大国に学ぶ成功の秘密』早川書房）.

Department of Statistics (DOS), Singapore. (2018a) *Population Trends 2018*, Singapore: Ministry of Trade and Industry.

Department of Statistics (DOS), Singapore. (2018b) *Population in Brief 2018*, Singapore: Ministry of Trade and Industry.

Goh, Keng Swee. (1979) *Report on the Ministry of Education 1978*, Singapore: Ministry of Education.

花輪陽子（2018）『少子高齢化でも老後不安ゼロ──シンガポールで見た日本の未来理想図』講談社。

IPS, Institute of Policy Studies, Singapore. (2017) *Parents' Perceptions of the Singapore Primary School System*, Singapore: IPS.

Kamaludeen, M. Nasir, Alexius A. Pereira and Bryan S. Turner. (2010) *Muslims in Singapore: Piety, Politics and Policies, London;* New York: Routledge.

King, Rodney. (2016) *Singapore's Education System: Myth and Reality,* Perth: Insight Press.

Labaree, David. (2010) *Someone Has to Fail: The Zero-Sum Game of Public Schooling,* Cambridge, Mass: Harvard University Press.

Lai, Ah Eng, ed. (2004) *Beyond Rituals and Riots: Ethnic Pluralism and Social Cohesion in Singapore*, Singapore: Eastern University Press.

Lee, Kuan Yew. (2000) *From Third World To First, The Singapore Story : 1965-2000 － Memoirs of Lee Kuan Yew Vol. 2*, New York: HarperCollins Publishers（＝小牧利寿訳（2000）『リー・クアンユー回顧録〈下〉──ザ・シンガポールストーリー』日本経済新聞社）.

Ministry of Education (MOE), Singapore. (2017) *Education Statistics Digest 2017*, Singapore: MOE.

Ministry of Education (MOE), Singapore. (2018) *Education Statistics Digest 2018*, Singapore: MOE.

Ng, Pak Tee. (2017) *Learning from Singapore: The Power of Paradoxes*, New York: Routledge.

OECD.（2012）*Lessons from PISA for Japan: Strong Performers and Successful Reformers in Education*, OECD Publishing.

シム チュン・キャット（2009）『シンガポールの教育とメリトクラシーに関する比較社会的研究──選抜度の低い学校が果たす教育的・社会的機能と役割』東洋館出版社。

シム チュン・キャット（2014）「現代高校生の学習と進路──高校の「常識」はどう変わってきたか？」樋田大二郎・苅谷剛彦・堀 健志・大多和直樹 編著（第 7 章）『日本とシンガポールにおける高校教師の仕事の違い』学事出版 , pp.98-108.

シム チュン・キャット（2017）「学力格差是正策に向けたシンガポールの取り組み──民族による方針と課題の違い」『比較教育学研究』第 54 号 , pp.161-173.

Sim, Choon Kiat.（2019）"Expansion strategies of Singapore's secondary schools amidst processes of economic transformation and nation building," in S. Aizawa, M. Kagawa and J. Rappleye eds., *High School for All in East Asia: Comparing Experiences*, New York: Routledge, pp. 133-154.

Soh, Kaycheng.（2017）*PISA Ranking: Issues and Effects in Singapore, East Asia and the World,* Singapore: World Scientific.

Tan, Jason.（2013）"Singapore: The Malay Ethnic Minority - Playing Perennial Catch-up in Education?," in Lorraine Pe Symaco ed., *Education in South-East Asia*, London: Bloomsbury, pp. 255-274.

Young, Michael.（1958）*The Rise of the Meritocracy,* London: Thames and Hudson（= 窪田鎮夫・山元卯一郎訳（1982）『メリトクラシー』至誠堂）.

第 2 章

韓　国

政府と自治体はテストの点数向上を目指さない

朴　志煥

1．トンビが鷹を生めない韓国社会

　韓国では 2015 年ごろからいわゆる「スプーン階級論」が若者を中心に話題となっている。これは「裕福な家庭に生まれる」という英語の表現である「born with a silver spoon in one's mouth」が由来であり、若者たちは親の経済力によって自分の属する階級を「金スプーン」、「銀スプーン」、あるいは「土スプーン」になぞらえる。その中で最も下位に置かれた「土スプーン」は、もはやトンビが鷹を生めなくなった世相を自嘲的に表現した言葉である。

　「スプーン階級論」がブームとなったのは、基本的に韓国社会における社会経済的な不平等が深刻な水準に至ったせいであろう。2016 年現在、所得上位 20％ の平均所得額は、下位 20％ の平均所得額の 9.32 倍にもおよび、中位所得の 50％ 以下に属する人口比率を示す相対的貧困率も 19.5％ に達する（통계청 2017）。2018 年に初めて 1 人当たりの国民所得が 3 万ドルを超えたが、相対的な格差がさらに広がっているのが韓国社会の現状である。

　さらに、韓国社会では教育を媒介とした社会移動がますます難しくなっている。韓国職業能力開発院が 2004 年の時点で中学 3 年生と高校 3 年生だった生徒とその保護者を対象に社会移動の経路を時系列的に調査した「韓国教育雇用

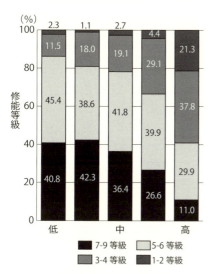

図 2-1　保護者の所得水準と子どもの大学修学能力試験の等級

出典：최필선・민인식（2015）。

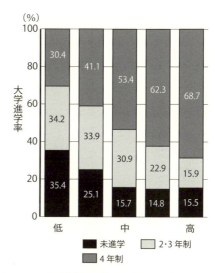

図 2-2　保護者の所得水準と子どもの大学進学率

出典：최필선・민인식（2015）。

パネル調査」を分析した結果によると（최필선・민인식 2015）、保護者の学歴と所得階層が子どもの大学修学能力試験の成績（以下、修能成績）と大学進学率に大きく影響していることがわかった[1]。

保護者の学歴が高卒未満の場合、子どもの修能成績が 1-2 等級（上位 11%）である割合は 0.8% に過ぎないが、高卒の場合は 5%、2 年制の大学以上の場合は 20.8% に達していた。また、保護者の所得を 5 段階で区分した場合、最も高い所得層である上位 20% においては子どもの修能成績が 1-2 等級である割合が 21.3% に及んだが、最低所得の下位 20% では 2.3% にとどまり、9 倍程度の差が生じていた（**図 2-1**）。さらに、最上位 20% に位置する家庭の子どもの 4 年制大学進学率は 68.7% であるのに対し、最下位 20% の子どもの場合は 30.4% に過ぎなかった（**図 2-2**）。つまり、保護者の社会経済的な地位が子どもの学力水準と大学進学を大きく左右していると言える。

さらに、親の経済力は子どもの大学進学を左右するのみならず、子どもの卒業する大学の類型や大学卒業後の所得にまで影響を及ぼす。韓国雇用情報院による「大卒者職業移動経路調査」をもとに、両親の所得水準と子どもの卒業し

た大学の類型や大学卒業後の最初の職場での所得間の関係を分析した結果がある（박경호 2017）。2014年当時にソウル所在の4年制大学を卒業した子どもの割合は、親の所得が200万ウォン（2014年7月現在1ウォン＝約0.1円）以下であるグループでは約8%であるのに対し、500万ウォン以上のグループでは約24%に達する。また、ソウル所在の4年制大学卒業者の1月当たりの平均所得は210万ウォンであるのに対し、首都圏や地方国公立の4年制大学卒業者の所得は190万ウォン、2年制大学卒業者の所得は163万ウォンであり、大学の類型間の格差も大きかった。ちなみに、親の所得、大学の類型、所得との関係は2008年の「大卒者職業移動経路調査」から大きな変化なく維持されているという。

　そのため、2010年代以降、高校卒業者の約70%が2年制以上の高等教育機関に進学する中▶2、単に大学進学のための競争ではなく、ソウルにある上位圏の大学に進学しようとする個人間の学力競争、より正確に言えば家族単位の教育競争が激しくならざるを得なくなっている。

　保護者は子どもが大学入試に有利な条件を少しでも早く整えることができるように尽力する。中間層以上の家庭は評判が高い塾が密集している地域にわざわざ引っ越したり、塾の月謝のために共働きしたりしている。さらに、英語教育のために子どもは母親と英語圏の国に留学し、父親は韓国に残り仕送りをする、いわゆる「雁家族」として生活したり、海外に移住できない場合には子どもを幼い頃から英語幼稚園に通わせたりする。

　このような状況に対して、国と自治体の側は、過度な教育競争を緩和しようとしており、競争の緩和こそが教育政策の1次的な目的であるともいえる。つまり、保護者の社会経済的地位によって子どもの学力や大学進学率に厳然たる格差が生じているにもかかわらず、韓国の教育政策では競争を煽りがちな結果中心の教育システムの是正が基本方針になっている。言い換えれば、すべての子どもの基礎学力を保障すること以外に学力向上のための政策はほとんどない。国と自治体が学力向上を明示的に追求した結果、教育競争がさらに過熱することを憂慮するからである。

　本章では大学入学試験の多様化、教育課程の改編、全国学力テストの運営、学力向上重点学校の運営に関する国の政策と自治体が主導する学校改革の様子

を順を追って取り上げたい。そしてこれを通じて韓国の教育政策の方向性とそれに込められた意味を理解したい。

2. 韓国政府の教育政策

まず、教育競争を緩和しようという動きは国の大学入試政策に表れている。2006年以降、教育部は日本のセンター試験に相当する大学修学能力試験の絶対的影響力を低減するため、大学入学選考において高校の教科成績の実質的な反映率を高める一方、学校生活記録簿（以下、学生簿）を必須資料とし、試験成績以外の多様な要素を反映することとした（이경숙 2017, p.211）。言わば高校での成績や教育活動を重視することで公教育の正常化を図ろうとしたのである。

具体的には、2008年から修能成績に領域別－国語・数学・英語・社会探求・科学探求の百分位の点数と標準点数を表記せず、領域別等級だけを表記するようにした。また、2018年度の大学修学能力試験からは英語に対し絶対評価を適用するようにした。大学修学能力試験でのわずかな点数差によって順位、さらには等級が変わることによって発生する、「無限競争」を低減するための措置であった。

これと合わせ2008年からはアメリカの大学で行われるような「入学査定官制度」の導入とともに、学生簿中心の選抜を一層重視するようにした。これは各大学の入学査定官が学生簿に記録された自己紹介、出欠状況、学業成績、校内受賞履歴、ボランティア活動、サークル活動、読書活動、教師の意見などを総合的に検討するか（「学生簿総合選考」）、もしくは各高校で算出した学業成績だけを検討する（「学生簿教科選考」）ことによって、合格者を選抜する仕組みである。大学修学能力試験の最低基準さえ用いない大学もあるので、原則的に受験生は高校生活を誠実に過ごせば大学への入学が可能となった。

学生簿中心の選考が意味を持つこととなった理由として、大学入試選考において学生簿の占める比重が大きくなったことを挙げることができる。2019年度の大学入学選考によると、韓国の196の4年制大学における総募集人員34万8834人のうち、65.9％に達する22万9881人を学生簿に基づいて合格させることとなっている（한국대학교육협의회 2017）。「学生簿総合選考」および「学

生簿教科選考」による合格者数と割合は、それぞれ8万5209人（24.4％）と14万4672人（41.5％）である。これと比べ筆記試験による合格者数の割合は7万2251人（20.7％）に過ぎない。学生簿中心の選考、特に「学生簿総合選考」の公平性に対する批判があるにもかかわらず▶3、国は大学修学能力試験による合格者の比率を速やかに増やそうとはしない。それでは高校が試験の準備機関に転落した現実を打開することができないと認識しているからである。

　学力競争を緩和しようとする国の方針は、小・中学校の教育目的と教育目標を規定する国家レベルの教育課程にも反映されている。2019年3月現在、小学校の全学年、中学校の第1学年と第2学年、高校の第1学年と第2学年に適用されている『2015改正教育課程』（以下、『2015教育課程』）――日本の『学習指導要領』に相当する――では、各学校での教育課程を構成する際に重点を置くべき事項として「生徒参加型の授業を活性化させ、学習の楽しさを体験させる」ことと、「生徒の成長や授業の改善を図るため、学習過程を重視して評価する」ことが挙げられている（교육부 2015, p.3）。

　具体的には学校での客観式テストの代わりに「叙述型と論述型の評価と実行評価の比重を拡大する」ことが要求されている（교육부 2015, p.28）。また、授業も「発表・討議活動と実験、観察、調査、実測、収集、労作、見学など」の「生徒参加の探求型活動」を通じて「学習内容を実際の文脈で理解・活用する機会を与える」時間が求められている（교육부 2015, pp.27-28）。即ち、試験成績を重視する教育から脱し、生徒は学びの過程で楽しさを体験でき、評価も学習過程と同時に行われる教育を国レベルで目指している。

　国家レベルにおいて学力にかかわる問題をなおざりにしているわけではない。国は学校や生徒の評価において、2000年から日本の「全国学力テスト」と類似した試験である「国家レベル学業成就度評価」（以下、「学業成就度評価」）を実施してきた。特に、2008年からは「基礎学力不足生徒ゼロプラン」を掲げ▶4、標本調査が行われていた「学業成就度評価」を、学校ごとの責務を強化するという理由で悉皆調査に切り替えた（송경오・박주성 2015, p.40）。

　国は学校別に「学業成就度評価」の結果を4段階（優秀学力、普通学力、基礎学力、基礎学力未達）に区分し、学校と生徒に通知した上で、学校ごとの成績をネット上に3段階（普通学力以上、基礎学力、基礎学力未達）で公開するよ

うにした。また、基礎学力に達していない生徒が一定比率以上である学校——基礎学力未満の児童が5%以上である小学校——に対しては「学力向上重点学校」に指定し、行政的・財政的な支援を行うことで学力格差を是正しようとした。

　ただし、現在ではもう小学校での基礎学力を保障するための手段として「学業成就度評価」は活用されてはいない。これは全ての小学校の児童が受ける試験であるため、序列化を煽る恐れがあるという批判が続いたからである。したがって、2013年から小学校においては「学業成就度評価」が廃止され、中学校と高校でのみ実施されるようになった。そして2017年からは中学校と高校においても標本調査に切り替えられた。ちなみに、「学力向上重点学校」政策も2015年に中断された。

　その代わりに、国は2014年から基礎学力に不安がある生徒を支援するための「学習総合クリニックセンター」を全ての市・道教育庁に設置した上で、各センターを通じて生徒がなぜ勉強に行き詰まっているかを診断し、それを是正する方法をオンラインで提示する「基礎学力診断・補正プログラム」を導入した（교육부 2014）。同プログラムの特徴は、学力向上重点学校事業のように筆記試験の成績だけで基礎学力の不足を判断するのではなく、基礎学力の足りない原因を多角的に把握することにある。学習における不振がADHDやうつ病のような情緒的問題、またはひとり親家庭のように社会経済的困難などに起因するかどうかを判断し、それに合った対応策を模索しようというものである。したがって、この政策にも試験の結果のみを重視する韓国社会の教育文化を変えようとする意志が込められていると言えるであろう。

　総じて言うと、国は苛烈な教育競争を抑制しつつ、学力を向上させることよりも基礎学力の保障という次元で学力格差を是正しようとする教育政策を展開しているのである。

3. 自治体の教育政策

　韓国では17の広域自治団体ごとに日本の教育委員会に相当する機関である教育庁を有している。2007年の釜山広域市を皮切りに、2010年以降全ての広

域自治団体において教育庁の責任者である教育監を市民による直接選挙によって選出している。2018年6月の選挙では進歩性向(革新派)に分類される候補が14の広域自治団体で教育監として選出された。教育監選挙では政党による推薦が禁止されているので、当選した教育監の政治的性向を一概に規定することはできないが、概ね教職員組合の支持を受け、試験の結果より学びの過程を重視する政策を掲げる者は「進歩教育監」として見なされる。

「進歩教育監」が在任している市・道教育庁の教育政策の特徴は、教授、学習、評価といった点で『2015教育課程』において提示されている国の教育政策と一致しつつ、これと合わせ革新学校という新しい学校づくりに集約されているといった点である。この節では第Ⅱ部で取り扱う小学校の属している全羅北道教育庁(以下、全北教育庁)の事例を中心に、自治体レベルの教育政策が持つ特徴を確かめてみたい。

全北教育庁には2010年から「進歩教育監」が3期連続で当選している。この教育監は当選100日目を迎えて実施されたインタビューで、「全てを入試で簡単に整理してしまうと、合理的な思考と討論が不可能」と前提し、「詰め込み式の授業や問題集を解くのが中心の授業で、本当に学力が伸びるのかを振り返る」必要があり、「情緒の発達といった側面からだけでなく、学力においても従来の方法とシステムが果たして優れているのか検討すべき」と主張した(김승환 2010, p.7)。全北教育庁は教育監のこのような認識を反映し、学力の定義から授業や評価の在り方、さらには学校の仕組みまでも変えていった。

まず、全北教育庁は代案的な学力の概念を提示する作業に着手した。2012年から幾度も議論を重ねたすえに、2015年には「真の学力」という概念が定義された。「真の学力」は「すべての生徒が知識中心の学力から抜け出した上で、知識、価値観、態度、実践が調和し、コミュニティと共に生きていく健康な市民として成長すること」を実現するために必要な、「自分で学び、新たに考え、共に生きる力」と定義された(전라북도교육청 참학력지원센터 2018, p.69)。

全北教育庁は知識中心の学力観を軽視すると大学進学に不利ではないかという世間の懸念も認識していた。しかし全北教育庁は、現在の大学入試制度においては学生簿の比重が大きいため、国が提示した教育課程の理念を忠実に反映している「真の学力」を育成することがむしろ有利であると積極的に主張した。

さらに、「真の学力」を育てる教育は「ひとりの子どもも放棄しない責任のある教育を志向」しながら、「基礎学力を堅固にすること」であると強調し、新しい取り組みによる学力低下への憂慮を払拭しようとした（전라북도교육청 참학력지원센터 2016, p.9）。
　むしろ、全北教育庁はこの「真の学力」を育てるため、教育課程、授業、評価の改善のために積極的に動き出した（전라북도교육청 참학력지원센터 2016, p.4）。教育課程は生活との関連性が見いだせない知識を並べることではなく、様々な教科を横断する総合的な活動で構成されなければならないと規定した。また、授業は従来のように教師が生徒に一方的に知識を注入するのではなく、質問や討論などの協力的な学びを通して生活の中の問題を解決する能力を育むことを目指すべきだとした。
　さらに全北教育庁は、評価を「授業と連携し、成長を助ける様々な」方法で行い、「認知的な要素だけではなく、非認知的要素も考慮し、結果より過程を重視する」こととした（전라북도교육청 참학력지원센터 2016, p.4）。これを学校現場で具体的に実現するため、全北教育庁は2016年から全ての小学校で中間および期末テストを廃止した（전라북도교육청 학교교육과 2016）▶5。評価が児童の序列化に結びつく資料として活用される弊害を防ぐために「評価結果を100点に換算」したり、「総点や平均も算出」したりする代わりに、教師が「各教科の特性に合わせて学校で指導した内容について観察、自己評価、相互評価、口述、記述、論述評価、実験実習討論、ポートフォリオ、選択型の評価など、多様で過程中心の評価を実施し、児童を成長・発達させる」ように誘導した。
　全北教育庁は教育改革をより一層進めるために、革新学校という新たな学校制度も導入した。これは公募を通じた校長の任用や教科目別授業時数の調整など、各校が学校運営において一定の裁量を持ち、学校側の申請に基づき教育監によって指定される自律学校の一つである。自律学校の中には一流大学に生徒を送るための自律型私立高校がある一方、革新学校のように大学入試中心の教育という公教育における弊害を解消するための学校もある。
　2009年に革新学校を始めて導入した京畿道教育庁は、これを「学校における全ての構成員らの肯定的認識をもとに、民主的な自治共同体と専門的な学習共同体による創意・知性教育を実現する公教育革新のモデル学校」と定義した

（경기도교육청 2013, p.6）。市・道教育庁ごとに革新学校の名称と運営方式は少しずつ異なるが、革新学校はおおむね「優秀な生徒を選抜して成績を向上」させることを目指すのではなく、「非競争的に生徒を選抜し、人間性教育を強調して中途脱落のない学校」を目指している（김수영 2011, p.149）。つまり、革新学校は前述のような教授、授業、評価の革新を追求するモデル学校である。

革新学校は2010年前後に「進歩教育監」が当選した自治体を中心に広がりを見せた。革新学校を初期に導入した地方自治体には政治的に革新勢力が優勢な地域（京畿道、光州広域市、ソウル特別市、全羅北道、全羅南道）が多かった。しかし、革新学校が全国で17の広域自治体のうち14カ所にまで広まった今、地域の政治的傾向と革新学校の分布との関係は弱まったともいえるだろう。2018年8月現在、14の市・道教育庁によって小学校821校、中学校421校、高等学校143校の合計1,385校の革新学校が運営されている。これは全国の小学校、中学校、高校のうち約12%（1,385校/11,636校）を占めており、革新学校は今も増え続けている状況である。

革新学校がここ10年間でこのように拡大した背景には、市・道教育庁の意志だけでなく、教師の間でも公教育を改革しようとする動きの存在があった。

表2-1　市・道教育庁別革新学校数（2018年8月現在）

市・道教育庁	導入年度	学校の類型			
		小学校	中学校	高校	合計
京畿道	2009	293	183	65	541
江原道	2011	27	19	9	55
光州広域市	2011	34	18	5	57
ソウル特別市	2011	138	38	14	190
全羅南道	2011	72	23	4	99
全羅北道	2011	105	46	17	168
慶尚南道	2015	28	18	3	49
釜山広域市	2015	22	13	5	40
世宗特別自治市	2015	7	2	1	10
仁川広域市	2015	25	11	4	40
済州特別自治道	2015	16	10	2	28
忠清南道	2015	29	17	8	54
忠清北道	2015	21	15	4	40
大田広域市	2016	4	8	2	14
合計		821	421	143	1,385

出典：박근영（2018, p.37）による表に、各市・道教育庁のホームページおよび担当者との通話を通じて確認した内容を追加。

革新学校を最初に始めた京畿道もそうであったが、全羅北道でも 2006 年ごろから教師が中心となった勉強会で革新教育に関する話題が議論され始めた（박승배 2012）。このような動きによって 2010 年 8 月に全北教育庁に革新学校の推進委員会が構成されることとなった。その後、全北教育庁は 2011 年から各学校の申し込みを受け、全 19 校（小学校 12 校、中学校 6 校、高校 1 校）の革新学校を選定したが、2018 年の時点では当時の 8 倍以上に増加した 168 校（小学校 105 校、中学校 46 校、高校 17 校）が革新学校として指定され、全羅北道にある小学校、中学校、高校の 21％以上を占めている。

　全北教育庁は革新学校を通じて自発性、民主性、創意性、公共性、地域性を重視する学校システムを作ろうとしている（전라북도교육청 교육혁신과 2017）。このような志向は革新学校の運営原理にも反映されている。自発性と民主性は教師や生徒、保護者がお互いに尊重しながら学校の取り組みに積極的に参加することを意味する。また、創意性と公共性によって授業や教育課程を再構成し、一人の生徒も学びから疎外されない責任のある教育を目指している。最後に、このような目標は学校や教師の努力だけで達成できるものではないので、学校と地域社会のネットワークの構築を目指す。

　全北教育庁はこの 5 つの運営原理を具体化するために革新学校が実践すべき重点課題も提示した。実践課題の内容は毎年少しずつ変更されているが、学校が「真の学力の伸張（教育課程 - 授業 - 評価革新）」のための「民主的な自治共同体」であり、「専門的な学習共同体」であることには変わりがない（전라북도교육청 교육혁신과 2018, p.10）。革新学校の教師は学習内容が生活から遊離しない授業を目指し、これを実現するために学校内で研究する専門家の共同体を作らなければならず、教師、生徒、保護者の間で意思疎通が民主的に行われる学校文化を創出しなければならないというのである。

　要約すると、全北教育庁は新しい学力の概念を提示し、過程中心の評価方式を全ての小学校に導入することで公教育の革新を図った。そして小学校における筆記試験の廃止や評価方式の多元化を通じて、試験の成績と学力を同一視する既存の学力概念を変えようとした。最終的には革新学校という新しい学校システムを作り上げ、試験の成績を上げるためだけの教育を抑制しようとした。つまり、革新学校は狭義の学力のみを向上させることは避け、学習過程そのも

のを重視する学校文化を創るための制度として規定されているといえる。

4. 革新教育政策の行方と是正

　2017年5月の政権交代と共に、教育部長官には京畿道教育庁の教育監として革新学校を初めて導入した人物が任命された。その後、教育部は自治体レベルで行われてきた革新教育を全国的に広めようとした。しかし、教育部は大学入試制度の変更などの課題に十分に対処できず、2018年10月にこの長官は辞任してしまった。各市・道教育庁は革新学校の導入に依然として積極的だが、国家的レベルで制度化することは難しくなったといえるだろう。

　また、「革新学校が学力低下を招かないか」という懸念は公教育を変えようとする国や自治体の立ち位置を難しくしている。2017年に教育部が国会に提出した「革新学校の学業成就水準」という資料を見ると、2016年に全国の中学校および高等学校で行われた「国家水準学業成就度評価」で基礎学力に達していない中学生と高校生の割合はそれぞれ3.6%と4.5%であったが、革新学校における中学生と高校生の割合は5%と11.9%に上った（『조선일보』2017년 10월 12일）。また、地域によっては基礎学力の不足している高校生の割合が革新学校と一般学校の間で2倍から11倍まで差があった。この結果に対して教育部関係者は「革新学校は点数主義から脱しようという趣旨で導入されたので、成績で比較するのは妥当ではない」という見解を示したが、ある国会議員は「全ての学校を革新学校に転換したら、多数の基礎学力不足者が生じかねない」と批判した。

　一方、2011年から革新教育に取り組んできたソウル市教育庁は、「革新学校が学力の向上および学力格差の縮小に成果を出している」と反駁した。『ソウル型革新学校の縦断的効果分析』という資料によると、革新高校の生徒と一般自律高校の生徒において、中学校3学年の時点と高校2学年時点の学業成就度を比較した結果、革新学校の生徒の成績向上度が一般のそれより高かった。数学の場合、前者の成績は541.11点から550.64点へ9.53点向上したが、後者の成績は551.80点から557.07点で5.27点の上昇にとどまった（『한국일보』2018년 10월 19일）。また、相対的に教育環境の恵まれていない学校が革新学校に

指定されたにもかかわらず、ソウル以外の地域にある革新学校でも「国家水準学業成就度評価」において通常の学力以上の生徒の比率が高まる成果を出しているという。

現段階では学力に関して革新学校のほうが一般学校より成功的な成果を上げているかどうかは判断しにくい。特に小学校の場合には全国単位の学力テストも行われず、各学校でも筆記試験はなくなっているため、革新教育と一般教育が学力に及ぼす効果を検証する方法がない。しかし、革新学校の肯定的な側面を拡大させるためにも[6]、小学校でも過程中心の教育が結果としての学力を育てるのに効果があるかどうかを検証する必要があると考える。

さらに、国と自治体が公教育の革新を通じて追求する新しい学力観が韓国社会に根付くためには、階層間の学力格差を減らすことはもちろん、学歴による社会経済的な不平等までも縮小することが必要だと考える。いくら良い教育制度を導入すると言っても、学歴による不平等が厳然と存在する限り、より高い学力を達成するための教育競争を減らすことはできないだろうし、結局のところ学びの過程そのものを大切にする学力観が説得力を持つことは難しくなるからである。

❖注

▶1 大学修学能力試験は日本のセンター試験のように韓国で大学に進学する際に受ける国家主管の共通試験である。国語、数学、英語、社会探求、科学探求、第2外国語などの領域で構成され、成績は領域別に九つの等級で分けられる。

▶2 新卒者における大学進学率(大学登録者基準)は、1990年当時には27.1%に過ぎなかったが、2000年には62.0%に、2010年には75.4%まで上昇した(교육부 2019)。最近はやや低くなっているが、2018年にも新卒者の69.7%が高等教育機関に進学している。このように、大学進学率が急激に上昇した要因は現代韓国社会の政治的状況から説明できる。朝鮮半島が南北に分断されている状況のため、1980年代末まで社会的なセーフティネットを集合的な政治によって追求することが禁止されたが、その結果として国が希少な資源を個人の教育競争を通じて確保するようにしたためである(김동춘 2000, p.173)。

▶3 現在、学生簿中心の選考、特に「学生簿総合選考」は論争の的となっている。なぜな

ら学業成績以外の受賞実績、ボランティア活動、読書活動に対する評価は、家庭においてこれらのポートフォリオを準備できる中間層以上の子どもに有利になりがちだからである。また、大学側の選考基準は不透明で曖昧であるにもかかわらず、ソウルにある主要な大学では「学生簿総合選考」による割合が大きいといった点も指摘されている。例えば、ソウル大学は新入生の8割をこの方法で選抜する。

▶4　小学校の段階での「基礎学力」とは「読み、書き、算盤など複数の教科を学ぶために学習の初期段階に習得しなければならない基礎的な能力」を指し、「各学年で学習者が到達すべき国家レベルの達成基準」という「基本学力」よりも低いレベルを指す（민용성 2010, p.73）。「学業成就度評価」では100点満点で20点以上から50点未満を「基礎学力」としている。

▶5　2019年現在、慶尚北道教育庁の一部の小学校を除く全国の小学校で中間および期末テストは廃止されたか、あるいは廃止される予定である。2011年にソウル市教育庁が小学校での筆記試験を廃止した後、他の市・道教育庁も2013年から2018年にかけて筆記試験の廃止を決定した。慶尚北道教育庁も自律的評価を勧めているので、この教育庁傘下の一部の小学校でのみ中間および期末テストが実施されている。

▶6　中学校および高校において、革新学校が一般校に比べて学力が低いという証拠はなく、かえって生徒の社会経済的な地位によって生じる学力格差の縮小や長期的な学力向上に肯定的な効果を及ぼしているという研究結果もある（백병부・박미희 2015; 배종현・김주후 2016; 서민희・전경희 2018; 원순아・엄기영 2018）。

❖参考文献

경기도교육청（2013）『혁신교육백서』.
교육부（2014）『기초학력 향상 지원 계획』.
교육부（2015）『2015 개정 초・중등학교 교육과정 총론』.
교육부（2019）「취학률 및 진학률」
　https://www.moe.go.kr/sub/info.do?m=040601&s=moe（最終閲覧日 2018/05/04）
김동춘（2010）「한국의 근대성과 과잉 교육열」『근대의 그늘』당대, pp.133-177.
김수경（2011）「혁신학교 운영의 실태와 성과분석」『교육행정학연구』제29권 제4호, pp.145-168.
김승환（2010）「심층인터뷰 왜 혁신학교인가？」『전북교육』통권 49호, pp.4-13.
민용성（2010）『초등학교 교육과정 총론 해설 개발 연구』, 교육과학기술부.
박경호（2017）『교육격차 실태 종합분석』한국교육개발원.
박근영（2018）「전국 시도별 혁신학교 지정 및 운영 수의 변화 추이」『교육정책포럼』통권 297호, pp.37-39.
박승배（2012）「전라북도 혁신학교 운동의 태동과정에 대한 연구」『교육종합연구』제10권 제4호, pp.1-34.

배종현・김주후 (2016)「혁신학교와 일반학교의 학업성취도 비교 분석 : 경기도 중학교의 국어와 영어교과를 중심으로」『교육연구논총 』제 37 권 제 1 호 , pp. 27-56.
백병부・박미희 (2015)「혁신학교가 교육격차 감소에 미치는 효과」『교육비평』제 35 호 , pp.204-226.
서민희・전경희 (2018)「초등단계 혁신학교 재학 경험이 학생의 학업성취도 향상에 미치는 영향」『교육연구논총』제 39 권 제 1 호 , pp.1-21.
송경오・박주성 (2015)「한국과 미국의 기초학력보장정책 비교분석 : 책무성전략을 중심으로」『공공사회연구』제 5 권 1 호 , pp.36-68.
원순아・엄기형 (2018)「혁신학교의 교육효과 분석 : 경기도 혁신학교의 계층 간 학력격차를 중심으로」『교육사회학연구』제 28 권 제 4 호 , pp.7-86.
이경숙 (2017)『시험국민의 탄생』, 푸른역사 .
전라북도교육청 교육혁신과 (2017)「2017 전라북도 혁신학교 추진 기본계획」.
전라북도교육청 교육혁신과 (2018)「2018 혁신교육 기본계획」.
전라북도교육청 참학력지원센터 (2016)「배움과 삶이 하나되는 참학력」.
전라북도교육청 참학력지원센터 (2018)『2018 참학력 포럼 : 새로운 학력과 평가』.
전라북도교육청 학교교육과 (2016)「학생의 성장과 발달을 돕는 초등 성장평가제」.
최필선・민인식 (2015)「부모의 교육과 소득수준이 세대 간 이동성과 기회 불균등에 미치는 영향」『사회과학연구』제 22 권 제 3 호 , pp.31-56.
통계청 (2017)「2016 년 소득분배지표」
한국대학교육협의회 (2017)「2019 학년도 대학입학 시행계획 주요사항」
http://www.index.go.kr/potal/main/EachDtlPageDetail.do?idx_cd=1520（最終閲覧日 2018/04/30）

第3章

香　港

潤沢な教育費を投入し、
移民の言語能力向上に資する教育政策

石川　朝子

1. 香港の社会と政治経済

　香港は、東京都の約半分の面積に734万人以上（2016年現在）の人々が住む、世界で最も人口密度の高い地域の一つである。香港は、イギリスの直轄植民地時代からマルチ・エスニックな都市であり、アジアの経済・文化のハブとしての役割を果たしてきた地域でもある。現在香港では、中国語（広東語）、英語、普通話（マンダリン）▶1 が使用されている。

　香港は戦後、資本主義国であるイギリスの植民統治のもとにおかれ、中国大陸とは異なる政治・経済・社会構造を築いてきた。歴史的にみると香港社会は、イギリス植民地時代からの多くの移入民によって経済が支えられ、構成された社会であるということができる。戦後香港は、台湾・韓国・シンガポールと並ぶ「アジア四小龍」と呼ばれるまでに経済が発展し、新興工業経済地域（NIEs）に数えられるようになった（吉川ら2016, p.34）。

　1997年に英国から中国に主権が返還された後、いわゆる「一国二制度」が実施されることになる。これは、「中華人民共和国香港特別行政区基本法」（「香港基本法」と呼ばれる）に定められている通り、香港特別行政区が「高度な自治」を行い、従来の資本主義制度と生活様式を50年間は維持することが保証

されている。主権返還後は、中国大陸の経済成長に伴い、香港経済全体が中国大陸に依存する構造が形成されたことで、香港の産業構造と労働市場に変化が起きている（吉川ら 2016, p.130）。主権返還を受けて、失業率は大きく上昇し（3.4%）、特に若年層の数値が高くなっている。香港の若者は大学卒業後の就職が困難であることや、就職できたとしても賃金が安いために、値上がりし続ける不動産を買うこともできず、将来の見通しを立てることが難しくなっている。

香港はこれまで、世界の金融センターとして飛躍的な発展を遂げた光の部分がクローズアップされてきた。しかしながら一方で富裕層と一般庶民の間にみられる経済格差と教育格差といった影の部分も現実的な問題として深刻化している。次節では、香港における教育制度や教育改革についてみていく。改革の背景には、少子高齢化が進行している香港において、アジア有数の金融経済の中心としての特異な地位を維持するため、時代に合致した人材を育成しようとする意図も読み取ることができる。

2. 香港の教育制度

香港では、1990年代以降、教育システムの構造、カリキュラム、評価の改革を中心とする包括的な教育改革が進められた[2]（垂見 2015, p.133）。旧制度では、イギリス（イングランド・ウェールズ）の教育モデルである6・5・2・3制であったが、2009年9月から学校制度が変更されたことにより、日本と同様の6・3・3・4制となった。義務教育期間も日本と同様、小学校は1年生から6年生まで、中学校は1年生から3年生までとなっている。高校は義務教育とは規定していないが、2008－2009年からは授業料を無償化し、実質すべての子どもに18年間の教育を保障している（山田 2011, p.152）。学期については、学校によっても異なるが9月に始まり翌年7月で終わる、3学期制をとる学校が多い。

学校の種類は、大きく分けて4種類ある。官立学校、資助学校、直接資助学校そして私立学校である。官立学校は、すべての経費は政府から支出され、教職員はすべて公務員である。2017年現在で34校あり、全体の約6%を占めている。すべての官立小学校は男女共学で宗教的な背景は持たない。次に、資助

表 3-1　香港の学校種別　運営・経費・授業料

学校種	官立学校	資助学校	直接資助学校	私立学校
経費	政府	政府からの補助	政府からの補助＋独自の収入	完全独立採算
授業料	無償	無償	授業料がある場合	約1万〜17万 HKD

出典：筆者作成。

学校は、経費の大部分が政府から支出されている。しかしその管理は学校に委ねられている。宗教的な背景を持つ学校がこれに当たり、キリスト教、仏教、天主教、その他の宗教を背景とする学校が含まれている。資助学校数は423校で、約81％に当たる。直接資助学校は、学校の生徒数に基づいた政府手当を受け、各学校が自ら管理する。ただし授業料は徴収することができる。21校で、約4％が直接資助学校である。この他に、「私立学校」という学校種が存在し、53校、全体の10％を占めている。

官立と資助学校は政府からの補助金で運営をされているため、授業料が無償である。経済的に困難を有する家庭の子どもは、官立や資助学校を選択することになる。一方、インターナショナルスクールを含む私立学校の授業料は、年間約1万〜17万香港ドル（2019年時点で1香港ドル＝約14円）とかなりの幅が見られる。よりよい教育を求めて子どもをインターナショナルスクールへと入れることのできる家庭はごく一部の富裕層に限られる**（表3-1）**。

3. 香港の教育の特徴

次に、香港の教育の特徴について次の3つに整理をしてみていくことにする。ここでは、1）育てたい子ども像——政府の教育目標と7つの学習目標、2）自律的な学校運営、3）親の学校への高い関与、に着目して特徴を明らかにしたい。

3.1　21世紀型コンピテンシーの育成
　　——政府の教育目標と7つの学習目標

香港では、2002年から教育・学習を通じて到達すべき学習目標として次の

7つを設定している（**図3-1**）。これをもとに、各種教育に関する制度・施策が展開されている。

7つの到達すべき学習目標として、まず、1）「責任感（Responsibility）」があげられている。これは、家族、社会、国の一員として自分の役割と責任を認識し、他者の幸せに配慮することであるとされている。次に、2）に「ナショナル・アイデンティティ（National Identity）」▶3について学ぶことがあげられる。ナショナル・アイデンティティを理解し、国・社会に対して貢献する意識を持つことが学習目標である。

図3-1　7つの目標（Seven Learnning Goals）
出典：香港教育局ホームページ。

そして、3）「読書習慣（Habit of Reading）」があげられる。香港では、「読むこと」を通して、考える力を培う。

次に、4）「言語能力（Language Skills）」に重点をおいた学習が行われている。ここでの目標は、英語及び中国語（普通話を含む）による議論に積極的かつ自信をもって参画することのできる児童生徒を育てることである。そのために多くの取り組みが行われている。例えば、英語のネイティブ・スピーカーを学校に配置したり、普通話のカリキュラムを中心的に位置づけたりできるようになっている。香港の学校の教授言語は、1997年の中国返還後、学校での使用言語に関する方針も転換されている。返還以前では、広東語と英語によるバイリンガル教育が一般的であったが、現在ではこれらに加え、普通話を加えた3言語教育が実施されている。香港では、'Biliterate and Trilingual' という言語政策がある。この政策は、香港で学ぶ全ての生徒が2つの読み書き言語（中国語と英語）、そして3つの話し言葉（広東語、普通話、英語）を習得することを目的としている（Bhowmik, Kennedy & Hue, 2017）。

つづいて、5）「学習能力（Learning Skills）」の育成である。ここでいう学習能力とは、既存の知識偏重型の教育ではなく、批判的思考力や創造的思考力を高め、ITなどを駆使しながら自律的に学習を行う力である。次に6）「幅

広い知識（Breadth of Knowledge）」では、8つの重点学習領域[4]に関わる幅広い知識を身につけることが目標となっている。最後に、7）「健康（Healthy Lifestyle）」に関する目標として、健康的なライフスタイルを確立し、芸術活動や身体運動などに対する関心を持つことが掲げられている。

　これらの重要科目を貫いているのは価値観・態度を育成することである。その育成には、コミュニケーションスキル、批判的思考力、創造性などの汎用的能力を高めることや、お互いを尊重し合うこと、責任感やナショナル・アイデンティティを育むことなどが含まれる。香港における教育の目的は、教科の知識を覚えることのみを強調した「知識偏重型」の教育ではなく、実社会での知識の活用を重視しているのである。従って、知識詰め込み型ではなく、OECDが実施するPISA調査などで重視されている知識活用型の方向性と合致する教育を行おうとしているといえる。

3.2　自律的な学校運営

　香港では、各学校が自律的に運営するシステム（School-based Management）が設けられている。このシステムができた背景には、学校現場の現状や課題、必要な対策を最もよく把握しているのは行政ではなく、学校であるという考え方がある。そのため、できるだけ学校の権限を大きくする措置がとられている（株式会社三菱総合研究所 2015, p.27）。具体的には、教職員の採用・昇進の決定権が認められていたり、学級数に応じて付与された財源の用途を自由に決める権利が与えられている。

　すべての学校が毎年の目標、数年にわたる中期目標、具体的な教育活動と教育課程を示し、自己評価に関する書類を教育局へ提出する。この学校発展計画は3年毎に作成されるとともに、インターネット上で公開され、誰でもアクセスできるようになっている。各学校の課題に対して、3年間でどの学年の、どの教科の教員が、課題の改善にむけて取り組むのかなどの詳しい方向性が一覧表で作成されている。

　学校が生徒の現状や課題に合わせて、独自のカリキュラムを開発することも可能である。特別な支援が必要な生徒が在籍する場合は、外部の教育サービス

を利用して、対応をすることも認められている。また、人手が足りなければ、教育スタッフの追加も学校単位で行うことができる。

3.3 親の学校への高い関与

　学校運営を行うための組織、いわゆる理事会（法團校董會：Incorporated Management Committee: IMC）があるのも香港の特徴の一つである。理事会は、学校運営団体代表、校長、選挙で選ばれた親、教師及び校友（卒業生）代表から構成されている。理事会で決定されることは、学校の教育方針、財務・人事リソースの計画・運用などであり、補助金を使用して取り組みを行ったとき等、学校のパフォーマンスについて行政と設置者へ報告する役割も理事会が担っている。また、子どもの教育が適切に行われているか確認・支援を行ったり、計画・実行・振り返りがうまくできているか監督したり、教職員の雇用や業務の分配までも理事会で決定されている。

　このように香港では、各学校の教育を支える組織のありようにおいて特徴を有していることがわかる。理事会には親や卒業生も関わっていることから、地域や家庭の社会文化経済的課題についても話し合いながら、どのような教育をそれぞれの学校で行うのが良いのか決定していく仕組みがある。

4. 香港における学力格差と移民が抱える教育課題

　香港はこれまで、PISA や TIMMS といった国際学力調査においてトップレベルの成績を収めてきた。これまで香港の教育研究については、香港の教育レベルの高さやその要因について分析したものがほとんどであった（Ho 2017; 垂水 2015, 2017; 辰巳 2017）。しかし一方で、昨今の移民の増加や経済成長に伴う格差拡大によって、香港が抱えている教育的問題は大きさを増している。特に移民の子どもの言語能力と就労については大きな課題として認識されている。

　アジアにおいて高度な経済発展をみせる香港への移民流入は多く、国勢調査（Census and Statistics Department 2017）によると、香港のエスニック・マイノリティの人口は約58万人程度であり、全人口の8.0%を占めている。香港にお

けるエスニック・マイノリティ人口の特徴としてあげられるのが、白人の割合の多さ（10.0%）とインド・パキスタン・ネパールなどの南アジア系と言われる人びととの割合の多さ（併せて14.5%）である。南アジア系の人びととは、イギリス植民地時代のインド亜大陸から大量に移住をしてきた人びとであり、現在では香港で生まれ育った人が増えている（南アジア系のうち、ネパール39.5%、パキスタン38.7%、インド22.7%）。白人と南アジア系の人々以外は、家事労働者として働くフィリピンやインドネシア、タイの人々が併せて59.4%ともっとも多くを占めている他、日本人・韓国人などのビジネスマンとその家族（併せて2.8%）や中国人パートナーとの間の子どもとその他（その他13.3%）で構成されている。

これらのエスニシティのなかでも教育困難を抱えているのは、南アジア系の子どもたちであると数々の先行研究が示している（Center for Civil Society and Governance and Policy 21 Limited 2012; Hong Kong Unison Limited 2011; Ullah 2012）。香港教育學院が2013年に行った「香港のエスニック・マイノリティの教育的不平等と子どもの貧困に関する研究調査」（The Hong Kong Institute of Education 2013）によると、3歳から5歳までの子どもで就学前教育を受けていない子どもは、フィリピン人19.4%、パキスタン人17.1%、ネパール人16.1%となっており、中国人の8.5%に比べてはるかに多くなっている。加えて、13歳〜19歳の若者の高校2年生までのドロップアウト率を見ると、マジョリティである中国人の子どもたちが6.4%であるのに対して、パキスタンの子どもは15.6%、ネパール人は20.6%と高い中退率となっている。

エスニック・マイノリティの子どもたち、特に南アジア系の子どもたちが抱える難しさとは何であろうか。次に、1）中国語学習の難しさ、2）家庭の貧困と学業達成に整理してみていくことにする。

4.1 中国語学習の難しさ

香港生まれ香港育ちの南アジア系移民の3世・4世の子どもたちの言語の問題として、広東語を流暢に話すことはできるが、書くこと・読むことが難しいことがあげられる。また、子どもの中国語能力の低さの背景には、親が中国語

の読み書きに困難を有していることが伺われる。つまり、学校での宿題を家庭でみることが難しかったり、子どもの中国語能力に課題があることに対して親が気づきにくかったりすることで、エスニック・マイノリティの子どもは中国語能力の面において、一般の中国系の子どもから遅れをとることとなる。

エスニック・マイノリティの人権について活動を行っている NGO Hong Kong Unison の王惠芬（2014, pp.16-29）は「導論——エスニック・マイノリティの中国語教育と機会平等」という文章のなかで、かれらの中国語学習に関する困難さを次のように述べている。中国語ができないことで、中国語補習クラスのある学校を探さなければならないことや社会において職業訓練から外されてしまうこと、教育不足と言語の障碍のために、就業などに問題が発展していくこと、などである。最大の問題として、香港社会が広東語での会話、中国語での読み書きが必須である現状にあり、言語能力が就職と直結していることを挙げている。このことから、言語政策として第二外国語としての中国語の必要性について訴えている。

4.2 家庭の貧困と学業達成

さらに、学力に大きな影響を与えているとされる家庭の貧困についても看過することはできない。香港はもともと、「国民ひとりあたりの GDP が31万113香港ドルと、アジアで最も経済的に豊かな都市である。しかしながら、先進国において最も不平等な場所の一つでもある。香港のジニ係数は、0.537である（0が完全に平等、1が完全に不平等を表す不平等指数として認識されている）。2014年には、都市の人口の15％がいまだ貧困であるとされている。これらが示しているのは、100万人の人びとが貧困ラインより下で生活をしているということである」（2016年2月3日）と南華早報（South China Morning Post）の新聞記事にあるように、経済的に発展する香港において経済格差の問題はエスニック・マイノリティであるかどうかに関係なく依然として大きい。

その中で、南アジア系の人々は更に貧困の状態に置かれている。かれらのほとんどが「非技術職人」として、週に65時間以上働く人が3割に及んでいる（香港全土では週平均45時間労働）。また、南アジア系の人々の月収は平均4250

香港ドル程度であり、香港全土の平均収入1万5000香港ドルを下回っていると報告されている（Census and Statistics and Department 2017）。

報告書の中では、社会経済的特徴と学業達成の関係についても言及されている。例えば、日本・韓国人（87.3%）、白人（85.2%）、インド人（64.4%）の多くが後期中等教育で学んでいるのに対して、ネパール（15.6%）、タイ（15.8%）、インドネシア（19.3%）、パキスタン（23.4%）の後期中等教育の就学はかなり低い割合となっている。

5. 香港における学力格差是正のための教育政策

5.1 特別な補助金の多さ

以上のような困難を有する子どもたちのために、教育局は特別な補助金を学校へ提供している。それらを用いて学校側は、各校の事情に合わせて放課後学習やサポートプログラムを行っている。各学校は、補助金の使用について、年度始まりに各校の年次計画書へとその旨を明示し、年度終わりには報告書の提出が義務付けられている。また、地域に根ざしたプロジェクトが推進されており、学校とNGOが協力して放課後学習やサポートプログラムが行われている。例えば、学習スキルを訓練するためのプログラムや、言語能力向上のためのもの、美術や文化活動・スポーツ、課外活動やボランティアの経験をさせるプログラムもある。中には自尊感情を高めるための活動も用意されており、学校はそれらのプログラムの中から、子どもたちの課題に合わせて必要なものを選択する。これらの費用は、教育局が負担する。

経済的に困難を有する家庭の子どもたちには、2014／2015年度から無料昼食の制度が適応されている。小学校1年生から6年生までの、全日制官立小学校、資助小学校、直接資助小学校に通っている生徒で、全額の就学補助を受けている生徒にこの制度が適応される。この費用は、教育局から直接学校へと支給される。

一方、経済界による援助も活発である。香港で大きな経済団体の一つである"香港ジョッキークラブ"は、2002年から学校の資金不足を解消するために資

金面での援助を行っている。援助は、全人格的な発達や達成を目指して、生徒の資質向上のためになされている。小学校と中学校に対して毎年、多額の補助金[5]が投入されている。

このように、香港では、政府やその他経済団体などから、子どもの学びを支援する多くの補助金が投入されていることがわかる。学校は、政府や経済団体による教育補助金を使用して、自律的な運営ができるようになっている。その成果は、毎年発行される各学校の年次報告書に記載され、エビデンスが可視化されるところも香港の特徴であると思われる。さらに、各学校で学ぶ子どもたちの課題や現状に合わせて、地域ベースでのNGOとの連携による多様なプログラムを選択したり、経済的に困難な家庭の子どもたちに無償でアクティビティを提供したりすることができている。

5.2 言語能力向上を主眼に置いた移民のための教育政策

第3節で述べたように、香港では特に、南アジア系の子どもたちの低学力や不登校、中退率の高さ、大学進学率の低さが社会的な課題として捉えられてきた（石川 2016; The Hong Kong Institute of Education 2013; Kennedy 2012）。エスニック・マイノリティの子どもが教育的課題を抱える背景として、中国語能力の低さや再生産される家庭の貧困の問題が挙げられている（石川 2016）。エスニック・マイノリティの学力の低さや中等教育以上への進学の難しさという教育課題に直面している香港が、エスニック・マイノリティの教育ついての政策を打ち出したのは2000年以降のことである（**表3-2**）。主に、新移民の子どもに向けた取り組みがそれに当たる。1997年9月から香港教育局では、学校を基盤としたサポートスキームのなかで、中国大陸からの新移民の子どもへのサポートを開始している。その後、2000年からは、中国語を話すことのできない子どもや帰国した子どもへと対象を広げている。

特に、言語の面で困難を抱えているエスニック・マイノリティの子どもたちの教育に関して、香港も行政的な様々な手だてを講じてきた。その代表的なものが、2013年に始まったエスニック・マイノリティの子どもを対象とした公立学校の指定校制度である。中国語に課題のあるエスニック・マイノリティ

の子どもたちを、地元の公立学校ではなく31校の指定校に集中的に受け入れ学ばせる政策である。この指定校に通う80％〜90％がエスニック・マイノリティの子どもとなるため、彼らがネイティブである中国系の生徒と共に学ぶ機会はほとんどない。中国語能力の向上という面では、この政策について賛否両論あり、指定校にエスニック・マイノリティの子どもたちを集めて教育をするのは"隔離"だとして人権NGOや香港の機会均等委員会（Equal Opportunities Commission）から批判的な意見が出されている。後の2015年にこの政策は廃止されることとなった。

　エスニック・マイノリティの中国語学習のカリキュラム改革も並行して行われてきた。中国語教育に関する政策の中には、高等学校のカリキュラムに関するものも含まれる。教育局は、学力的な格差に鑑みて、エスニック・マイノリティのための2つの中国語コースを新設した。ひとつはサービス産業で用いる中国語、ひとつは接客の専門家が使用する中国語を学ぶコースである。このコースを受講することで、高校3年時に受ける香港中等教育修了証書試験において中国語の科目が比較的簡単な試験で代替される。アファーマティブアクションとして設けられたこのカリキュラムは、彼らのキャリアにとって有益なものとして一旦は受け入れられた。しかし、その後はエスニック・マイノリティの生徒をただサービス産業に向かわせるだけだといった批判の対象にもなった。これらのカリキュラムでは、高等教育への進学等に耐えうる言語能力とそれに伴う学力を培うことが困難であることがわかり、言語および学力向上のための教育のあり方について議論されていった。

　この流れを受けて、2014年から教育局が2億香港ドルに及ぶ膨大な額を投じて策定した「第二言語としての中国語学習フレームワーク」（Chinese Language Curriculum Second Language Learning Framework）が始まった。エスニック・マイノリティが在籍する学校では、この補助金を用いて、授業の方法や評価ツール・教材などの開発や、バイリンガルのティーチングアシスタント雇用などを行うことが可能となった（石川2019）。

　しかし「第二言語としての中国語学習フレームワーク」もまだ緒についたばかりであり、今後教育局も移民の子どもの教育にどのような政策が必要か、実践の過程とその成果を追いながら追加・修正を行っていくことが予想される。

香港における移民の子どもに対する教育政策の効果と今後の更なる政策の追加に期待したい。

表 3-2　移民のための教育政策の変遷

施行年月	政策	内容
2000 年 9 月	International Programme for Newly Arrived Children	外国人新移民のための「香港生活開始プログラム」
2002 年 6 月	Race Relations Unit の組織化	民政事務局の下部組織として、エスニック・マイノリティと政府機関をつなぎ、NGO を支援する役割を担う組織が組織化
2007 年	就学前教育のバウチャー制度	外国人の子どもの就学前教育
2013 年	Summer Bridge Programme	・非中国語話者の子どもとその親のための夏期プログラム ・小学校入学への橋渡し
2013 年	The Designated School（～ 2015 年に廃止）	・エスニック・マイノリティ集中校への入学を奨励 ・エスニック・マイノリティの生徒を 10 人以上受け入れた学校へは 30 万～ 60 万香港ドルの加配と補助教材の提供がなされる。
2014 年 2 月	Education Opportunities in Hong Kong	教育局が外国人の子どもの公立学校への入学を仲介する。
2014 年 9 月	The Applied Learning in Chinese (ApL (C)) curriculum	エスニック・マイノリティのための 2 つの中国語コース（「サービス産業のための中国語」「ホスピタリティにおける実践的中国語」）を新設
2014 年 9 月	Chinese as a second language Learning Framework	・教育局による「第二言語としての中国語学習フレームワーク」の提示 ・この枠組みに基づき教育を実施する学校へ、約 2 億香港ドルを投入

出典：筆者作成。

❖注

▶ 1　以下、第 3 章と第 10 章における香港の記述で、たんに中国語という場合は広東語をさす。他方で普通話はマンダリン、すなわち標準中国語を指して用いられる現地語である。
▶ 2　垂見（2015）によれば、1960 年代以降のエリート教育からマス教育への急激な転換に伴う生徒の質の変化や、知識の詰め込み教育に対する保護者及び企業の不満などから、根本的に教育システムの見直しが必要とされたことが、改革の要因とされている。

▶ 3 「Basic Education Curriculum Guide」には、「香港は中国の一部である。生徒に彼らの住む場所についての理解、および早期にナショナル・アイデンティティについての意識を高めることは、香港の学校カリキュラムの主要な学習目標の一つである」と書かれている。このことから、学習目標の中の「ナショナル・アイデンティティ」とは中国への帰属意識であることがわかる。
▶ 4 それらは、中国語、英語、数学、科学、テクノロジー、道徳・社会・教養、芸術、体育の 8 領域である。
▶ 5 ジョッキークラブの学習基金では 2002 年から、小学校から高校までの経済的に厳しい生徒に対して、学年段階に応じた奨学金を配給している。例えば、小学校 1 年生〜3 年生は各 180 香港ドル、小学校 4 年生〜6 年生は 300 香港ドル支給され、必要とされる生徒の人数に合わせて学校へと配分される。学校はそのお金をどの活動に充てるか独自に決定することができる。2017 年度には、9 億 2000 万香港ドルをこの教育基金として支出している。過去 3 年間で 930 校で、述べ 21 万人の生徒が奨学金を受けている（The Hong Kong Jockey Club Life-Wide Learning Fund ホームページ）。

❖参考文献

Bhowmik, M. K., Kennedy, K. J., & Hue, M.-T. (2017). "Education for all: But not Hong Kong's ethnic minority students". Race Ethnicity and Education, Taylor & Francis Group.

Census and Statistics Department (2017) "Hong Kong 2016 Population By-census - Thematic Report：Ethnic Minorities", Hong Kong Special Administrative Region. https://www.statistics.gov.hk/pub/B11201002016XXXXB0100.pdf（最終閲覧日 2018/ 12/19）

Center for Civil Society and Governance and Policy 21 Limited (2012) "Study on Racial Encounters and Discrimination Experienced by South Asians", The University of Hong Kong. https://ccsg.hku.hk/files/RacialEncountersandDiscrimination2012.pdf（最終閲覧日 2018/12/19）

Ho, Esther Sui-Chu (2017) "What We Learned From Pisa: The Outstanding Performance Of Students In Hong Kong And East Asia" World Scientific Publishing Co Pte Ltd.

香港教育局ホームページ Seven Learning Goals. Available at: http://www.edb.gov.hk/mobile/en/curriculum-development/7-learning-goals/about-7-learning-goals/index.html（最終閲覧日 2018/12/19）

香港教育局ホームページ Basic Education Curriculum Guide. Available at: http://www.edb.gov.hk/en/curriculum-development/doc-reports/guide-basic-edu-curriculum/index.html（最終閲覧日 2018/12/19）

Hong Kong Unison Limited (2011) "Comments on education bureau's support measures for non-Chinese speaking" LC Paper No. CB(2)1258/10-11(01)
http://www.unison.org.hk/DocumentDownload/R01-Position%20papers/2011/Unison-

LegCo-submission-Edu-20110310.pdf（最終閲覧日 2018/12/19）
石川朝子（2016）「香港の移民の子どもの教育をめぐる現状と課題：南アジア系エスニック・マイノリティに注目して」『帝京大学宇都宮キャンパス研究年報人文編』第 22 号 , pp.35-60.
───（2019）「香港における移民のための教育政策とその課題」『帝京大学宇都宮キャンパス研究年報人文編』第 24 号 , pp.87-105.
株式会社三菱総合研究所（2015）「学力調査を活用した専門的な課題分析に関する調査研究業務［PISA(OECD 生徒の学習達成度調査) における上位国・地域の教育制度に関する調査研究］報告書」p.27.
Kennedy, Kerry John (2012) "Immigration and Hong Kong: "New Immigrants" and Ethnic Minorities". Hong Kong Report prepared for the UNESCO-KEDI Regional Policy Seminar 2012 - Education Policy: Making In The Age Of Migration In Asia And The Pacific.
南華早報（South China Morning Post）(2016 年 2 月 3 日) 'Hong Kongethnic minorityes fall through the cracks' by Jennifer Ngo.
NCEE [National Center on Education and the Economy] HP. 'Hong Kong: Learning Systems' http://ncee.org/what-we-do/center-on-international-education-benchmarking/top-performing-countries/hong-kong-overview/hong-kong-instructional-systems/（最終閲覧日 2018/12/17）
辰巳哲子（2017）「世界の学力調査──諸外国の学力ガバナンスと学力調査　第 2 回　香港における学力調査」『SYNAPSE』VOL.56, ジダイ社 , pp.40-43.
垂見裕子（2015）「香港・日本の小学校における親の学校との関わり──家庭背景・社会関係資本・学力の関連」『比較教育学研究』(51), pp.129-150.
───(2017)「小学生の学習習慣の形成メカニズム　日本・香港・上海の都市部の比較」『比較教育学研究』(55), pp. 89-110.
The Hong Kong Jockey Club Life-Wide Learning Fund　ホームページ https://jclwlf.edb.hkedcity.net/tc/node/225（最終閲覧日 2019/02/06）.
The Hong Kong Institute of Education (2013) "Study on inequality and Child poverty among Ethnic Minorities in Hong Kong". The Hong Kong Institute of Education, http://www.ied.edu.hk/media/news.php?id=20131029（閲覧日 2018/12/17）
Ullah, Rizwan (2012) "A critical review on the provision of Chinese language education for NCSS in Hong Kong" The University of Hong Kong.
山田美香（2011）「香港の中等教育」『人間文化研究』第 15 号 , 名古屋市立大学大学院人間文化研究所.
吉川雅之・倉田徹編著（2016）『香港を知るための 60 章』明石書店.
王 惠芬、葉 皓羚（2014）" 無酵餅──「中文為第二語言」教與學初探 " Hong Kong Unison.

第 4 章
イングランド

格差是正は至上命題！
現場に次々とムチうつ保守政権

ハヤシザキ カズヒコ

1. イングランドにおける学力格差の是正策

　イングランドでは労働党政権の時代から長年にわたって学力格差の是正策がすすめられてきた。とくに労働党政権においては、貧困地域への膨大な投資によって、貧困削減とともに、就学前教育や子育て支援の拡充がなされてきた。労働党政権の最終的な局面では、教育とあらゆる子ども行政が統合され、チルドレン・サービスとして総合的な子どもへの行政サービスが提供されるとともに、拡張サービス（Extended Service）にかかわる施策では、学校において朝8〜18時までの学童保育、保護者支援・家族学習、放課後の活動（学習支援・クラブ活動）、福祉や警察との素早い連携、施設のコミュニティ利用などを推進した（林嵜 2007; ハヤシザキ 2015）。

　2010年の連立政権成立後、保守党を中心とする政権はそれらの施策をすこしずつ補正しつつ、独自の政策をうちだした。なかでも学力の格差の是正にかかわる施策には、ピューピル・プレミアム、および、きびしい家庭への就学前教育の無償化拡充があげられる。だが連立政権以後に格差の是正策として中央政府がおこなっていることは、ピューピル・プレミアムだけだといってもよい。

　すでに日本でもしられているように、ピューピル・プレミアムは「不利な生

徒（disadvantaged pupil）」の数におうじて、学校に追加の配分をすること、あるいはその配分金を意味する。この不利な生徒は当初は無料給食資格をもつ生徒を主な対象としていたが、年々、すこしずつその定義を拡大しつつある[1]。過去6年の間に無料給食の受給資格をもつ（もった）子ども1人につき、初等6年生まで1320ポンド、中等1～5年生までは935ポンドが学校に追加される（2019年4月現在、1ポンド＝約145円）。2018-2019年度ではイングランドのおよそ27.7％の生徒がなんらかの形でその対象となっている（**表4-1**）。ただしこのピューピル・プレミアムの使途は明確にせねばならず、学校のウェブサイトにその明細の公表が義務付けられている。

　就学前教育の拡充は、すでに労働党政権において実現していた。労働党政権においては3～4歳児は週あたり15時間の無償での就学前教育または保育をうけられることになっていた。連立政権と保守党政権はそれを拡充し、条件をみたすきびしい家庭には、週30時間の無償での教育または保育を保障し、かつ、それらの家庭には2歳児においても、週15時間の無償教育を保障している。

　連立政権以後は、上記のように経済的にきびしい家庭、家庭からはなれざるをえない子どもたちの教育には一定の予算をわりあてている。他方で、それ以外の格差についてはあまり施策が予算化されない傾向にある。男女、エスニシティ、第一言語、特別支援といった社会的グループ間の格差は、たしかに現在でもモニタリングされてはいる。ただしそれらの格差の縮小を目的とした配分

表4-1　ピューピル・プレミアム2018-2019年度 有資格者数および配分額（DfE, 2018a）

	全生徒数	ピューピル・プレミアム有資格者数	有資格者比率	ピューピル・プレミアム総額
初等 無料給食生	4,551,243	1,062,599	23.3	£1,402,631,340
中等無料給食生	2,852,967	808,621	28.3	£756,061,258
軍隊従事		76,568	1.0	£22,970,400
1日以上施設・里親等		47,251	0.6	£108,677,300
施設・里親等		57,668	0.8	£132,636,400
総計/全体比率		2,052,708	27.7	£2,422,976,698

出典：筆者作成。

や施策はなされていない。例えばEAL生徒（追加言語としての英語を学習する生徒）への支援は、かつては社会的包摂の名のもとに重視されていた。しかし現在は過去に発展させてきたメソッドに依存している状況である。各学校では、それらの格差の縮小も課題としながら、特別な予算をあてにせずにそれらにとりくんでいる状況であるといえる。

2. 連立政権以後の教育改革の反動

　他方で、連立・保守党政権による教育改革には学力格差の是正とは無縁な、または逆効果とみられるものもおおい。ひとつの特徴は、労働党政権が、学力にこだわりながらも、労働市場と学校でのまなびをむすびつけ、就労をひとつのゴールと想定していたのに対し、連立・保守党政権は、アカデミックなまなびをより重視していることであろう。

　その改革のうちで、もっともおおきいものはナショナル・カリキュラムの改革である。保守党は政権を奪還したのちカリキュラム改革の意向をずっと表明してきた。そして2013年に発表されたこの最新カリキュラムは、初等では2014年9月の新学期から導入された（2年生と6年生は2015年の導入）。そして、あたらしいナショナル・カリキュラム・アセスメント（通称SATs）は2016年の5月から、あたらしいGCSEsは2017年からおこなわれている。

　このカリキュラムの改革における主な変化は以下のようなものである。

- 全体的にまなぶ量がへらされ、スリム化されたといわれる。
- 算数はより難易度をました。例えば、12の段のかけ算を9歳でまなぶ。また分数を5歳でまなぶ。
- 英語では、ボキャブラリー、手がき、スピーキング、スペリング・句読・グラマーにより比重がおかれている。
- コンピュータ科目がICTにとってかわり、プログラミングやインターネット安全などが導入された。
- 科学では、方法よりも「事実」や「科学的な知識」に比重がうつった。
- 歴史では以前のトピック学習ではなく、年代順のアプローチが重視される。

この変化は、これまでのコンピテンシー重視だったカリキュラムからより知識重視への移行ともいえる。世界的にはカリキュラムが、思考力・想像力・表現力といったコンピテンシー重視の方向にむかうなかで、イングランドは暗記や計算といった古典的ともいえる能力を重視することとなった。

そのほかに連立・保守党政権の改革で顕著なのは、評価の指標をよりきびしくすることである。たとえば2012年には教育水準局（Ofsted）による学校査察の4段階評価を変更した。連立政権は4段階のうちの3番目だった評価項目の「満足（satisfactory）」をなくし、「改善が必要（requires improvement）」におきかえた[2]。評価が4段階であるのはそのままだが、「改善が必要」とされた場合は3年以内に「良（good）」以上の評価にうつらなければならないとされた。簡単にいえば、これまでは4段階の評価のうち最低評価さえとらなければよかったのだが、今後は上位2つの評価をとらなければならなくなったのだ。学校のスタッフにたいする心理的なプレッシャーはさらにおおきくなり、失格の烙印をおされる学校は増加した（Ofsted 2012）。

またこれまで中等学校の評価にもちいられてきたGCSEsでの通過基準を、「いずれかの5科目でのA*-C」ではなく、「英数をふくむ5科目でのA*-C」におきかえた。さらには、現在はイングリッシュ・バカロレアという科目の組み合わせをつくり、そこで4以上の評価をえた生徒の割合を学校の評価基準に使用している。このイングリッシュ・バカロレアとはフランスの大学入学資格試験などとはことなり、たんなる主要科目の組み合わせのことである。その科目とは英語、文学、数学、理科2科目以上、地理または歴史、（英語以外の）言語の諸科目となる。2016-2017年度のGCSEsの受験生でこの組み合わせを受験している生徒は全体の4割弱しかいない。さらに、4以上の評価をえているのは全体の24%である。政府は2025年までにイングリッシュ・バカロレアの受験生を90%以上にするという目標をたてている（Long R. and Boloton P. 2017）。イングリッシュ・バカロレアは、実技にちかい科目ではなく、アカデミックな科目をより重視するという保守党の教育観を反映した組み合わせであるといえる。イングリッシュ・バカロレアは、カリキュラムの幅をせまくし、大学進学層とそれ以外の層の格差をよりおおきくするようにみえる。

また、例えば、これまで各学校では「不利な生徒」の通過率は学年全体の通過率と比較されていた。ところが2017年からは、不利な生徒の通過率は、学年の不利な生徒「以外」のコホートと比較され、その格差の縮小が評価されることになった。これは不利な生徒がおおい学校にとって、目標がよりたかくなり、その克服がより困難になったといえる。

これらの評価の指標の操作は、よりたかい目標を設定したり、評価される能力をアカデミックなものにしぼるものである。これらの改革は、現在のマンパワーやリソースがふやされることがなく、子どもへの実際の支援やアプローチをふやすことにはつながらない。目標をたかくし、子どもたちや教員たちにさらなるハードワークをただもとめるだけにすぎない。ピューピル・プレミアムをのぞけば財政出動がほとんどないというのが、連立政権以後の教育改革の特徴だといってもいい。

さらに、教育改革の本丸とはことなるが、連立・保守党政権は地方行政への補助金を削減しつづけてきた。2010年から2017年まで、地方行政への政府の補助金は約49.1%削減され、地方行政の予算は全体で約28.6%減となっている (National Audit Office, 2018)。これらは子どもへの福祉サービスや社会教育サービスの削減へとつながっている。学校にかかわる事業のうち、地方によって補完されていた子どもむけの事業予算も減少している（すべての子どもの無料給食、学校への送迎、学校改善のための事業等）。さらにはチルドレンズ・サービスの縮小がある。チルドレンズ・サービスの予算の削減は全体で40.5%にもおよぶ。

チルドレンズ・サービスはシュア・スタートとしてはじまった労働党の教育政策の柱のひとつだ。子そだての支援を全般的におこなうと同時に、きびしい家庭への福祉的介入、ファミリー学習、就労支援など子そだてをする親たちへの総合的な支援センターとなっていた。地方行政によって維持されてきたこのチルドレン・センターの閉鎖もあいついでいる。2010年には約3600あったチルドレン・センターのうち、すでに1000ちかくのセンターが統合または廃止となった。地方によっては70%ものチルドレン・センターが閉鎖になったところもある（The Guardian 2018a）。それだけではなく、現存するチルドレンズ・センターの66%ものサービスが教育水準局の査察によって、「不適切」または「改善が必要」と指摘されているという (National Audit Office 2018, p.38)。

地方行政のなかでも児童福祉分野の予算削減はかろうじてダメージがすくなくおさえられてきたようだが、地方行政の財政危機は、プレイパークや図書館サービスの閉鎖、ユースサービスの消滅など学校外の教育にも影響をおよぼしている。

　また、連立政権は成立後すぐの2010年に教育継続手当（Educational Maintenance Allowance）を廃止している。これは16〜19歳の貧困層の若者が継続教育をうける場合に受給できる奨学金であった。連立政権はこれをあらたなべつの給付金へとおきかえたが、予算額の削減と教育機関単位での支給（かつ障害者優先）のため、その補足率が非常にすくなくなってしまった。

　これらの教育改革の特徴は、古典的アカデミズムへの回帰、学校へのよりつよい圧力、子どもや親へのサービスの全般的削減に特徴づけられる。現状では学校の予算はそれほど大幅に減少していないにせよ、社会全体における行政サービスの低下が学校への負荷をたかめていくことは、今後十分に予想されることである。

3. イギリスの貧困と格差

　学力格差の是正において、経済的な格差の状況を確認しておくことは必要であろう。学校や教育省がいくら努力をしても、その背景となる要因が深刻であればその学力格差是正の効果はうすくなるだろうから。

　とはいっても、イギリス全体における貧困の状況は近年さほど改善されてはいない（図4-1）。2017-2018年度の家賃調整後[3]の相対的貧困率（中央値の60％以下の収入でくらす世帯率）は22.0％であり、昨年度とほぼおなじである。そして、子どもの相対的貧困率は30.0％となっている。これらの数値はわずかに上下しているものの、連立政権になってから大きな変化があるわけではない。むしろ子どもの貧困率は2011-2012年度に27.1％（JRF 2019）と最低を記録してから、それ以後、わずかに上昇してきている。

　好景気と雇用状況の安定を背景として、イギリスはゆるやかなインフレにある。経済成長も毎年ゆるやかに上昇しており、リーマンショック直前の2008年、GDPは年間1兆7919億ポンドであったものが、2018年は2兆335億ポ

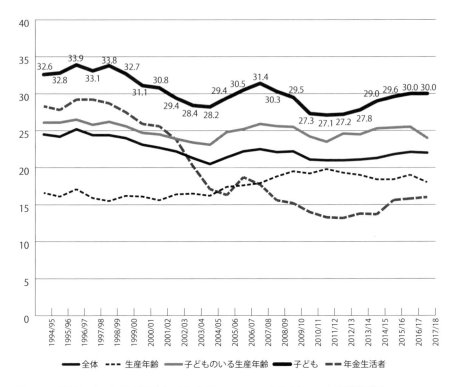

図 4-1　英国のタイプ別貧困率（中央値の 60% の収入以下、家賃調整後）
出典：https://www.gov.uk/government/collections/households-below-average-income-hbai--2（最終閲覧日：2019/04/30）

ンドとなっている。にもかかわらず貧困がとりわけ削減されたわけではない。これは社会の再分配が機能していないといってもよいだろう。さらに連立・保守政権は福祉にかかわる事業費をおおきく削減してきた。それはとくにきびしい地域でシビアにあらわれている。地方当局のなかでも北部や中部、ロンドンの一部では 97% の予算削減をしいられたところもある（The Guardian 2018b）。それゆえ、貧困の固定化や帰結が懸念されるがそれらは学校へも負荷をしいることになりうるだろう。

　本調査で着目するロンドンについてだが、家賃調整後の貧困率の数値をみると、全国平均の 21% に対して、ロンドンの貧困率は 27% となり、おおはばにうわまわる（Trust for London 2017）。子どもの貧困率は全国が 30% にたいして

ロンドンは 37% である。さらにロンドンは裕福な区とそうでない区のひらきがおおきい。例えばもっとも厳しい貧困率であるタワーハムレットの場合、貧困率は 39%、子どもの貧困率は 43.5% となる（ともに家賃調整後）。しかもタワーハムレットはロンドンの都心にちかいにもかかわらず失業率も 7.7% とロンドンでも最悪となっている。

こうした英国やロンドンにおける貧困のひろがりは、教育にとっておおきなチャレンジでありつづけているのだ。

4. 学力格差の是正の成果と学校の目標

ではイングランドにおける学力格差は縮小しているのであろうか。左記（**図 4-2-1 ～ 4-2-6**）のグラフ類は GCSEs の通過率（英語と数学をふくむ 5 科目で 4 以上／C 以上）を社会グループ別にしめしたものである。あたらしいカリキュラに対応した GCSEs は 2016-2017 年度においてはじまっているが、全国的にいえば格差の状況に前年度とおおきな変化はないようだ。

英国の学力格差の一般的な傾向としては以下のことがいえる。

1）男子のほうが女子よりも学力がひくい（図 4-2-1）。

2）エスニシティべつにみると、おおきな分類でいえば、中華系、インド系、バングラディッシュ系の順に学力がたかい。極端に上記の通過率がひくいのは、ロマ・ジプシーのグループで、例年 10% 程度である（図では省略）。また、ブラックアフリカンとカリビアンもともに学力がひくい傾向にある（図 4-2-2）。

3）第一言語が英語であるか否かについてが格差としてモニターされるのは、移民のなかでもおもに 1 世や 2 世であったりする、家庭の言語が英語以外の子どもは不利だとかんがえられてきたからである。かつては非英語話者の子ども学力は、英語話者におよぶべくもなかったが、2000 年代にはいってから第一言語が英語話者であるグループと、非英語話者であるグループが匹敵するようになってきた（図 4-2-3）。

4）無料給食資格の子どもたちは、経済的にきびしい家庭の子どもたちの代表的な指標である。学力格差では、ジプシー・ロマのエスニック・グループの低学力について、深刻なカテゴリーといえる（図 4-2-4）。

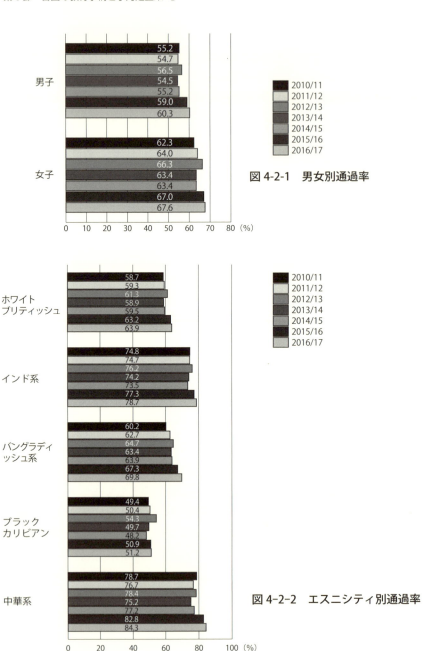

図 4-2-1　男女別通過率

図 4-2-2　エスニシティ別通過率

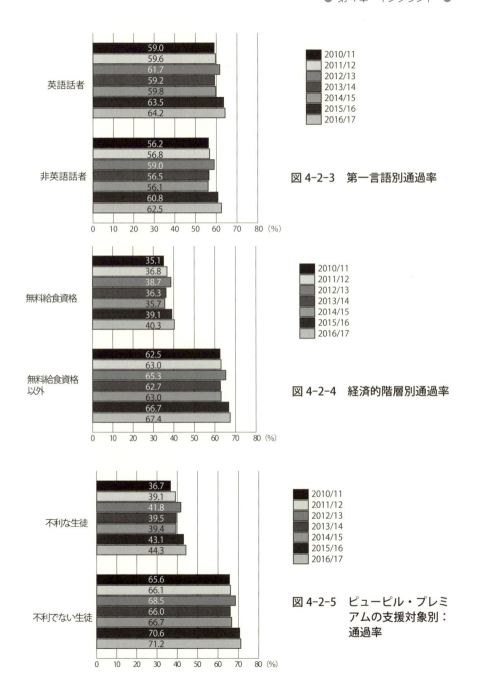

図 4-2-3　第一言語別通過率

図 4-2-4　経済的階層別通過率

図 4-2-5　ピューピル・プレミアムの支援対象別：通過率

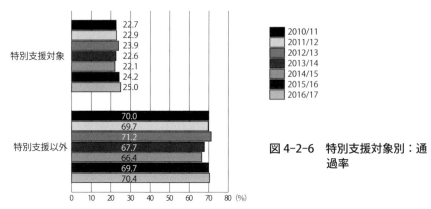

図 4-2-6　特別支援対象別：通過率

出典：DfE（2018b）より筆者作成。

5）くわえて無料給食資格などを中心としたピューピル・プレミアムの対象となる子どもたちのグループを「不利な生徒」としている。これも無料給食資格の子どもがほとんどであり、経済的な格差を反映していることがみえる（図4-2-5）。

6）さらに格差としてイングランドで認識されているのが、特別支援の対象の生徒とそれ以外の生徒である。障害をもった子どもも学力（資格）試験をうけること、それが学校の評価にもかかわる学力格差是正の指標のひとつとなることは、英国に特徴的なことだともいえる（図4-2-6）。

7）最後に、このようなグループ間の格差をつねにモニターすること、同様のデータが地方当局や学校においてもみることができ、それらが学校や行政の評価につかわれることもイングランドの特徴ともいえる。すなわち各学校はこれらの学力格差を縮小しつつ、学校全体の平均点をあげることがつねに求められているのである。毎年の試験の成果は数年ごとにおこなわれる学校査察の指標としてもちいられる。中等学校ではGCSEsがその学校評価にかかわる学力試験となっており、小学校では6年生が受験する通称SATs（正式にはナショナル・カリキュラム・アセスメント）とよばれる試験がそれにあたる。これらの毎年の試験において、いかに国全体よりも格差を縮小し、かつ、国全体の平均よりもうえのスコアをだすかが、イングランドのすべての学校がいつも気にかけていることといっていいだろう。

年別の経緯をみると、各社会的グループの格差も一貫した傾向で、縮小や拡大がみられるものはない。あえて1つだけみいだすことができるのは、バングラディッシュの子どもたちの通過率ののびが他のグループよりもぬきんでていることだろう。そしてブラックカリビアンの通過率がのびなやんでいる傾向があることだ。しかし統計的な有意差があるかどうかはわからない。通過率は全体的にあがってきているようにみえるが、それは試験が容易化したのか、それとも子ども全体の学力達成度があがってきたせいなのかは不明である。学力があがったのかどうかは不明、格差はそれほどかわらない。端的にいえば、これが連立政権以後の10年の成果といえる。

5. ロンドンの学力格差是正

ロンドンはいうまでもなくイングランドそして大英帝国の首都であり、人口約860万人の大都市である。ロンドン市をふくむ33の行政区をもち、エスニックな多様性にとむ大都市である。また都市によくみられるように、裕福な人々ときびしい状況の人々が交わる。ロンドン全体のエスニック構成は、ホワイトブリティッシュが40％、その他のホワイトが15％、インド系が7％、ブラックアフリカンが7％、ブラックカリビアンが4％、バングラディッシュ系とパキスタン系がそれぞれ3％となる。

全体的に学力格差是正の成果がすくないなかで、ロンドンの学力格差の是正は英国のなかでもっとも成功しているともいえる。以下の**表4-2**は152ある行政区のうち、子どもの数がほとんどいないロンドン市とシリー諸島をのぞいた150の行政区を対象に、不利な生徒の標準点通過率がたかい順にならべ、上位20行政区と下位5行政区をとりだしたものだ。通過率は2017年におこなわれたSATsにもとづく。このSATsは年度によりおおきくバラツキがあり、通過率ごとの順位も年度によって変わるものの、不変の傾向としてみられるのは、ロンドンの行政区では通過率がたかいことである。この2017年では上位20の行政区のうち18行政区がロンドンの行政区となっている。さらにそれらの行政区では不利な生徒の割合がたかいことも指摘できる。

さて、学力格差の是正について、表のトップにあるニューハム（Newham）

表 4-2　行政区別の不利な生徒とその他の生徒の格差
2017 年ナショナル・カリキュラム・アセスメントの標準点通過率による

上位 20 行政区	不利な生徒 A. 標準点通過率（%）	その他の生徒 B. 標準点通過率（%）	不利な生徒の割合（%）	格差（B-A）	不利な生徒 人数	その他の生徒 人数	全生徒 人数
Newham*¹	69	72	50.5%	3	2,195	2,155	4,350
Kensington and Chelsea*¹	68	84	47.5%	16	441	487	928
Hammersmith and Fulham*¹	66	81	49.9%	15	637	639	1,276
Hackney*¹	65	80	54.0%	15	1,346	1,148	2,494
Greenwich*²	64	77	44.4%	13	1,390	1,740	3,130
Lambeth*¹	63	77	51.4%	14	1,497	1,415	2,912
Tower Hamlets*¹	63	74	60.7%	11	1,942	1,255	3,197
Southwark*¹	61	70	68.7%	9	2,061	937	2,998
Bromley*²	61	81	24.1%	20	829	2,607	3,436
Waltham Forest*²	61	72	40.0%	11	1,266	1,898	3,164
Camden*¹	60	74	53.3%	14	785	687	1,472
Westminster*¹	60	78	52.8%	18	757	677	1,434
Redcar and Cleveland	59	75	39.9%	16	647	975	1,622
Islington*¹	59	79	64.2%	20	1,163	648	1,811
Havering*²	58	78	28.1%	20	786	2,009	2,795
Ealing*²	57	69	35.1%	12	1,371	2,531	3,902
Barking and Dagenham*²	56	68	42.9%	12	1,359	1,807	3,166
Redbridge*²	56	71	27.1%	15	1,019	2,739	3,758
Sutton*²	56	78	26.0%	22	546	1,554	2,100
Kingston upon Hull, City of	55	69	48.2%	14	1,437	1,547	2,984
下位 5 位行政区							
Wiltshire	38	65	21.1%	27	1,052	3,926	4,978
West Sussex	37	60	20.1%	23	1,724	6,853	8,577
West Berkshire	35	67	16.8%	32	289	1,435	1,724
Bedford	34	60	26.8%	26	542	1,479	2,021
Cambridgeshire	34	67	22.7%	33	1,453	4,943	6,396

*1：インナーロンドン。
*2：アウターロンドンの行政区。
出典：DfE（2017）

をみてみよう。不利な生徒の通過率は69%であり、それ以外の生徒の通過率が72%である。どちらも高得点であり、格差はわずか3ポイントとなっている。しかもニューハムの場合、不利な生徒の割合は50.5%と非常にたかい。このように不利な生徒の通過率をたかい順にならべたとき、150の行政区のうち、ロンドンの行政区で上位がしめられていることに気づく。そしてその多様なエスニシティ構成のせいもあって、不利な生徒の割合も4割をこえるところがほとんどである。不利な生徒の割合がたかいにもかかわらず、その学力を下ささえしているのがロンドンなのである。

6. まとめ

　雇用の安定と経済の成長にもかかわらず、拡大こそしないものの貧困はそれほど改善されておらず、依然としてイングランドの格差はきびしい状況にある。地方行政への移譲予算の削減は児童や保護者の福祉の縮小、消失へとつながっており、この貧困の帰結が懸念されるところであるが、この負荷を学校がおうことになる。

　他方で、学校には貧困な子どもの数におうじた予算が比較的手あつく配分されている。すべての学校が成功しているわけではないが、ロンドンには学力格差の縮小に成功しているといえる学校、行政区がおおい。では学校はどのようなことをしているのであろうか。第Ⅱ部ではロンドンのタワーハムレットの学校をとりあげる。

❖注

▶1　過去6年に無料給食の受給資格をえたことがある生徒にくわえて、過去6年の間に軍隊に従事した親の子どもがいる。また過去6年で1日以上、LAC（Looked After Children）という養護施設や里親に世話になった子どもがくわえられている。

▶2　現在の4段階の評価は、卓越（outstanding）、良（good）、改善が必要（requires improvement）、不適切（inadequate）となっている。

▶3　家賃や住宅ローンなどのコストを換算した値で、都市では貧困率がたかくでる傾向がある。

❖参考文献

DfE (2017) "National Curriculum Assessments at Key Stage 2: 2017 (Revised): Local Authority and Regional Tables," https://www.gov.uk/government/statistics/national-curriculum-assessments-key-stage-2-2017-revised. (最終閲覧日 2019/05/13)

DfE（2018a）"Pupil premium 2018 to 2019: allocations."https://www.gov.uk/government/publications/pupil-premium-conditions-of-grant-2018-to-2019（最終閲覧日 2018/12/15）

DfE (2018b) "Revised GCSE and equivalent results in England: 2016 to 2017," https://www.gov.uk/government/statistics/revised-gcse-and-equivalent-results-in-england-2016-to-2017.（最終閲覧日 2019/04/30）

林嵜和彦（2007）「英国の拡張学校──コミュニティサービスと学校教育の融合政策」高田一宏編『コミュニティ教育学への招待』解放出版社 , pp.189-206.

ハヤシザキカズヒコ（2015）「英米のコミュニティ・スクールと社会的包摂の可能性」『教育社会学研究』第 96 集 , 日本教育社会学会. pp.153-173.

JFR（2019）"UK Poverty Statistics," https://www.jrf.org.uk/data（最終閲覧日 2019/04/30）

Long R. and Boloton P.（2017） "English Baccalaureate." House of Commons Library, Briefing Paper Number 06045, 4 September 2017,https://researchbriefings.parliament.uk/ResearchBriefing/Summary/SN06045（最終閲覧日 2018/12/16）

National Audit Office（2018）"Financial sustainability of local authorities 2018." https://www.nao.org.uk/report/financial-sustainability-of-local-authorities-2018/（最終閲覧日 2018/12/15）

Ofsted（2012）"Press release: Ofsted scraps 'satisfactory' judgement to help improve education." https://www.gov.uk/government/news/ofsted-scraps-satisfactory-judgement-to-help-improve-education（最終閲覧日 2018/12/16）

The Guardian（2018a）"1,000 Sure Start children's centres may have shut since 2010." https://www.theguardian.com/society/2018/apr/05/1000-sure-start-childrens-centres-may-have-shut-since-2010（最終閲覧日 2018/04/04）

The Guardian（2018b）"Almost all cuts to social care in England are in the poorest areas." https://www.theguardian.com/society/2018/sep/12/almost-all-cuts-to-social-care-in-england-are-in-the-poorest-areas（最終閲覧日 2018/12/20）

Trust for London（2017）*London's Poverty Profile,* New Policy Institute.

第 5 章

フランス

エリート教育からの転換、大衆化する学校教育に挑む

園山 大祐

1. 政策背景

　ヨーロッパでは、戦後のベビーブーム、義務教育の延長に伴い、教育人口の爆発が生じた。フランスでは1960年代以降、産業構造の転換に伴った産業界からの供給もあり、中等教育の大衆化が爆発的に進み、学歴のインフレが生じた。あるいは女性の社会進出に伴う進学率の上昇などがある。学歴上昇そのこと自体は、高く評価でき、これまでにもボードロとエスタブレなどによっても解明されてきた（Baudelot et Establet 1989, 1992, 2006; ボードロ 2009; ドゥリュ＝ベラ 2008; 園山編 2016; 園山 2018a）。他方で、1980年代の景気の低迷と重なり、学校から労働市場への移行（transition）の不一致、あるいは後期中等教育や高等教育における離脱（早期離学、中途退学、進路選択）問題が近年喫緊の政策課題として浮上した（園山 2015b; 園山編 2016, 2018）。さらに、こうした結果の不平等が強化（固定化）され、富裕層と庶民階層（労働者と従業員）の二極化および庶民階層により厳しい結果を与えていることが指摘されている。

　1960年代より取り組まれた前期中等教育制度の単線化および教育課程の統一化というのは、階層による学業達成の違い、つまり出身階層の再生産や、社会移動の固定化を解消する策として積極的に受け入れられてきた。しかし、実

91

は、この 50 年ほどを振り返ると、9 割が高校まで学ぶように教育歴が長期化し、高学歴化しても保護者の出身階層よりも恵まれた社会的地位の獲得（社会上昇移動）を充分に保障しない社会的格下げが起きていることがわかってきた。このことにより、むしろ、共通の教育制度内における選抜システムはより厳しさを増し、学歴に見合った労働市場、社会的地位を獲得できない若者を増やしている。高校入試がないため、中学校における内申書によって進路が決められる。実は単線化された中学校内部における差別化の指標は、外国語（ドイツ語、古典語の選択を上位とする）や選択科目、外国語を強化した教育課程（バイリンガルコース）[1]や、スポーツ・音楽・芸術学校との兼ね合いを認めたエリート志向の強い教育課程か、普通職業適応教育科（SEGPA）といった職業準備に向けた教育課程への進路選択による。中学校入学者の約 3% を占める SEGPA への進路決定過程に関しては様々な問題も指摘されている。成績が進路決定のすべてではないことは、ザフラン（2018）の研究でも明らかにされている。現在、小中の連携を強めることで、中学校 1 年生段階の SEGPA の自動的な進学を縮小するよう改革を進めている。1975 年以降前期中等教育制度の単線化を行いつつも、逆に教育課程においては選択教科（現代外国語・古典語）等による多様性を残しているために内部における排除の構造を生み出している。こうした点による問題は、学校内部の教育課程の差異だけではなく、より深刻なのは、地域間、学校間の格差拡大にある。OECD（経済協力開発機構）が 2013 年に提出した報告書（OECD 2013）においても明らかにされているが、PISA（国際学力到達度調査）において成績上位の国は義務教育期間の単線化、教育課程の統一化が特徴であり、さらに学校間の格差が小さいことが特徴となっている。フランスにおいては、社会学者や経済学者によって、地域における経済格差の拡大、住宅事情の格差拡大、こうした地域差を修正できない校区における問題が指摘されている[2]。したがって、教育結果の格差拡大は、教育環境面の違いと生徒の出自の違いが二重の障壁となっているため、その両面から対処しなければならない（OECD 2013, pp.103-113）。ブルデュー（Bourdieu 1966）は「文化資本」の違いに注目したわけだが、50 年経過した現在は、プポーらの研究にみられる空間への注目がみられ、どの校区に就学するか、あるいは住居戦略と学校選択といった学校を取り巻く地区の環境要因（生徒の出自、教育内

容、定期異動がないために起こる教師の質）による学校間格差に焦点をあてるようになっている（Poupeau et François; 2008; フランソワ，プポー 2012; 園山編 2012; Thin 1998; ヴァンザンタン 2012）。

2. 階層別にみる教育の大衆化

　フランスの中等教育改革は1960年代より行われ、教育の大衆化が進められ、その結果を受けて高等教育も広く、中間層および庶民階層（労働者と従業員）に開かれてきた。現在若年層の4割が高等教育に進学するようになった。こうした教育の大衆化を評価する一方、中途退学や、階層間の教育達成（取得資格、学歴）の違いが社会的な問題となっている（園山編 2016, 2018）。

　興味深いことにボードロとエスタブレは、1962年と1973年世代の管理職（富裕）層と労働者（庶民）層における学歴の上昇とアスピレーション（理想学歴）の違いを分析している。1973年の労働者層の3分の2の保護者が、自分の子どものバカロレア取得を期待するが、その10年前までは6分の1であった。その間に4％しか実質バカロレア取得率は上昇していない（Baudelot et Establet 2000, p.105）。60年代においては、依然として教育期待が高く、特に技術教育における期待と成果がみられる。ボードロらは、同著で1969年時点では、高校2年で取得できる職業適格証（CAP）取得者の35％は労働者となり、23％は従業員となっているとし、CAP取得者の半数ないし、自由業も含めると4分の3が社会上昇移動に成功していて、熟練職に従事しているとする（*Ibid*, pp.148-149）。

　教育の大衆化をもっともよく現している数値は、大学入学資格試験として毎年行われるバカロレア試験の結果にみることができる。**図5-1**にみるように、戦後1960年時点では、普通バカロレアのみしかなく、その取得率は同一世代の11％である。技術バカロレアが用意される前の1968年においても普通バカロレアの取得率は20％であった。1980年から2018年までの数値は、普通バカロレアにおいて19％から42％、技術バカロレアにおいて7％から16％、職業バカロレアにおいては0から22％と急激に増加している。つまり約40年間で3倍の高校生がバカロレアを取得していることになる。この40年間の上昇

においては景気の低迷もあり、教育のアスピレーションや、教育神話が低下し始め、学校選択による校区間格差が拡大し、民主化に対する疑問が投げかけられている（Merle 2002）。郊外地区における隔離（セグレゲーション）の強まりと、中学校教育課程内の自己選抜が厳しくなる時期である（Van Zanten 2001; Merle 2012）。この点は、中学校間格差についてトランカール（2016）が、庶民階層の保護者と学校の不平等で不公平な感情についてペリエ（2016）が詳細に述べている。いずれにしても、こうした中学・高校の大衆化は、ボー（2016）の言う大学の大衆化を招きつつも、これら「新しい学生」層は不本意入学による挫折を経験することになる。なお、不本意な進路選択や、こうした大衆化がすべての出身階層に等しく生じているわけではない。挫折をより多く経験するのは庶民階層と移民である（ペリエ 2016; ショヴェル 2018; カユエット＝ランブリエール 2018; パレタ 2018; 荒井 2016; 園山 2017）。

1990年から1994年生まれの庶民階層出身の労働者・従業員の場合58％しかバカロレアを取得できず、同管理職・中間職の81％にくらべて依然開きがある（DEPP 2016, p.69; DEPP 2017, p.75）。そしてこの格差が、この20年間ほぼ変わらない点がより重大となる（Beaud 2008; Chauvel L. 1998; Larue 2005;

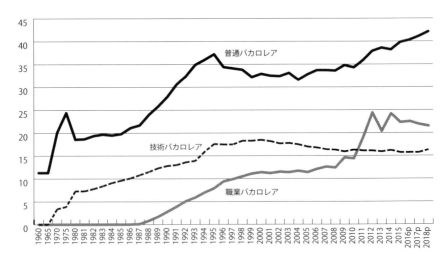

図5-1　バカロレア取得率（1960-2018年度　％）
出典：DEPP（2018）*L'état de l'école*, MEN, p.63 と Merle P.（2017）を基に作成。

Poullaouec 2010)。全体の学歴取得者が増えるものの、就職率が厳しくなっている今日において、庶民階層の若者が、富裕層の社会関係資本などを持った若者と比較して不利なのは明白である。2016年のフランスの若年失業率（15〜24歳）は24.6%と、生産年齢の失業率全国平均（10.1%）の2倍からEU平均（8.6%）の3倍に推移し、深刻である（Insee）。その意味において、文化資本や社会関係資本の不利な特に郊外に住む庶民階層の進路選択は、高等および後期中等教育内におけるコース、資格の選択が、労働市場における有効性の違いとなって跳ね返ってくるように鍵となる（オランジュ 2016, 2018; 荒井 2016）。さらには、郊外出身者が都心部の名門学部や大学選択を自己制御（auto-élimination）するほど、空間的な移動（1時間程度の通学）格差も明らかとなっている（オランジュ 2018; フルイユー 2018; トリュオン 2018）。

こうした資格の有効性について充分な戦略や情報を持たない庶民階層にとっては、中学校からの進路指導における精鋭化された選択教科、コース、学校の選択というのは自己責任による失敗として片づけられることが多い。しかし、こうした教育システムにこそ問題の根源があるのではないだろうか（ショヴェル 2018；カユエット＝ランブリエール 2018；パレタ 2018；ザフラン 2018）。

さらに出身階層別にバカロレアの種類の選択および取得率の違いが際立っていることがわかる。富裕層（管理職等）の普通バカロレア77%（職業バカロレア9%）を頂点に、労働者のそれは35%（職業バカロレア41%）に留まり、平均よりだいぶ低い（DEPP 2017, p.75）。こうしたバカロレアの種類別の取得率の差異は偶然ではなく、進路指導の結果および自己選抜による。すでに、高校進学率が上昇した1980年代における技術バカロレア進学者が普通バカロレアコースの高校生とは異なる文化を持っていることをデュベ（Dubet 1991）は指摘している。当時の技術高校生の学業に対する「挫折感」は現在の職業高校生に当てはまる。

当然ながら、取得資格には高等教育の進路に影響を及ぼす。**図5-2**にみられるように、普通バカロレア取得者の52.2%は、技術短期大学部（DUT 9.6%）あるいはグランゼコール準備級（CPGE 12.2%）以外の高等教育機関（大学）に進学し、上級技手養成短期高等教育課程（STS 8.2%）を選択するものは少ない。また、バカロレアの種類とは無関係に女性の高等教育への進学が男性より高い。

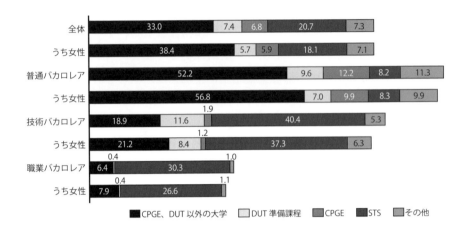

図 5-2　バカロレア種類別進路（2017 年度　%）
出典：DEPP（2018）*L'état de l'école*, p.57.

他方、技術バカロレア取得者の 40.4% は STS に進学し、大学進学率は 2 割未満である。職業バカロレアに関しては、6 割以上は学業を継続しておらず、3 割が STS に進学し、大学には 6.4% しか進学していないことがわかる。こうした職業高校における高校生文化の変遷は顕著であり、先にみた 1960 年代にみられた労働者層の技術高校への期待から、今日、職業高校への進学が高等教育機関につながる普通高校とは異なる「挫折」として、または「屈辱」に感じられている所縁である。

3. 初等教育段階から始まる学力低下と階層間格差

　教育の大衆化の問題は、近年の学力低下論争にもみることができる。例えば小学生を対象に行われている読解および計算の全国学力調査の過去 20 年間の同類問題にみる変化である。つまり、全体の平均値が下がっているが、深刻なのは管理職よりも中間職以下の階層においてより学力の低下が深刻なことにある（Rocher 2008; Daussin, et al. 2012）。別の数値でみると、1980 年に中学に入学した労働者層の生徒のうち約半数が無資格離学者となっている。さらに、ラ

イールの研究では、庶民階層の家庭における会話、メモ書き、学校での出来事に対する関心など、日々の保護者から子どもへの働きかけの差異による文化資本の問題が指摘されてきた (Lahire 1995, 2000; Rochex et Crinon 2011)。

　保育学校が3歳児から始まるフランスでは、保育学校の教師・生徒観察から、教室内の規範がどのように落ちこぼれ生徒の生成に寄与するかが明らかとなり (Millet et Croizet 2016)、ここでも家庭と学校文化の連続性が有利に働いて、学業失敗者としてのラベリングが保育学校から始められているとして課題となっている。またボネリー (2016) の指摘にあるように、初等教育段階から落ちこぼれが始まり、中等教育段階で学力格差が固定化される。彼は、落ちこぼれの始まりに注目し、初等教育段階における不可視的な教授法の改善を求めた。なぜなら中等段階における落ちこぼれ対策より早い段階に問題は始まり、それは初等段階の教授法の改善によって可能と考えるからである。事実、ミエらが分析している早期離学対策として1990年よりフランス国民教育省が打ち出した、中学校の外に用意した復帰中継準備措置の効果には限界もある（ミエ、タン 2016）。特にすでに郊外のゲットー地区における、スティグマ化された中学校（例えば「優先教育地域 ZEP」）内から排除されている教育課程（例えば「普通職業適応教育科 SEGPA」）において、繰り返し問題行動がみられた生徒が校内の懲罰委員会を通じて複数回の退学処分の結果送り出された生徒の受入先として用意された復帰中継準備級から、もう一度やる気を見出し、学力を身に着けて普通学級に戻るというのは、相当な心理的負担を乗り超えるエネルギーが必要であることは想像に難くない。こうした学級に追いやられる危険性が高いのも庶民階層や移民であるが、かれらの場合、初等段階の早い段階で留年が始まり、同時に家庭からの充分な理解と支援が不足しがちな点も、また事実である。

4. 中等教育の大衆化と進路選択にみる格差の固定化

　1977年に中学校まで単線化され、すべての児童生徒が同一の教育課程、学校で学ぶことになる。1985年には、国民教育大臣 J. P. シュヴェーヌマンによって同一年齢層の8割がバカロレア（大学入学資格）水準の教育段階に到達することを国家目標と宣言する。これに応えるかたちで、1986年に職業バカ

ロレアが新たな資格として用意され、1968年の技術バカロレアや、職業訓練センター以外に、職業高校として新設される。このことはほぼ実質的な18歳年齢の義務教育化につながったとも言える。今日少なくともシュヴェーヌマン大臣の目標数値は達成された（高校3年のバカロレアコースに在籍する生徒は同一年齢層の約85％）。実質、バカロレア取得者においても同一年齢層の約79％となっている。これに高校の2年間で取得できる職業資格（CAP, BEP）取得者が同一年齢層の約1割が加わるため、早期無資格離学者（中卒以下）の9％を除く約9割が後期中等教育段階の有資格卒業者として労働市場に参入するか、高等教育機関に進学する。

このように義務教育年齢の引き上げと、前期中等教育の単線化と、高校の多様化によって中等教育さらには高等教育の就学率を上昇させ、1978年に早期無資格離学者が4割を超えていたのを現在4分の1にまで減らすことに成功している。他方、こうした教育の大衆化は、中等学校教育制度内における競争、選抜を強めている。日本とは異なり、多くのヨーロッパ諸国同様、フランスには高校入試がないため、中学校の4年間の成績と本人・家族の志望動機によって高校の進学先が委ねられる進路指導の仕組みになっている。つまり、成績という客観的な指標と志望動機という主観的な指標の組み合わせによって学級委員会（le conseil de classe）は生徒の進路を判断している（1968年11月8日付政令25条）。

学級委員会は、毎年の進級についても判断を下す場であり、小学校1年生から留年（原級留置）や飛び級が生徒の成績と本人の志望によって決められている。1977年から実施された中学校の単線化によって教育課程が一つになり、選抜が行われなくなり、みんなの中学校となったことに加えて1980年代後半以降は、留年についても極端な低成績に限定するよう政策方針が変えられた。特に同一教育段階における2度以上の留年をくり返す生徒は激減している。事実、この政策によって現在小学校の修了時点で1割、中学校の修了時点で2割の留年率に抑えられている。

学級委員会の判定結果には、学業成績というメリットと生徒の適性、あるいは委員会当日の保護者の適性能力という両面から決定されるとしている（1973年2月12日付政令）。出身階層間の違いは、学級委員会において、同一成績の

生徒の場合には、留年や中退を心配するために、労働者層や移民を背景とする保護者は教師の「薦めである」課程を選択（服従）するという（ペリエ 2016; 園山 2017）。こうした進路決定がいかにも生徒及び保護者の同意のもとに実施されていて、民主的な手続きを基にしていると教師は考えているが、実態としては自己責任としての機能をもち、メインストリームへの諦め、自己制御、冷却機能を持ち合わせている。メリット以外の適性能力が、保護者を巻き込んだ社会的出自に依拠している点が不平等の生成を作り出していないか、注意が必要である（園山 2018b）。

いずれにしても、中学校の単線化と高校の技術バカロレア、職業バカロレア課程の創設は庶民階層の留年を減少させ、高校進学率を上昇させた。

これまで教育社会学では、出身階層と最終学歴には相関があるとされてきた。しかし、出身階層を乗り越え、社会上昇移動の一助として学校教育の役割機能に注目もしてきた。近年のフランスでは、こうした学校役割機能が低下しているのではないかという疑問が投げかけられている。社会的な出自による格差を教育効果によって穴埋めできない学校、あるいは教師に対して、さらにはその問題への対処となる教育政策の効果に対する批判がみられる。

例えばショヴェル（Chauvel L. 1998）によれば、世帯主の出身階層の影響はみられるが、1930年代から50年代の生まれにおいては、教育の大衆化の恩恵を受けつつ、さらに経済の成長の恩恵を受けたために出身階層にかかわらず社会上昇に成功している。その後の世代においては、教育の大衆化、第2の教育爆発の世代は、残念ながら不景気による社会的格下げ、厳しい職業参入を虐げられている（Peugny 2009）。学業達成の格差は縮小されつつも、出身階層の学歴獲得に及ぼす影響力は維持されている（Vallet 2014; Goux et Maurin 1997）。つまり学歴のインフレがみられるなか、職業参入における学歴の有効性が保障できなくなっていることにある。かれらは二重の被害者と言え、学歴に見合わない職業に従事していることと、両親より高い学歴を獲得していても社会的地位が下げられ、両親同様の文化や社会関係を共有できていない。こうした結果について、1979年にウヴラール（Œuvrard 1979）はすでに検証し、いたずらに教育期間の延長が教育の民主化を達成できるわけではないと述べている。そしてブルデューとシャンパーニュ（Bourdieu et Champagne 1992）が「内部か

らの排除」という概念で明らかにしたように、デュベとドゥリュ＝ベラなど（Dubet et Duru-Bellat 2000; Dubet et Martucelli 1996）も中学校の統一化が学校内部における選択教科や学科によって、さらにはバカロレアなどの資格の多様化によって、選抜システムが強化され、メインストリームから外される冷却システムが形成されてきているとする。くわえて、私学選択や、学校間格差の問題が明らかになり、特定の公立校の回避のような学校選択への関心が高まってきたことが明らかになっている（園山 2012; トランカール 2016）。

　以上のように、中等教育の量的拡大、大衆化は、戦後のフランス教育の発展を現していて、事実、庶民階層、移民、女性などに教育の機会を拡大してきた。他方で、後期中等教育の多様化によって、バカロレアの種類や他の職業資格を通じて進路選択競争が激化している。そのようななかで、現行の進路指導の在り方やバカロレア取得後の進路の選択の在り方については、必ずしもメリトクラシー（業績主義）のみではなく、むしろ文化資本や社会関係資本の有無によって左右されることが解明されてきた（園山編 2018; CNESCO 2018）▶3。

　先述したミエとクロワゼ（2018）が明らかにしたように、フランスの保育学校では学校様式への規範化が重視されるため、幼児期にすでに学校適応、不適応が起き、留年など成績不振、学業失敗が始まるという。またドゥヴィオー（2018）の中等新任教員の戸惑いにみられるように、大衆化された中学校への適応ができない若手教員養成の課題など、エリート型の教育制度の見直しを1つには考えなければならない。フランスはバカロレア取得を終着点に下構型の教育制度を伝統としているが、大衆化された現在、アメリカのような上構型の大衆型教育に転換する必要があるのかもしれない。

5. 校区間格差是正策「第6次優先教育」の特徴

　学力格差は、学校間格差として現れているため、社会経済的に不利な地域の学校に対して1980年代から積極的な差別是正策として優先教育政策が実施されてきた（園山 2015a）。

　第6次優先教育政策について、2014年1月16日の国民教育大臣の提言では、3つの柱が示された（MEN 2014）。第1に生徒の進路別に適した補習授業を行

うこと。第2に適切な教員の養成、定着率の向上と支援。第3に適切な学習環境が必要とされた。

こうした提言を受けて、2014年春に、102の中学校が「REP+（優先教育再生校 = La Refondation de l'Education Prioritaire)」として各大学区より指定を受け、これらの指定校にて上記の施策が2014年4月より実施されている。優先教育校の教員手当（1156校）についても2015年度以降改善された。またコーディネータや、専任の視学官、看護師、校内治安維持のための人など人員の手配の約束もしている。

今回の政策に期待される点は、学校の内外の連携を強固にし、その研究チームを設置すること、小中の連携を意識したチーム編成であること、指標を設定し経年比較を行うこと、生徒の追跡調査も行うこと、視学官や大学区との協力のもと教員の研修を用意することなどにある。そのため、以下4つの対策が用意された。第1に、小学校教員で年間半日の研修が18回、中学校教員で週10%分が授業外の準備時間に充てられ、年3日の研修を含めた授業時間外の研修が用意される。第2に中学1年生に対し、授業外の補習時間に有効な個別指導を行う。第3に3歳児未満の児童の受け入れを充実させる。第4に各学校の学級数プラス1名の加配教員を用意し、そのことによって学業困難な児童生徒の個別対応（取り出しあるいは少人数授業）しやすくする。また、保護者とのコミュニケーションを図るよう促している。特にREP+校の特徴であり、その学校教育計画書の趣旨説明を保護者向けに学年始めに行うよう述べられている。教員には保護者との定期的な説明の機会を用意することが求められている。本書第12章のフランスの小学校も優先教育地域の校区にある。

マクロン政権では、2017年度より優先教育校区の小学校の1年生の学級規模を半減する措置を、次年度全小学1年生に、また優先教育校区では2年生まで拡大している。

6. 移民の学業問題

学力問題におけるもう一つの課題は、「外国人・移民」にある。いずれの国内外の学力調査においても、移民の子どもたちの学業成績は困難を極め、平均

を下回る結果となる（園山 2009, 2016a, 2016b）。

　例えば、OECD の PISA 調査においてフランスは、フランス国籍の生徒よりも移民の背景を持つ生徒の成績は低い。また OECD の他の諸国と比較しても、フランスの不平等ははっきりとみられ、ホスト国と移民の成績格差が最も開いている国の一つとされている。

　より具体的には、PISA 調査に参加した生徒の 13% が移民背景を持つが、その第 1 世代はしばしば読解リテラシーに難がある。それでも第 1 世代と第 2 世代では、格差が縮まる傾向にある。

　では、どのように移民系の生徒は学業不振にあうのだろうか。特に問題なのが、進路指導であろう。ここでは職業系へ導かれる要因について触れておきたい。

　移民系の生徒たちは、初等教育段階ですでに学習困難に陥っている。約 4 割の中学入学者が留年を経験している。両親がフランス国籍を持つ生徒の場合では、2 割以下となる。

　そして高校入学における進路指導において職業高校への進学率が高い。これは、学校教員の慣習として、低学力層には、職業高校への進路を誘導する傾向があることに起因する。しかし、本人や保護者の希望とは一致していない。例えば、フランス国籍の労働者家庭出身の中学最終学年では 26% が進路結果を拒否しているのに対し、マグレブ出身の親を持つ同じ労働者家庭出身の生徒は 39% が拒否している（1995 年のパネル調査結果より）。つまり、進路指導は、移民の生徒やその親にとっては多くの場合服従であり、不公正なものとして認識されている。特に移民の生徒やその両親の場合には、教育のアスピレーションがより高いとされているだけに不公正感が現れやすい。一般的に移住してくる者は、社会上昇欲がより高く、そのような計画は親のみならず、子ども自身も強く持っている。さらに、フランス人とは異なり、移民の場合、親自身は学校経験に乏しいため、学業失敗の経験を受けていないことが多く、学校に対するイメージもよく、期待感もある。そのため、フランスの教育制度に対してよりポジティブな姿勢や態度を示す。

　移民の親の教育願望も、非移民より強い。学校に対する期待も高い。しかし、こうした高期待と学業不振という結果のずれは、より多くの悔しさ、欲求

不満あるいは失望を生む。これらは、不登校・退学や、暴力（進路判定会議前後に暴力事件のピークを迎える）にすら発展しかねない。そのため、一部の生徒は、こうした進路指導の結果を不公正あるいは差別と感じる（園山 2017）。

移民の進路を追跡した調査では、中学および高校における進路指導に対する不公正あるいは差別感情が芽生えたかどうかについて調査している。差別感情は、性差および親の出身地によって異なる。出身地の差異の一部が、社会背景および家族背景を考慮するとなくなるが、すべてではない。不公正についてはある特定の出身階層にのみ現れ、差別感情は特定のエスニック・グループにみられる。「こうした経験は、学校生活に影響を与え、その後の労働市場へのアクセスにおいてインパクトを与える」（INED 2010, pp.47-54）。

7. おわりに

本論前半にみてきたように、フランスでは、戦後一貫して教育の大衆化を進めてきた。その成果は数量的には明らかに達成したと言えるだろう。大学入学資格試験であるバカロレアの受験者数および合格者数は事実一貫して上昇してきた。しかし、その量的な評価とは逆に質的な面においては、出身階層（文化資本）別の差異が際立ってきている。したがって政策立案者の想定していたような教育の民主化に一定程度、ある時期までは貢献しつつも、経済成長の後押しもなかっただけに、出身階層の違いを捨象するほど獲得した学歴の効果がみられない。さらには、庶民階層の一部の移民や女性などにとっては、同一学業達成において同一水準の就職先が保障されない課題が浮上し、教育神話が崩れたようにもみえる。無論、学歴は持たないより持ったほうが就職に有利なのは間違いない。とはいえ、一部のマイノリティにとってその学歴が絶対的な保障ではなくなっていることも紛れもない事実である。我が国においても、この十数年、社会格差や希望格差が話題となり、教育神話の崩壊も指摘されたところである。日本では階層意識が弱いため、フランスのような社会論争には発展せず[4]、社会や教育制度設計の問題を政治課題とする充分な議論はされていない。こうした社会的格下げ現象による教育神話の崩壊に危機を感じた教員集団が取り組んでいる、革新的教授法を実践するエッフェル小学校を第12章にて紹介

する。

　こうした庶民階層にみる教育の大衆化が、どこまで達成され、そのうえでだれが、どのような不利益を被っているのかという争点は日仏に共通した21世紀の社会および教育課題である。特にそのことは社会構造を支える教育制度の問題として政治課題として議論しなければならないだろう。本共同研究において小学校における取り組みを4年間同一学校で観察しながら、その生徒の中学校への進学も踏まえながら、注目をしてみた。各教育段階、各教育アクター、優先教育地域や庶民地区のもとで、どのような課題がみられるのか、混沌とした時代であり、差別や社会排除が強まっているいまだからこそ、教育の大衆化に対してどのような教育実践が効果的なのか迫ってみたい。また教師の意識にどのような変化があり、どのような価値を見出しうるのか考える一助としたい。

❖注

▶ 1　元国民教育大臣ヴァロ＝ベルカセム（Najat Vallaud-Belkacem）は、中学校改革に着手しているが、こうした不平等の解消としてヨーロッパ言語学科などの外国語を強化した教育課程を廃止して、すべての生徒に共通の外国語の授業時数（中学2年から第2外国語の開始）を必修化した（Décret n° 2015-544 du 19 mai 2015; Circulaire n° 2015-106 du 30 juin 2015）。新国民教育大臣の下、外国語を強化した課程は復活している。

▶ 2　Maurin 2007; Merle 2012。フランスでは、1980年代より地域間格差是正を目的に積極的な差別是正策を実施してきた。こうした優先教育政策は、イギリスをモデルに導入されたが、全国学力調査結果に限定すると充分な結果がみられない。特に教育経済学の研究からは厳しい評価が示されている。他方、教育学者には、この30年間の失業率の上昇や収入の減少を鑑みれば、また住宅事情を含めた生活環境を考慮すれば、教育格差是正策の効果は一定程度評価できるとする（大前・園山 2015）。

▶ 3　CNESCO（2018）が行った最新の進路研究（éducation à l'orientation）においても、進路指導のあり方、ジェンダーや社会階層間格差が指摘され、進路形成過程における進路指導員の役割を見直すべく、勧告がなされている。ブランケ国民教育大臣も2018年9月の記者会見において進路指導員の配置を含めた対策を約束している。

▶ 4　2018年10月18日から始まったジレジョーヌ運動（Gilets Jaunes）は、単なるガソリン税に対する国民の暴徒化ではなく、経済格差の拡大と庶民階層の努力が報われな

い社会に対する反旗を翻し、エリート政治家や企業経営者への反発が根底にある。同時期に高校生と大学生によるデモ行進や高校占拠運動が起こっていることも忘れてはならない。

❖参考文献

荒井文雄（2016）「職業高校生たちの職業移行問題の構造」園山大祐編『教育の大衆化は何をもたらしたか』勁草書房, pp.56-79.

Baudelot, C. et Establet, R.（1989）*Le niveau monte,* Seuil.

―――（1992=2006）*Allez les filles !,* Seuil.

―――（2000）*Avoir 30 ans en 1968 et 1998,* Seuil.

ボードロ, クリスチアン（2009）「女性に役立つ学校」園山大祐・ジョン＝フランソワ, サブレ編『日仏比較 変容する社会と教育』明石書店, pp.245-259.

Beaud, S.（2008）"Enseignement supérieur: la "démocratisation scolaire" en panne," *Formation Emploi,* no.101, pp.149-165.

ボー, ステファン（2016）「『バック取得率80％』から30年――学校教育民主化政策に関する考察」園山大祐編『教育の大衆化は何をもたらしたか』勁草書房, pp.12-23.

ボネリー, ステファン（2016=2010）「学業困難は民主化政策にとって宿命か、それとも挑戦か？」園山大祐編『教育の大衆化は何をもたらしたか』勁草書房, pp.201-215.

Bourdieu, P.（1966）"L'école conservatrice. Les inégalités devant l'école et devant la culture," *Revue Française de Sociologie,* VII-3, pp. 325-347.

Bourdieu, P. et Champagne, P.（1992）"Les exclus de l'intérieur," *Actes de la recherche en sciences sociales,* Vol.91-92, pp.71-75.

カユエット＝ランブリエール, ジョアニ（2018）「学校的要請と庶民階層」園山大祐編『フランスの社会階層と進路選択』勁草書房, pp.91-108.

Chauvel, L.（1998=2011）*Le destin des générations. Structure sociale et cohortes en France au XXe siècle,* 2e éd. revue et augmentée, PUF.

ショヴェル, セヴリーヌ（2018）「学校への道、進路決定を前にした教員、生徒、両親」園山大祐編『フランスの社会階層と進路選択』勁草書房, pp.79-90.

CNESCO（2018）"Éducation à l'orientation : comment construire un parcours d'orientation tout au long de la scolarité ? ," Dutercq, Y., Michaut, C., Troger, V., http://www.cnesco.fr/wp-content/uploads/2018/12/181211_Cnesco_orientation_Dutercq_Michaut_Troger_.pdf（最終閲覧日 2019/1/1）

Daussin, J.-M., Keskpaik, S., Rocher, T.（2012）"L'évolution du nombre d'élèves en difficulté face à l'écrit depuis une dizaine d'années," *France Portrait Social,* La documentation française, pp.137-152. http://www.education.gouv.fr/archives/2012/refondonslecole/wp-content/uploads/2012/07/fiche_thematique_depp_n_3_evaluation_l_evolution_du_ nombre_d_eleves_en_difficulte_face_a_l_ecrit_depuis_une_dizaine_d_annees_2012.pdf（最終閲覧日 2015/05/01）

ドゥヴィオー, ジェローム（2018）「新任教員の始まり」園山大祐編『フランスの社会階層と進路選択』勁草書房, pp.162-175.

DEPP（2016）*L'état de l'école*, MEN.

DEPP（2017）*L'état de l'école*, MEN.

DEPP（2018）*L'état de l'école*, MEN.

Dubet, F.（1991）*Les lycéens*, Seuil.

Dubet, F. et Martucelli, D.（1996）*À l'école: sociologie de l'expérience scolaire*, Seuil.

Dubet, F. et Duru-Bellat, M.（2000）*L'hyppocrisie scolaire*, Seuil.

ドゥリュ=ベラ・マリ（2008=2007）『フランスの学歴インフレと格差社会』明石書店。

フランソワ, ジャン=クリストフ, プポー, フランソワ（2012=2008）「就学実践の社会空間的決定因」園山大祐編『学校選択のパラドックス』勁草書房, pp.117-154.

フルイユー, レイラ（2018）「イル・ド・フランス地域圏における居住地と大学選択」園山大祐編『フランスの社会階層と進路選択』勁草書房, pp.37-51.

Goux, D. et Maurin, E.（1997）"Démocratisation de l'école et persistance des inégalités," *Economie et Statistique*, no.306, pp.27-39.

INED（2010）*DOCUMENTS DE TRAVAIL*, No.168, Trajectoires et Origines.

Insee（若年失業率）https://www.insee.fr/fr/statistiques/3303389?sommaire=3353488（最終閲覧日 2019/1/1）

Lahire, B.（1995）*Tableaux de familles*, Gallimard/Seuil.

――――（2000）*Culture écrite et inégalités scolaire*, PUL.

Larue, J.-P.（2005）*Baccalauréat, à qui profite la démocratisation ?*, L'Harmattan.

Maurin, E.（2007）*La nouvelle question scolaire*, Seuil.

MEN（2014）*Refonder l'éducation prioritaire*, Dossier de présentation 16 janvier 2014.

Merle, P.（2002）"Démocratisation ou accroissement des inégalités scolaires? L'exemple de l'évolution de la durée des études en France（1988-1998）," *Population*, no.4-5, pp.633-659.

Merle, P.（2012=2017）*La ségrégation scolaire*, La découverte.

Millet, M. et Croizet, J.-C.（2016）*L'école des incapables ?*, La dispute.

ミエ, マチアス、クロワゼ, ジャン=クリストフ（2018）「保育学校はいかにして文化的支配を教えるのか」園山大祐編『フランスの社会階層と進路選択』勁草書房, pp.176-190.

ミエ, マチアス、タン, ダニエル（2016）「学校離れを生み出すもの」園山大祐編『教育の大衆化は何をもたらしたか』勁草書房, pp.80-98.

OCDE（2013）*Equité et qualité dans l'éducation*, OCDE.

Œuvrard, F.（1979）"Démocratisation ou élimination différée ?," *Actes de la recherche en sciences sociales*, vol.30, pp.87-97.

大前敦巳・園山大祐（2015）「フランス――学力二極化に対する共和国の挑戦」志水宏吉編『学

力格差是正策の国際比較』岩波書店, pp.121-148.
オランジュ, ソフィ (2016=2010)「上級技術者証書 (BTS) という選択——庶民階層出身のバカロレア取得者における志望の構築と囲い込みの間で」園山大祐編『教育の大衆化は何をもたらしたか』勁草書房, pp.24-50.
オランジュ, ソフィ (2018)「高校卒業後の学業選択」園山大祐編『フランスの社会階層と進路選択』勁草書房, pp.24-36.
パレタ, ユーゴ (2018)「学校と庶民」園山大祐編『フランスの社会階層と進路選択』勁草書房, pp.109-127.
ペリエ, ピエール (2016)「庶民階層の親と学校」園山大祐編『教育の大衆化は何をもたらしたか』勁草書房, pp.216-233.
Peugny, C. (2009) *Le déclassement*, Grasset.
Poullaouec, T. (2010) *Le diplôme, arme des faibles*, La dispute.
Poupeau, F. et François, J.-C. (2008) *Le sens du placement*, Raisons d'agir.
Rocher, T. (2008) "Lire, écrire, compter : les performances des élèves de CM2 à vingt ans d'intervalle 1987-2007," *Note d'information*, n° 08.38, Depp.
Rochex, J.-Y. et Crinon, J. (2011) *La construction des inégalités scolaires*, PUR.
園山大祐 (2009)「フランスの移民の学業達成から何を学ぶか」園山大祐・ジャン=フランソワ, サブレ編『日仏比較 変容する社会と教育』明石書店, pp. 231-244.
園山大祐 (2012)「私学の役割機能変遷にみる世俗化現象——私学選択にみる学歴志向の浸透を視点として」園山大祐編『学校選択のパラドックス』勁草書房, pp.51-64.
園山大祐編 (2012)『学校選択のパラドックス——フランス学区制と教育の公正』勁草書房。
園山大祐 (2015a)「優先教育 (EP) 政策の展開 (1980 年代から 2014 年まで)」『フランス教育学会紀要』第 27 号, pp.19-30.
園山大祐 (2015b)「フランス教育制度における周縁化の構造」中野裕二ほか編『排外主義を問いなおす』勁草書房, pp.127-150.
園山大祐 (2016a)「移民・外国人にみる中等教育の大衆化と職業参入」園山大祐編『教育の大衆化は何をもたらしたか』勁草書房, pp.180-200.
園山大祐 (2016b)「フランスにおける移民の学力および学業達成の課題」園山大祐編『岐路に立つ移民教育』ナカニシヤ出版, pp.127-150.
園山大祐編 (2016)『教育の大衆化は何をもたらしたか——フランス社会の階層と格差』勁草書房。
園山大祐 (2017)「『移民系フランス人』の学業達成と庶民階層にみる進路結果の不平等——中等教育内部にみる自己選抜と周縁化のメカニズム」『現代思想』青土社, vol.45-7, 2017 年 4 月号, pp.184-198.
園山大祐 (2018a)「フランスにおける中等教育の大衆化と女子の進路選択」『アフリカ教育研究』第 8 号, pp.36-47.
園山大祐 (2018b)「なぜフランスの進路選択過程に注目するのか」園山大祐編『フランスの社会階層と進路選択』勁草書房, pp.1-12.

園山大祐編（2018）『フランスの社会階層と進路選択――学校制度からの排除と自己選抜のメカニズム』勁草書房。

Thin, D.（1998）*Quartiers populaires,* PUL.

トランカール, ダニエル（2016＝2012）「コレージュにおける学業成績に社会空間的隔離が及ぼす影響」園山大祐編『教育の大衆化は何をもたらしたか』勁草書房, pp.129-151.

トリュオン, ファビアン（2018）「大学における移動と調整」園山大祐編『フランスの社会階層と進路選択』勁草書房, pp.52-64.

Vallet, L.-A.（2014）"Mobilité observée et fluidité sociale en France de 1977 à 2003," *Idées économiques et sociales,* no.175, pp.6-17.

Van Zanten, A.（2001）*L'école de la périphérie,* PUF.

ヴァンザンタン, アニエス（2012=2009）「他者を選ぶ」園山大祐編『学校選択のパラドックス』勁草書房, pp.65-90.

ザフラン, ジョエル（2018）「成績がすべてではない――SEGPAへの進路変更が示していること」園山大祐編（2018）『フランスの社会階層と進路選択』勁草書房, pp.141-149.

第6章
ドイツ

個々への支援を目指す、連邦と州による教育政策
エビデンスに基づく学校開発の試み

濵谷 佳奈

1. はじめに

　ドイツの首都ベルリンのなかでも、移民の集住する地区にあるハウプトシューレ（大学進学を前提としない中等教育段階の学校種）のR校が、「授業が成立しない」と教師が市政府に訴えた2006年の公開書簡によって有名になってから、10年以上が経過した。これをきっかけに、「困難な状況下の学校」（Schulen in schwieriger Lage）、「社会的困難地域の学校」、「特別の配慮が必要な学校」といった呼び方やそれが意味する事柄は、広く知られるようになったと言われる（Weishaupt 2016, p.354）。本章では、これらをひっくるめて「しんどい学校」と呼ぶことにする[1]。今やR校は、保育施設をはじめ、初等教育から後期中等教育までの学校、青少年センター、健康センター、職業工房、市の出張所の機能を併せもつ「共同体学校」へと変貌を遂げ、あらゆる出自の子どもが一緒に学ぶ、大学入学資格であるアビトゥア取得への可能性も開かれたベルリンの看板校となっている[2]。

　とはいえ、「しんどい学校」に焦点をあてたドイツでの教育学研究は、データに基づく学校開発（Schulentwicklung）という教育政策の結果をデータで検証していく流れのなかで、連邦教育研究省（BMBF）が2010年に「教育制度

における制御」を研究の重点として掲げて以降[3]、ようやく盛んになってきたようである（Bremm et al. 2016; Manitius & Dobbelstein 2017）。そうしたなか、ドイツ国際教育研究所（DIPF）のヴァイスハウプトは、「しんどい学校」への財政支援策が行われつつある、その実情と課題を検討している。そこで前提とされているのは、「中等教育段階が分岐することで、基礎学校にみられる居住地域による隔離がいっそう進行し、生徒の社会的構成が差異化される」との理解であり、この差異化がドイツの学校制度の問題であり続けているという点である（Weishaupt 2016）。とりわけ、置き去りにされたハウプトシューレと、都市における移民とその子弟という貧困層の集住による社会的隔離の強まりという、二重の不利な状況が事態を切迫させてきたと捉えられている（Baur & Häussermann 2009; Weishaupt 2016）。

　本論に入る前に、そうした「しんどい」状況と密接に関連するドイツ国内の失業率と貧困率を示しておきたい。第一に、連邦雇用庁によれば、堅調なドイツ経済に支えられ、2018年のドイツの失業率は4.9％であり、15歳から25歳の若年層の失業率は4.3％と、東西ドイツ統一以降では最低水準にある（BA 2018）。ただし、詳しく見てみると、州間には大きな差がある。まず、最も低いバイエルン州で2.6％、最も高いブレーメンは9.5％である。次に、旧東ドイツ地域では6.4％、旧西ドイツ地域では4.5％と、東西地域間の隔たりもある。さらに、外国人の失業率は12.1％と、ドイツ人の4.0％の約三倍も高い（ibid.）。

　第二に、ドイツでは、相対的貧困率の指標として貧困リスク率（Armutsrisikoquote）が用いられる。貧困リスク率とは、1人あたりの等価所得が中央値の60％に満たない世帯の構成員の人数の割合を指す（斎藤 2012）。連邦および各州統計局のデータによれば、2017年のドイツの貧困リスク率は15.8％であるが、18歳未満の子どもの貧困リスク率はそれを上回る20.4％であり、五人に一人という割合である[4]。

　しんどい学校で学ぶ児童生徒にはいくつかの特徴が見られ、まず、旧東ドイツ地域に居住する15歳以下の子どもの実に四分の一がSGB Ⅱ（求職者基礎保障）受給家庭で暮らしている（Weishaupt 2016, p.355）。ただし、旧西ドイツ地域では七分の一である。次に、連邦全体では、三人に一人は移民の背景があり、こうした子どもは社会経済的に恵まれないばかりか、このうち半数以上の家庭

ではドイツ語が母語として使用されていない。さらなる問題は、アカデミックな経歴を持ち、かつ移民の背景のない両親が、学校選択の際に必ずしも割り当てられた公立学校を受け入れず、私立学校を選択するなど、社会的隔離が進行する点であると言われる (ibid.)。

そこで本章では、まず、ドイツの分岐型学校体系をめぐる問題状況と、それを背景として展開してきたエビデンスに基づく教育政策 (KMK 2015, p.3) を整理した上で、成績低位層の児童生徒 (leistungsschwächere Schülerinnen und Schüler) に対する支援策を点検してみたい。とりわけ「個々への支援」(Individuelle Förderung) に向けた連邦レベルの教育政策と、州の事例として、2005年から2015年の間の貧困リスク率の拡大幅が21.5%と、16州のうち最大の値を示したノルトライン・ヴェストファーレン (Nordrhein-Westfalen: NRW) 州での学校開発の試みに注目していく。

2. 分岐型学校体系に基づく学力格差是正策という矛盾？

初等教育段階に接続する中等教育段階において、分岐型の学校体系を保持するドイツの事情を知る人からは、「ドイツでは学力格差に無頓着なのでは」という問いが投げかけられる。日本で言えば小学校第4学年 (9歳) の段階で、基本的には将来高等教育へ進む修了資格を得るか否かの進路決定が行われるわけだから、第5学年以降「進学コースであるギムナジウム」と「それ以外の学校種」に通う子どもたちとの間に、「学力格差」以前の歴然とした構造的な格差があるという受け止め方は、もっともであろう。

伝統的には、基礎学校に続くオリエンテーション段階を含む中等教育段階は、3つの学校系統に分岐してきた。実際は単純なものではないが、修了後に就職し、職業訓練へと進む生徒が主として就学するハウプトシューレ (5年制)、修了後に全日制職業教育学校へと進学する生徒が就学する実科学校 (6年制)、大学進学希望者が就学するギムナジウム (8年〜9年制) の3つである。こうした分岐型学校体系をめぐっては、2007年の国連人権理事会の報告書によって、子どもの将来を決めてしまう要因となると批判を受けた経緯がある (木戸 2009, p.26; Baur & Häussermann 2009, p.354)。とりわけ、**表6-1**に見

表 6-1　前期中等教育段階の学校種ごとの第 9 学年の生徒のプロフィール
（連邦全体：2015 年）

学校種	学校 校数 *1	背景			
		社会的地位の中間値（HISEI）*2	コンピテンシーレベルの低い層の割合 *3	移民の背景を持つ割合 *4	教育的出自の低い家庭背景を持つ割合 *5
		HISEI 値	各学校種の生徒の比率（%）		
合計	1,425	49.8	24	29.8	12.1
ハウプトシューレ	99	39.6	57.7	47.1	26.1
実科学校	152	46.5	19.2	30.9	10.8
多課程制の学校種	299	43	30.4	15.9	12.4
総合制学校	306	46.6	30.9	33.7	17.7
ギムナジウム	569	60.5	3.5	23.1	3.8

注　*1：IQB 教育トレンド調査における無作為抽出調査による数値（Ungewichtete Fallzahl）。
　　*2：家庭の社会経済的地位としては、職業の社会経済的国際指標のうち、母親か父親のスコアが高い方を採用。HISEI（Highest International Socio-Economic Index of Occupational Status）の値は 16 から 90。
　　*3：2015 年の教育トレンド調査で読解力がコンピテンシー段階 II 以下の生徒の割合。
　　*4：親のうち少なくとも一方が外国で出生した生徒の割合。
　　*5：後期中等教育段階の修了資格（一般ないし職業）を持たない親を持つ生徒の割合。
出典：Autorengruppe Bildungsberichterstattung (2018, p.292) より連邦全体の値のみ抜粋。

るように、ギムナジウムの生徒とは対照的に、多くのハウプトシューレの生徒にとって、社会的に不利な状況と成績とが結びついている（Autorengruppe Bildungsberichterstattung 2018, p.110）。

　このような教育上の格差が問題となるのは、学歴の再生産が顕著なためでもある。BMBF がまとめた 2016 年の報告書によれば、大学生の約三分の二（66％）の親のどちらか一方は大学入学資格のアビトゥア取得者であり、約四分の一（24％）が実科学校修了資格取得者である（Middendorff et al. 2017）。ハウプトシューレ修了資格保持者を親に持つ大学生となると、一割に満たない（9％）。学校修了資格のない親を持つ学生は 1％ と、かなり例外的である。

　しかし、学校制度のあり方は、変わりつつあるようである。ここで、分岐型学校体系が現状でどのくらい拡がりがあるのか、州別での学校種の割合（2016/17 年度）を示した**表 6-2** をご覧いただきたい。第一に、2016/2017 年度のドイツ全土の通学率では、8 年制ギムナジウムが最も高く 31.0％、ハウプトシューレが最も低く 7.7％ となっている（オリエンテーション段階を除く）。表 6-2 の元の表では、2000/2001 年からの変化も示されているが、ドイツ全土

表6-2 州別の第5学年の学校種別通学率（2016/17年度）

州[*1]	生徒数[*2]	学校種ごとの通学率						
		オリエンテーション段階	ハウプトシューレ	多課程制学校	実科学校	8年制ギムナジウム	9年制ギムナジウム	統合型総合制学校
	人	比率(%)						
ドイツ全土	610,708	1.2	7.7	11.2	18.0	31.0	11.9	19.1
旧西ドイツ	549,582	1.4	8.5	6.8	20.0	29.8	13.2	20.4
旧東ドイツ[*1]	61,126	X	X	50.9	X	41.3	X	7.8
バーデン・ヴュルテンベルク	93,626	0.2	6.7	X	33.9	37.4	6.2	15.7
バイエルン	102,515	0.3	30.4	X	29.2	39.8	X	0.3
ベルリン[*1]	29,253	X	X	X	X	43.6	X	56.4
ブランデンブルク[*1]	19,182	X	X	38.4	X	45.7	X	15.9
ブレーメン	5,063	X	X	X	X	24.8	2.6	72.6
ハンブルク	13,928	1.5	X	X	X	53.2	X	45.3
ヘッセン	49,452	13.7	2.1	1.6	12.5	10.4	39.1	20.5
メクレンブルク・フォアポンメルン[*1]	12,334	X	X	45.3	X	46.3	X	8.5
ニーダーザクセン	71,040	X	3.6	21.2	14.1	X	44.8	16.3
ノルトライン・ヴェストファーレン	150,639	X	3.9	6.9	20.6	40.3	0.6	27.7
ラインラント・プファルツ	32,200	X	0.2	34.0	1.7	5.4	40.2	18.5
ザールラント	7,441	X	X	0.1	2.2	43	X	54.7
ザクセン	30,069	X	X	59.3	X	40.7	X	X
ザクセン・アンハルト	15,443	X	X	40.1	X	44.4	X	15.5
シュレスヴィッヒ・ホルシュタイン	23,678	X	X	X	X	36.2	6.5	57.3
テューリンゲン	15,614	X	X	45.3	X	39.5	X	15.2

[*1]：旧東ドイツ3州については第7学年の値。
[*2]：支援学校と自由ヴァルドルフ学校を除く。
出典：Autorengruppe Bildungsberichterstattung (2018, p.294) より筆者作成。

では、ハウプトシューレへの通学率が2000/2001年度から15％減少し、逆に、学校種を統合した統合型総合制学校が9.8％、ギムナジウムも8.5％それぞれ増加している。ハウプトシューレ通学率の縮小幅が最も大きい州はバーデン・ヴュルテンベルク州（－27.8％）やバイエルン州（－26.4％）といった南部諸州である。一方、拡大幅に注目すると、統合型総合制学校についてはブレーメンが最も大きく（＋55.3％）、次いでシュレスヴィッヒ・ホルシュタイン州も50％を越えている（＋50.9％）。ギムナジウムについては、16州すべてにおいて増加に転じているが、最も通学率の拡大幅が大きいのがヘッセン州（＋18.1％）、次いでブランデンブルク州（＋15.5％）である。

以上より、大学進学コースであるギムナジウムへの通学機会が、より開かれてきたように見える。ただし、進学した学校種がふさわしいか否か見極める第5学年から第6学年にかけての「オリエンテーション段階」を終えた生徒が、ギムナジウムから別の学校種へ移行しなければならない事態も増えているとされ、適正なマッチングの難しさも顕在化しているのが実情のようである。

　こうした変化の背後では、PISA2000年調査の結果公表による「PISAショック」をきっかけに、各州で中等学校制度の再編が進行し（前原 2013, p.342）、学力向上策が教育の機会均等をも推し進めてきた。すなわち、「教育政策のパラダイムシフト」（KMK 2018）を経て、「ギムナジウム」と、それ以外を統合した「多課程制・総合制学校」の設置による、「三分岐から二分岐」への再編が多くの州で行われてきた。2018年の時点で、ハウプトシューレと実科学校を保持しているのは、16州のうちバーデン・ヴュルテンベルク、バイエルン、ヘッセン、ニーダーザクセン、ノルトライン・ヴェストファーレンの5州にすぎない（Autorengruppe Bildungsberichterstattung 2018, p.291）。加えて、上位の学校修了証を取得できるよう、中等教育段階の学校種間の移動も弾力化されている（坂野 2017, p.10f.）。

3. 教育モニタリングの総合戦略による
学力格差是正への挑戦

　このような変化を促した政策を確認しておこう。1997年の「コンスタンツ決議」を契機とし、ドイツでは学校の質保証のための多様な教育政策が展開されてきた（坂野 2015, p.171ff.; 布川・森田 2015, p.157ff.）。連邦制国家であるドイツでは、「文化高権」（Kulturhoheit）が行使され、学校に関する立法および行政の権限も16ある各州が有している。いずれの州にも文部省に相当する省がおかれ、各州がそれぞれ異なる教育政策を展開していて、その独自性が尊重されている。そこで、諸州間の教育政策を調整するために設けられ、連邦レベルでの改革に向けた競争を促す役割を担うのが、常設各州文部大臣会議（Kultusministerkonferenz: KMK）である。

　このKMKが2006年に決議したのが、教育モニタリングについての総合戦略であった。この総合戦略では、すべての州がデータを基盤とした教育政策

を進め、その結果を次なる政策や実践へ還元するという新たな制御の考え方（Steuerungsphilosophie）が表明された（KMK 2015, p.3）。教育モニタリングによって教育の質を総合的に向上させ、同時にすべての児童生徒の教育機会の均等を改善することを、未来の教育政策の中心的課題とする挑戦が始められたのである（*ibid.*, p.5）。

総合戦略の柱となるのは、**表6-3**に見るように、国際学力比較調査（PISA、PIRLUS/IGLU、TIMSS）への参加と国内における二種類の学力調査の実施に加え、教育スタンダードの検証と二年ごとの『ドイツ教育報告書』の作成である（KMK 2015, p.6）。改革の歩みの振り返りに主眼が置かれた2018年版の同報告書では、近年の成果として、就学前の保育・幼児教育と初等教育段階の終日学校の拡充、多くの州での二分岐型学校制度の展開、職業教育システムの改革、高等教育システムにおける専門大学の位置づけの変革などが挙げられている（Autorengruppe Bildungsberichterstattung 2018, p.18）。

学力保障を検証する国内の学力調査は二種類あり、一つはベルリンのフンボルト大学に附設された「教育制度の質的開発研究所」（以下、IQB）の実施する

表6-3　国際学力比較調査および国内学力調査への参加・実施状況

	PISA	PIRLUS/IGLU	TIMSS（基礎学校）	州間比較調査／教育トレンド調査		VERA	
対象	15歳児	第4学年	第4学年	第4学年	第9学年	第3学年	第8学年
コンピテンシー領域	読解、数学、自然科学	読解	算数、自然科学	ドイツ語、算数	ドイツ語、英語／仏語	数学、自然科学	算数、ドイツ語	数学、ドイツ語、第1外国語
周期	3年ごと	5年ごと	4年ごと	4～5年ごと	3年ごと	毎年	毎年
実施年（2024年まで）	2000, 2003, 2006, 2009, 2012, 2015, 2018, 2021, 2024	2001, 2006, 2011, 2016, 2021	2007, 2011, 2015, 2019, 2023	2011, 2016, 2020	2009, 2015, 2021	2012, 2018, 2024	2006以降毎年（2006～2009は試行）	2009より毎年

出典：KMK 2015, p.7; Stanat et al. 2017, p.16f. に基づき筆者作成。

表 6-4　VERA でのフェアな比較のための指標：学校立地の条件による分類
　　　　——NRW 州基礎学校の場合

学校立地のタイプ	学校内の移民の背景を持つ子どもの割合	児童の家庭が居住する地域の特徴			
		収入	SGB II（求職者基礎保障）受給者の割合の平均	戸建または二世帯タイプ住居に居住の割合	移民の背景を持つ人の割合
1	5%-15%(平均12%)	州平均よりかなり高い	5%以下	三分の二	州平均よりかなり低い
2	15%-30%(平均24%)	州平均より少し高い	6%	半数以上	州平均より少し低い
3	30%-40%(平均33%)	州平均と同等	9%	半数以下	州平均と同等
4	40%-50%(平均46%)	州平均より少し低い	13%	三分の一	州平均より少し高い
5	50%-(平均67%)	州平均よりかなり低い	23%	五分の一	州平均よりかなり高い

出典：Isaac, K. 2011, p.301; QUA-LiS NRW 2017.

　州間比較調査（教育トレンド調査）であり、もう一つは各州が実施主体となる比較調査（Vergleichsarbeiten: VERA）である（原田 2018, p.103ff.）。VERA の調査結果は、学校および教師に直ちに還元され、授業改善へ繋げるよう試みられている（濱谷 2017, p.152）。調査の対象は第 3 学年（算数、ドイツ語）と第 8 学年（数学、ドイツ語、第 1 外国語）であり、毎年行われる悉皆調査である。例えば、NRW 州では「学習状況調査」と呼ばれ、**表 6-4** の通り、児童生徒の移民の背景の有無や家庭が居住する地域の特徴を指標とする「剥奪された社会的状況」に応じた学校立地のタイプごとに、学校種別のフェアな比較分析ができるようになっている（Schräpler 2009; Isaac 2011）。単純に学力調査結果の点数や順位を比較するのではなく、前提として異なる学校種や学校立地の条件による枠組みを設けることで、「公平」な比較が目指されている。
　以上のような戦略は、原田（2018）が指摘するように、「マクロな教育モニタリングシステムを構築する一方、学力調査の結果を各学校や授業のクオリティ改善に連動させて、下部からのクオリティ開発の好循環システムを構築するという、いわば 2 つの大きなシステムを構築し、その歯車をかみ合わせる努力を払ってきた」と評価される。一方で、しんどい状況下の生徒と、成績上位層の生徒との間の不均衡は停滞したままであり、「これまでの教育政策上、数多の改革プロジェクトが実施され、それらに伴う改善もみられてはいる

が、教育上の格差を決定的に是正するまでには至っていない」（Autorengruppe Bildungsberichterstattung 2018, p.14）という問題も残されている。つまり、機会均等という教育政策上の目的は、依然として最重要かつ最も厳しい挑戦の一つなのである（*ibid.*, p.58）。

しかしながら、困難な状況下にあっても、しっかりと整えられた学習環境を実現し、生徒が高い成績を修めている学校の存在が明らかになっていることも確かである（*ibid.*, p.7, p.110）。以下では、とくに2010年代以降の学力の底上げに関わって、成績低位層の児童生徒への支援に関して、連邦レベルおよび州レベルでどのような政策が展開してきたのかまとめてみよう。

4. 成績低位層の児童生徒に向けた支援策

4.1 「個々への支援」を目指す連邦レベルの政策

すべての児童生徒に対する「個々への支援」は、多くの州学校法や州法において、学校と授業の原則に通底する基本的使命であると規定されている（KMK 2010, p.5）。連邦レベルの支援策として、KMKによる「個々への支援」に関わる決議を整理したものが、**表6-5**である。KMKや各州が「個々への支援」へ注力するなかでは、成績低位層だけでなく、才能や成績高位層にも対応する施策が打たれてきた。同時に、KMKでは2011年に勧告「学校における障がいのある子どもと青少年のインクルーシブ教育」を決議しており、特別支援教育の必要な児童生徒と共にある生活と学習ももちろん「個々への支援」の範疇にある▶[5]。これらのうち、2010年に決議された「成績低位層の児童生徒に対する支援策」に関する2017年の報告書「成績低位層の児童生徒への支援策をめぐる状況」（以下、2017年報告書）を手がかりに、成績低位層の児童生徒への支援において何が目指されているかを確認してみよう。

第一に、2010年の「成績低位層の児童生徒に対する支援策」に掲げられた基本方針は次の9つである。すなわち、1. 授業において個々への支援を行い、教育スタンダードを定着させる、2. より多くの学習時間を確保し、的確な配慮を施す、3. 実践的な授業をつくる、4. 移民の背景をもつ児童生徒への支援を

表 6-5　KMK による個々への支援に関わる決議文書

年月日	決議の名称
2003 年 12 月 4 日 (2007 年 11 月 15 日)	特に読み書き計算が困難な児童生徒への支援に関する基本方針（決議）
2009 年 12 月 10 日	才能に対応した支援に関する基本方針（決議）
2010 年 3 月 4 日	成績低位層の児童生徒への支援策（決議）
2015 年 6 月 11 日	成績高位層の児童生徒への支援策（決議）
2016 年 11 月 10 日	連邦および州による成績高位層と特に成績優秀な児童生徒への支援に向けた共通のイニシアチブ（決議）
2017 年 9 月 14 日	成績低位層の児童生徒への支援策の実施状況をめぐる報告（決議）

出典：KMK ウェブサイト（https://www.kmk.org/themen/allgemeinbildende-schulen/individuelle-foerderung.html）（最終閲覧日 2018/12/8）。

強化し、多様性というチャンスを活かす、5. 特別支援教育を必要とする生徒のハウプトシューレ修了資格を実現する、6. 終日学校の教育内容を適切に発展させ、教育上のパートナーシップを強化する、7. 職業指導を専門化すると同時に、（企業体や職業上の専門教育への）橋渡しをしっかりと行う、8. 教師教育の質をいっそう向上させる、9. 結果を評価し、成功モデルを普及させる、である（KMK 2010, pp.2-4）。

　第二に、これら 9 つの基本方針に基づく各州の支援策については、2017 年報告書の冒頭で、支援を講じる二つの主要目的に関する成果が総括されている（KMK 2017a, p.4ff.）。一つ目は、「ハウプトシューレ修了の最低スタンダードに到達する生徒の比率を高める」という目的、二つ目は、「学校修了資格のない生徒を半減する」という目的である。例えば、一つ目について、教育スタンダードが作成されて以来 15 年間の歩みを経た、教科ごとの州別のコンピテンシー段階到達率を見てみよう。州間比較調査（2012 年）のデータにもとづく数学の結果では、ドイツ全体では第 9 学年の 94.5% がハウプトシューレ修了程度の最低スタンダードである第Ⅰ段階 b 以上に到達したが、残りの 5.4% が到達していない（ibid., p.5）。州間には差異がみられ、第Ⅰ段階 b 以上に到達した生徒の割合は、ザクセン州の 98.7% が最も高く、第Ⅰ段階 b 未達の生徒はブレーメンの 11.5% が突出して高い。同様に、ドイツ語と英語についても教育トレンド調査（2015 年）にもとづく州ごとの到達率が示されている。こうしたデータを明示することによって、各州がどこに重点をおいて、成績低位層の児童生徒を支援していく必要があるのかをはっきりさせるというわけである（ibid., p.11）。

第三に、2017年報告書では、以上の主要目的に関わる成果の総括に続いて、各州が支援策をどのような活動へとつなげていったのか、その詳細が9つの基本方針ごとに州別に具体的に報じられており、130ページが割かれている。例えば、NRW州では、2014年に「未来の学校ネットワーク」が立ち上げられ、基本方針の一番目に掲げられた「個々の促進」の充実に向け、630校が100のネットワークに参加している。例として「週間テーマ：個々の促進」では、他の学校を訪問して実際の学習を見学する聴講期間が設けられ、教員同士が各々のコンセプトの可能性とリスクについて意見交換する機会が設けられている（*ibid.*, p.31）。以下、州レベルでの取り組みについて、NRW州の事例を取り上げる。

4.2 州レベルにおけるエビデンス志向の学校開発
── NRW州の事例

NRW州のルール大都市圏では、困難な状況下にある学校36校において、学校開発プロジェクト「ポテンシャルを引き出し、学校を強化する」（"Potenziale entwickeln – Schulen stärken"）が2014年1月から2019年9月まで、デュイスブルク・エッセン大学とドルトムント工科大学、州立学校質保証研究所（QUA-LiS）、州学校継続教育省の関与によって実施されている[6]。財源は、メルカトル財団からの助成金150万ユーロ（2019年4月現在、1ユーロ＝約125円）である。このプロジェクトが興味深いのは、個々の教育サービスやイニシアチブをネットワーク化するため、行政管区や学校種の違いを越えて、重点的テーマに沿って学校をグループ化し、エビデンス志向の学校開発（Evidenzorientierte Schulentwicklung）[7]とその検証を行っているからである。

このプロジェクトの対象となっているのは、表6-4で示した「学校立地のタイプ3、4、5」に該当する社会的に剥奪された地域にある、前期中等教育段階の学校（ハウプトシューレ、実科学校、総合制学校、ギムナジウム）の第6学年と第8学年の生徒3183名、教員1105名、親2146名である（Bremm et al. 2017, p.146）。重点的テーマは4つ設定され、各学校は、明らかになった課題に応じて重点的テーマごとのグループに配属されている。プロジェクトは次の4段階で展開され、1）対象校の選出、2）対象校でのアンケート調査、3）ネッ

トワークにおけるエビデンスに基づく学校開発、4) 対象校における3年経過後の再調査と評価、の順である。

　最初の調査を経て編成されたグループを具体的に見てみると、例えば、第2グループは、ギムナジウム8校、実科学校1校、総合制学校1校から成る。このグループの学校では、授業の質が教員と生徒の双方から見て平均値より明らかに低い。なおかつ生徒は「生徒と教員との関係」を極度に否定的に捉えている。そこで、「協働的な授業開発」が重点的テーマとして掲げられている。あるいは、第3グループは、ハウプトシューレ6校、総合制学校7校、ギムナジウム1校の14校が構成する。この最大グループの学校の教員は、文化的に異質で社会経済的に剥奪された生徒集団への対応に窮しており、教員の集団としての自己効力感が最も低い。加えて、教員から見て学校と家庭との協力関係が希薄である。これらのことから、「リソースの活用」がテーマであり、「異質なものへの相互理解、集団の自己効力感、そして学校と家庭との協力」が重点となっている。

　こうしたエビデンス志向の学校開発を通して、プロジェクトに参加した各学校は、調査結果についてフィードバックを受けるが、ネットワークを活用することの最も重要な目標は、求められる学校開発を行うことだけにあるのではなく、学校同士が結果の検証を通じて、互いに学び合う相乗効果を生成することにあるとされる（ibid., p.150）。コンピテンシー、教材、戦略の開発と、リフレクションおよび問題解決能力の向上は、ネットワーク特有の重点的テーマであるばかりでなく、ネットワークを構成するメンバーの力を何倍も引き出すことにつながると捉えられているのである（ibid.. p.150）。

5. おわりに

　以上見てきたように、ドイツにおける「しんどい学校」をめぐっては、ハウプトシューレを取り巻く社会的に不利な状況と、都市での貧困層に位置づく移民の集住による社会的隔離の強まりという、二重の困難な状況が明らかにされてきた。そうした中で、連邦レベルでは、2010年に特別支援教育の必要な生徒も含めた成績低位層の生徒に対して、「ハウプトシューレ修了」スタンダー

ドが到達すべき基準として掲げられ、州ごとに、エビデンスに基づく「個々への支援」を目指した支援策が講じられてきた。個々の学校においても、教育実践と実証的研究とを結びつけた学校開発が進行中である。

　こうして、データに基づく教育政策を進め、その結果を次なる政策や実践へと還元し検証するという新たな制御の考え方は、連邦規模の教育モニタリングによって、「しんどい学校」の学校開発を担う各州の隅々にまで行き渡っている。同時に、教育モニタリングの問題性や、エビデンスに基づく学校開発という考え方のアンビバレンツについても、様々な角度から問い直しがなされている▶8。連邦と州による支援策が、学校での教育実践においてどのように具現化しているのかについては、第Ⅱ部で検討したい。

　なお、分岐型学校体系と学力格差是正との関係については、分岐型学校体系を再編することによって何がどのように変わるのか、進学を目指さない生徒に対する職業教育のあり方との関係にも注目して検討することが必要であろう。今後の課題としたい。

❖注

▶1　「困難な状況下の学校」や「がんばっている学校」（Schulen in herausfordernden Lagen）という価値判断を伴う言葉でカテゴライズすると、ネガティブなレッテルを貼ることにつながると危惧する指摘もある（Bremm, Klein, & Racherbäumer 2016, p.326）。

▶2　Spiegel Online（01.04.2018）および当該校のウェブサイト（http://campusruetli.de/）参照（最終閲覧日 2018/12/08）。なお、ベルリンでは 2010/11 年度の学校制度改革により、初等教育段階の基礎学校に続く中等教育段階が「ギムナジウムと統合型中等学校の二分岐型」へと変更され、ハウプトシューレと実科学校、総合制学校は発展的に解消された。

▶3　この研究プロジェクト（Steuerung im Bildungssystem: SteBis）では新制御に関わる4つのテーマ領域が設定されたが、そのうちの一つが「社会的に剥奪された状況下の学校（Schulen in sozialräumlich deprivierter Lage）の質開発」である（BMBF 2016, p.4）。

▶4　Statistische Ämter des Bundes und der Länder（2018）参照。

▶5　KMK ウェブサイト（https://www.kmk.org/themen/allgemeinbildende-schulen/

individuelle-foerderung.html）参照（最終閲覧日 2018/12/08）。
▶ 6　プロジェクトウェブサイト（http://schulen-staerken.de）参照（最終閲覧日 2018/12/08）。
▶ 7　このプロジェクトでは、エビデンスとは「学校の特性に関する客観的データに加え、学校関係者の複雑な文脈をともなう経験と見解に関連する、関係者による解釈と討議の結果」として理解され、ここでの「エビデンス志向」（Evidenzorientierung）とは「経過に関して客観化されたデータとエビデンスの生成のための解釈及び討議の機会が、学校開発活動及び学校開発支援に体系的かつ構造的に包含された学校開発の原則」を示す（*ibid.*, p.144）。
▶ 8　例えば、次の文献を参照されたい。Maritzen（2014）; Heinrich（2015）.

❖参考文献

Autorengruppe Bildungsberichterstattung (eds.) (2018) *Bildung in Deutschland 2018. Ein indikatorengestützter Bericht mit einer Analyse zu Wirkungen und Erträgen von Bildung.* Bielefeld.

Baur, C., Häussermann, H. (2009) Ethnische Segregation in deutschen Schulen. In: *Leviathan*, 37, pp.353-366.

Bremm, N., Eiden, S., Neumann, C., Webs, T. & van Ackeren, I. (2017) Evidenzbasierter Schulentwicklungsansatz für Schulen in herausfordernden Lagen. Zum Potenzial der Integration von praxisbezogener Forschung und Entwicklung am Beispiel des Projekts „Potenziale entwickeln – Schulen stärken". In Dobbelstein, P. & Manitius, V. (eds.), *Schulentwicklungsarbeit in herausfordernden Lagen,* Waxmann: Münster, pp.140-158.

Bremm, N., Klein, E. D. & Racherbäumer, K. (2016) Schulen in „schwieriger" Lage?! Begriffe, Forschungsbefunde und Perspektiven. In: *Die Deutsche Schule*, 108 (4), pp.323-339.

Bundesagentur für Arbeit (BA) (2018) *Monatsbericht zum Arbeits- und Ausbildungs markt Oktober 2018,* Nürnberg.

Bundesministerium für Bildung und Forschung (BMBF)(eds.)(2016). *Steuerung im Bildungssystem: Implementation und Wirkung neuer Steuerungsinstrumente im Schulwesen.* https://www.bmbf.de/upload_filestore/pub/Bildungsforschung_Band_43.pdf.（最終閲覧日 2018/12/08）

Dobbelstein, P. & Manitius, V. (eds.)(2017) *Schulentwicklungsarbeit in herausfordernden Lagen,* Waxmann: Münster.

布川あゆみ・森田英嗣（2015）「ドイツ—格差是正に向けた連邦・州・学校における多様な取り組み」志水宏吉・山田哲也編著『学力格差是正策の国際比較』岩波書店, pp.149-179.

濱谷佳奈（2017）「学力格差是正に向けたドイツの取り組み——ノルトライン・ヴェストファーレン州の事例に注目して」日本比較教育学会編『比較教育研究』第 54 号 , pp.147-160.

原田信之（2018）「ドイツのカリキュラム・マネジメントと授業の質保証」原田信之編著『カ

リキュラム・マネジメントと授業の質保証』北大路書房, pp.93-121.
Heinrich, M. (2015) Zur Ambivalenz der Idee evidenzbasierter Schulentwicklung: Das Beispiel "Schulinspektion" – fortschrittlicher Rückschritt oder Innovation? In: *Zeitschrift für Pädagogik*, 61, pp.778-792.
Isaac, K. (2011) Neues Standorttypenkonzept. Faire Vergleiche bei Lernstandserhebungen. In: *Schule NRW*, 06/11, pp.300-301.
木戸 裕 (2009)「現代ドイツ教育の課題――教育格差の現状を中心に」国立国会図書館調査及び立法考査局『レファレンス』pp.5-29.
Kultusministerkonferenz (KMK)(2010) *Förderstrategie für leistungsschwächere Schülerinnen und Schüler* (Beschluss der Kultusministerkonferenz vom 04.03.2010)
KMK (2015) Gesamtstrategie der Kultusministerkonferenz zum Bildungsmonitoring.
KMK (2017a) *Bericht zum Stand der Umsetzung der Förderstrategie für leistungsschwächere Schülerinnen und Schüler* (Beschluss der Kultusministerkonferenz vom 14.09.2017)
KMK (2017b) *Das Bildungswesen in der Bundesrepublik Deutschland 2015/2016, Darstellung der Kompetenzen, Strukturen und bildungspolitischen Entwicklungen für den Infomationsaustausch in Europa*, Bonn.
KMK (2018) *Bildungswege und Abschlüsse,* https://www.kmk.org/themen/allgemeinbildende-schulen/bildungswege-und-abschluesse.html.（最終閲覧日 2018/12/08）
前原健二 (2013)「ドイツにおける中等学校制度再編の多様化の論理」『東京学芸大学紀要.総合教育科学系』64(2), pp.341-350.
Manitius, V., & Dobbelstein, P. (2017) Die doppelte Herausforderung: Schulentwicklungsarbeit in herausfordernden Lagen unterstützen. In: Manitius, V., Dobbelstein, P. (edt.), *ibid*, pp.9-14.
Maritzen, N. (2014) Glanz und Elend der KMK-Strategie zum Bildungsmonitoring: Versuch einer Bilanz und eines Ausblicks. In: *Die Deutsche Schule,* 106 (4), pp.398-413.
Middendorff, E.; Apolinarski, B.; Becker, K.; Bornkessel, P.; Brandt, T.; Heißenberg, S.,& Poskowsky, J. (2017) *Die wirtschaftliche und soziale Lage der Studierenden in Deutschland 2016, 21. Sozialerhebung des Deutschen Studentenwerks durchgeführt vom Deutschen Zentrum für Hochschul- und Wissenschaftsforschung*, Berlin: Bundesministerium für Bildung und Forschung (BMBF).
内閣府 (2016)『諸外国における子供の貧困対策に関する調査研究報告書』https://www8.cao.go.jp/kodomonohinkon/chousa/h27_gaikoku/index.html.（最終閲覧日 2018/12/08）
Spiegel Online (01.04.2018) *Problemschule in Berlin-Neukölln: Was wurde aus der Rütli-Schule?* http://www.spiegel.de/lebenundlernen/schule/ruetli-schule-in-berlin-neukoelln-vom-problemfall-zur-vorzeigeschule-a-1199251.htm.（最終閲覧日 2018/12/08）
Qualitäts- und UnterstützungsAgentur - Landesinstitut für Schule (QUA-LiS NRW) (2017) *VERA3: Deskriptive Beschreibung der Standorttypen 2016 für die Grundschulen.*
https://www.schulentwicklung.nrw.de/e/upload/vera3/mat_2017/Beschreibung-Stan-

dorttypen_170308_RUB_ang.pdf.（最終閲覧日 2018/12/08）

齋藤純子（2012）「ドイツにおける子どもの貧困」『大原社会問題研究所雑誌』No.649, pp.16-29.

坂野慎二（2015）「ヨーロッパの教育改革（2）――「ドイツにおける教育政策」坂野慎二・藤田晃之編『海外の教育改革』NHK 出版 , pp.167-188.

坂野慎二（2016）「学校間接続と選抜に関する一考察――ドイツの基礎学校と中等教育段階の事例を中心に」『論叢　玉川大学教育学部紀要』第 14 号, pp.35-59.

坂野慎二（2017）『統一ドイツ教育の多様性と質保証――日本への示唆』東信堂。

Schräpler, J. -P. (2009) Verwendung von SGBII – Dichten als Raumindikator für die Sozialberichterstattung am Beispiel der "sozialen Belastung" von Schulstandorten in NRW – ein Kernel Density Ansatz. In: *Statistische Analysen und Studien NRW*, 57, pp.3-28.

Stanat, P.; Schipolowski, S.; Rjosk, C.; Weirich, S., & Haag, N. (edt.)(2017) *IQB-Bildungstrend 2016, Kompetenzen in den Fächern Deutsch und Mathematik am Ende der 4. Jahrgangsstufe im zweiten Ländervergleich,* Waxmann: Münster.

Statistische Ämter des Bundes und der Länder (2018) *Armut und soziale Ausgrenzung.* http://www.amtliche-sozialberichterstattung.de/A1armutsgefaehrdungsquoten.html. (最終閲覧日 2018/12/08)

Weishaupt, H. (2016) Schulen in schwieriger Lage und Schulfinanzierung. In: *Die Deutsche Schule*, 108 (4), pp.354-369.

第7章
オランダ

社会文化的多様性への学校教育の終わりなき挑戦
すべての子どものもてる能力を最大限に

末岡 加奈子

1. はじめに

　オランダという国は、皆さんにはどのように感受されているだろうか。2018年秋は東京で、続いて2019年2月には大阪で「史上最大規模のフェルメール展」が開催された。フェルメールと言えばオランダを代表する画家の一人で、東京での総入場者数は約4カ月間で68万人を超えたそうだ。また、オランダの象徴といえば一般には、チューリップ、風車、平均身長が世界一の国。年配の方には1964年東京オリンピック、柔道金メダリストのヘーシンクも懐かしい。さらに本書の読者の中には、リヒテルズ直子による数々の書籍によって、イエナプラン教育等、教育のあり方に関心を寄せておられる方も多いだろう。
　しかし本章では、上で挙げたイメージとは少し異なる視座から「オランダの教育」を描くことになる。古くから課題が顕在化している「移民・難民の背景をもつ子ども」[1]に焦点をあて、学力格差の実情やその是正に取り組む教育施策についてみていくことにしよう。

2. オランダにおける社会文化的多様性と、都市部の貧困問題

　オランダにおける移民や難民の背景をもつ人口は、第二次世界大戦後に急増した（van Amersfoort and van Niekerk 2006, etc.）。オランダでは統計上「移民」と定義されているのは1世と2世のみであるが、2018年現在、この1世と2世の人々だけでも約400万人にのぼり、全人口の約23%を占める。アムステルダム、ロッテルダム、ハーグの三大都市においては、いずれも移民は50%を超えている。400万人の内訳をみてみると、主要四大グループで約131万人を占める。主要四大グループとはスリナム（約35万2000人）、旧オランダ領アンティル（約15万7000人）、トルコ（約40万4000人）、モロッコ（約39万7000人）[2]からの移住者である。本書の14章で対象とするロッテルダムでは、この四大グループの1世と2世だけでもロッテルダム市民の26.6%を占めており、首都アムステルダムにおける23%を凌駕する規模である（CBS 2019b）。学校現場において、その存在は一層大きい。現在の小中学生の年齢では、統計上は移民と定義されない3世以降の子どもたちが多く含まれるためである。

　近年においても、世界情勢の変化などによる要因から、アフリカ、中東、東欧など多様な地域からの移民の流入は止まっていない。2018年における第3四半期までの流入移民は、前年同期比より4.5万人増の約19万人であった（CBS 2018b）。自然増と流出移民を差し引いた人口増は8万1000人であったが、そのほとんどを流入移民が占めている。このように、オランダにおける「非西洋系」[3]移民は、もはや少数派ではなくなっているのが現状である。

　それでは、人々の暮らしぶりはどうだろうか。参考のために国内の貧困状況を概観しておこう。SCP（Sociaal en Cultureel Planbureau：オランダ社会文化計画局）によれば、2つの参照軸が設定されている。まず一つは、一人暮らしの個人が衣食住の基本的な必要を満たすための最低金額を表す「基本的ニーズ予算（basisbehoeftenbudget）」で、2014年時点では971ユーロ／月（＝約13.6万円／月、2014年平均　1ユーロ＝約140円）とされている。もう一つは、スポーツや趣味、短期の休暇に出かけることのできる最低金額としての「控えめだが不足のない予算（bescheiden, maar voldoende）」で、同年で1,063ユーロ／月（＝

約14.9万円／月、同レート）とされている。この「控えめだが不足のない予算」に従えば、2014年で7.6％の国民がこの基準以下の暮らしをしていることになる（SCP 2016）。

また、国全体の貧困率平均が7.7％であるのに対し（2013年）、上述した移民人口の大きい三大都市は貧困率の高い街ワースト3となっている。アムステルダム、ロッテルダム、ハーグではそれぞれ14.4％、14.1％、13.4％と国平均の約2倍の市民が貧困下にあることがわかる（前掲）。より具体的な数字を見てみると、「最も貧しい郵便番号地区：トップ100」のうち、約半数を上の3つの大都市で占めている。さらに絞って上位20地区について見てみると、そのうちの11地区はロッテルダムである（OECD 2019）。不名誉な「ナンバー1」もロッテルダムの郵便番号であったが、そこでの貧困率は30.8％にのぼる（SCP 2016）。

大規模な移民の流入やこのような事情に鑑み、政府の教育優先政策は、比較的短い期間に試行錯誤を繰り返しながら相当なスピードで展開され、1980年代には多文化社会のモデルとも評されてきた。それでは、オランダ全体で大きな位置を占めるに至った移民の人々の社会的位置は、現在どのようなものであろうか。EU諸国では、移民の社会統合をモニタリングするための4つの重要項目、「雇用」「教育」「社会的包摂」「能動的な市民」を測定する共通指標が2010年欧州閣僚会議におけるサラゴザ宣言によって合意されたが（Eurostat 2018）、そこでは域内のさらなる発展と社会的結束、平和と繁栄を希求するうえで教育は不可欠であることが再確認された。ここでも、教育を一つの指標として移民の人々のおかれる社会的位置について確認してみたい。

3. 移民の背景をもつ子どもの「教育達成」

前期中等教育から分岐型学校体系を採用するオランダでは、教育達成や教育格差を測る指標の一つとして、前期中等教育への進学実績や、それに向けた小学校最終学年での担任による「進学助言」が参考になる。CBS（Centraal Bureau voor de Statistiek：オランダ中央統計局）による最新の報告（CBS 2018b）を用いて、直近9年間の推移を確認してみよう。

VWO（大学準備中等教育）やHAVO（一般中等教育、各学校種についての詳細

は**図7-1**参照）への進学助言を受けた子どもの割合は、エスニシティ毎に明確な差が確認される。通常、このような統計的データを用いて格差に関わる比較を行う場合、教育的不利を受けることの多い「非西洋系」と「ネイティブオランダ人」の比較がなされることが多い。まず、最も高いのが「ネイティブオランダ人」[4]で、2016/17年度には59%と、2008/09年度からほとんど変化はない。次に高いのが「その他非西洋系」、同年比較で50%前後を推移している。2016/17年度で最も低いのは、トルコ、および旧オランダ領アンティルの背景をもつ子どもたちで、ともに38%であった。移民四大グループの中では常に上位を維持しているのがスリナム系の子どもであり、2016/17年度は45%であった。いずれのグループも直近の9年間で上昇は認められるものの、ネイティブオランダ人の約6割とは、最大で20%以上の開きがあることも見逃せない事実である（CBS 2018b, pp.47-48）。

なお、集団ごとの分析が行われる際には、上述の移民四大グループであるスリナム、旧オランダ領アンティル、トルコ、モロッコがまず対象となることが一般的であるが、近年では「その他非西洋系」も加わり、この内訳はイラン、イラク、アフガニスタン、ソマリア、シリア系が多い。主要四大グループは歴史上、第二次世界大戦後の過去数十年間における大規模な人口移動で、かつ「非西洋」の国からの移住者であった。このうち前者二集団は、一定程度オランダの言語・文化に慣れ親しんだグループ、後者二集団はそうではない。加えて、後者二集団のほとんどはイスラム教徒であり、オランダ社会との宗教上の文化・習慣の違いが大きい。このような観点から、上記のエスニックグループは、移民の社会統合をモニタリングをする上で重要な示唆を得ることのできる変数として活用される。

では、近年増加の一途をたどってきた「その他非西洋系」についてはどうだろうか。先述したように、VWOやHAVOへの進学助言では、50%前後と全体としてネイティブオランダ人の59%に次いで高い。詳細を確認するために、中等学校3年次の在籍率（後期中等教育への進級）を参照してみたい。

例えば、イラン系生徒が中等学校3年次に在籍する割合は、先の主要四大グループを大きく上回るどころか、ネイティブオランダ人のそれよりも高い。一方で、ソマリアのように20%程度に留まっているグループも存在する。また

表 7-1　移民背景別・男女別 CITO スコア（%）

		国語		算数	
		女	男	女	男
ネイティブオランダ人		75	71	70	74
西洋系移民		75	71	71	75
非西洋系移民	トルコ	65	60	63	68
	モロッコ	67	65	64	69
	スリナム	71	67	64	68
	アンティル	69	66	61	67
	その他の非西洋系	72	69	69	73

出典：SCP/CBS 2016, p.32 より筆者作成。

イラン、イラク、アフガニスタン系、ネイティブオランダ人において、この割合は男子より女子の方が数％高く、ソマリアではほぼ同等、シリアでのみ男子の方がやや高いことが明らかになっている（CBS 2018b p.50）。

　別の観点からも見てみよう。**表 7-1** は、移民背景別・男女別の CITO（シト）スコア[5]を示したものである。少なくとも小学校最終学年の段階では、男女ともにトルコ系の子どもが国語力の習得に苦戦していることがわかる。とくに男子においては、他の非西洋系グループと較べても 5 ポイント以上、ネイティブオランダ人とは 10 ポイント以上の差がみられる。また算数においてはアンティル系女子が最も低く、ネイティブオランダ人とはやはり約 10 ポイントの差が見られる。

　オランダでは、このような移民の背景をもつ子どもの教育格差是正に向けて、過去約 50 年間にわたり巨額の予算が投入されてきた。しかしながら上で見たように、その成果は必ずしも芳しいものとはいえないのが現状である。この間のこれらの子どもたちへの教育施策、また蓄積されてきた知見はそれぞれどのようなものであったのだろうか。以下では節を改めて、このような視点から教育システムや学校教育の特徴を概観しておきたい。

4. 教育システムと学校教育の特徴

　オランダは、国土面積が 4 万 1528km^2、人口が約 1700 万人と小さな国であり、人口密度が高いことはよく知られている（CBS 2018a）。小学校の規模は日

本に較べると小さく、平均的な児童数は300人程度であることから、とくに人口密度の高い都市部では徒歩圏内に複数の小学校が立地していることが珍しくない。中には、一つの建物内で1階はA小学校、2階はB小学校と複数の異なる学校が「同居」していたり、同じ階でも廊下の途中からは別の学校、等といったケースも見られる。ところ変われば学校の建物も随分と異なり、それに伴って学習環境もさまざまである。

　教育システムの特徴として真っ先に挙げられるのは、教育委員会や学校レベルでの高い自律性であろう。これは、憲法に示される「学校設立の自由」「教育方法の自由」「教育理念の自由」といった歴史的に特有の、宗教の自由に基づく柱状社会（Verzuiling）、かつ小学校からの学校選択と深く関連している。結果として、義務教育段階においても未だ宗教立の学校が多く、世俗化した現在に至ってもその割合は大きく変化していない。例えば2016/17年度における全小学校の内訳は、**表 7-2** のとおりであった。「公立」以外はすべて、各宗教立の「私立」となるが、教育行財政的には、公私立を問わずすべての小中学校が国庫から運営される。モンテッソーリ、シュタイナー、イエナプラン、ダルトン等の教育理念にもとづいたオルタナティブスクールも、公私立を問わず存在する。

　また、教育や学校のあり方に大きな影響を与える要素として、学校体系が挙げられる。**図 7-1** にみるように、オランダは前期中等教育からの分岐型学校体系を採用しているが、このような学校体系は、小学校の教育実践に与える影響が大きい。まずはこの学校体系について概観し、今日に至るさまざまな施策をみてみることにしよう。

表 7-2　設立母体別小学校数と児童数（2016/17 年度）

設立母体	小学校数	児童数	学校の割合（%）
公立（市町村）	2,161	450,976	31.3
カトリック教立	2,079	499,863	30.2
プロテスタント教立	2,003	411,601	29.1
その他（イスラム教立、ヒンドゥー教立等）	651	165,982	9.4
合計	6,894	1,528,422	100.0

出典：CBS（2018a）より筆者作成。

初等教育から順を追ってみていくことにしよう。オランダでは就学義務が課され、義務教育の始まりは5歳の誕生日を迎えた翌月から始まると定められている。すなわち小学校への入学は、事実上、4歳の誕生日を迎えた翌年度の年度初めから入学する子どもが99%を占める（Eurydice 2018）。この義務教育制度は、1981年に改制定された初等教育法（Wet op het Basisonderwijs: WBO）が1985年から完全施行されたことにより、この年から従来の幼稚園と小学校が統合されたものとなった。小学校は8年間、その後は各自の希望進路と成績をふまえて、進学する中等教育の学校種が決定される。ただし8年時に受検する学力テストCITOは義務ではなく、近年ではこのスコアよりも小学校教員による助言が重視される。

中等教育はおもに3つの校種に分かれ、4年制（VMBO：職業訓練中等教育）、5年制（HAVO：一般中等教育）、6年制（VWO：大学準備中等教育）となっており、これに加えて特別支援のプログラムが設置される。また進学直後の前期中等教育期間である1～2年間は共通カリキュラムが課され移行可能期間となっており、同様に中等教育修了後も隣のトラックへ移行・編入することが可能である。リヒテルズ（2004）が指摘するように、分岐型学校体系の中で、社会移

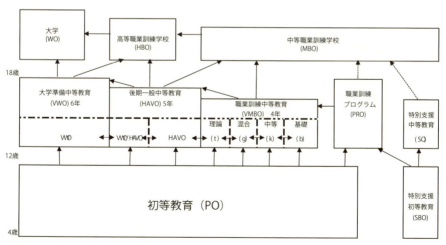

図7-1　オランダの学校体系
出典：Ministerie van Onderwijs, Cultuur en Wetenschap.（教育文化科学省）；リヒテルズ2004などをもとに筆者作成。

動の可能性と機会を最大限に提供しようとするものである。また、異なる校種の中等学校が校舎を共有する等、さまざまな連携もみられる。義務教育は18歳の誕生日を迎えた学年末までと定められていることから、13年（実質は13.5年程度）となり、ヨーロッパ諸国の中でもハンガリーやドイツの一部の州とならんで最も長い（Eurydice 2018）。ただし、職業訓練準備コースの中等教育（VMBO）では、16歳の誕生日以降は通学と労働（職業訓練）を組み合わせた「デュアルシステム」が認められる。

さらに、国籍等を問わずオランダ国内に居住するすべての子どもへの「就学義務」が定められていることから、原則的に「不就学の子ども」は存在せず、通常の小学校においても国語力（学習言語としてのオランダ語力）が不十分な移民や難民の背景をもつ子どもが多く在籍する。日本と違って小学校においても原級留置が認められることから、このような学校では、本格的な読み書き計算の開始される3年生での留年や、6年生と7年生の間に新たな学年「6／7年」を設置するなど独自の方法を採用しており、学校によって様々な「留年小学生」の存在が確認される。

5. 初等教育からの学校選択と児童の「家庭背景」に応じた予算配分

5.1 小学校からの学校選択

義務教育の始まりである小学校においても学区制がなく、入学にあたって保護者（と子ども）が学校を選ばなければならない制度は、特徴的といってよいだろう。学校選択は通常、「権利」としての側面で語られることが一般的だが、保護者が責任をもって小学校を選ぶ「義務」を課すというオランダの学校選択システムは、世界の中でも最古の学校選択システムであるとされる（Karsten et al. 2006）。この制度は歴史的には「宗教の自由」の理念に基づいているが、現代社会においては意図せざる結果をも生んでおり、地域の小学校におけるエスニシティの偏在、すなわち「学校の隔離（School segregatie）」を引き起こしているという指摘がある（Karsten 1994; Karsten et al. 2003 etc.）。

とくに都市部においては、エスニシティによる「居住地の隔離（Residentiële

segregatie)」が既に進行していることから、「学校の隔離」問題は、「居住地の隔離」と学校選択要因が複雑に絡み合った結果とされる。学区制を置いておらずとも、まだ小さい子どもを遠方へ通わせることは一般的ではなく、朝夕の送迎も義務付けられていることから、通常は住まいの近くの学校に入学させることが多いようだ。歴史的には都市部で始まったこのような「学校の隔離」は、今日では工業地帯の小都市や、大規模な難民センターがおかれる地方の農村部においてもみられ（Peters et al. 2011）、学校間格差の大きな要因の一つとなっている。

5.2 在籍児童の「家庭背景」に応じた国家予算配分

　まずは、政府の財政支出における教育費を見てみると次のようになっている。就学前から高等教育までの合計は2017年で約380億ユーロ（2019年4月現在、1ユーロ＝約125円）、これは対GDP比で5.2%である。このうち、就学前と初等教育の合計は同年で約108億ユーロ、中等教育の合計は約154億ユーロ、職業訓練や大学を含む高等教育の合計は約117億ユーロとなっている。すなわち、就学前と初等教育への財政支出の合計は高等教育へのそれとほぼ同等であることがわかる（CBS/OECD指標2019）。なお、同年（2017/18年度）の小学校児童数は約152万人であった。

　小学校について、日本では学校管理費や教育振興費にあたる学校の運営費の仕組みを確認しておくと、国家的な「教育的不利対策」（Onderwijsachterstandenbeleid: OAB）の要であるとされる、オランダ固有のユニークな「加重予算システム（Gewichtenregeling）」が特徴的である（Driessen 2017; Ladd and Fiske 2009a,b etc.）。1984年から導入されたこのシステムによって、各学校へは在籍児童の家庭背景、すなわち社会経済文化的不利の度合いによって係数がかけられ、配分額が算出される。小学校が管理する運営費のうち約90%を、国庫から支出されるこの加重予算によるものが占める。

　導入当初は、「不利」を表す指標は「保護者学歴」「職業分類」「エスニシティ」の3つの観点で、不利の程度に応じて0.25, 0.9, 1.9が乗じて1人当たりに配分される予算が算出された。2006年にはこの係数が変更され段階を経

表7-3　2017/18年度における移民背景別の加算児童数

		合計	オランダ人（3世以降の移民含む）	移民1世および2世			移民背景不明
				西洋系	非西洋系	計	
加算なし		1,295,490	996,084	101,887	192,991	294,878	458
加算あり	0.3	60,650	40,254	4,953	15,032	19,985	411
	1.2	58,207	6,837	4,971	45,431	50,402	968
加算あり合計		118,857	47,091	9,924	60,463	70,387	1,379
全児童数（特別支援学校除く）		1,414,347	1,043,175			365,265	5,907

出典：CBS http://www.cbs.nl 最新データから筆者作成（最終閲覧日 2019/2/20）。

て完全施行され、現在では0.3, 1.2となった。同時に、指標は「保護者学歴」のみとなった（CFI 2006）。このようにして追加の予算が配分された子どもたちは「0.3児童」「1.2児童」と分類され、各種対策や研究の際の変数として用いられる。「1.2児童」への配分額は、係数のない子どもに較べると概ね2倍となる。アメリカのLadd and Fiske（2009a, 2009b）も指摘するように、マイノリティの不利克服政策として導入当初から注目を浴びているシステムである。しかし今日、唯一の指標としての保護者学歴の予測的妥当性が低下していることをドリーセン（Driessen 2017）が検証ののちに指摘しており、実際のテスト結果や教師の観察による子どものパフォーマンスが考慮されるような運用方法が提案されている。

　表7-3は、移民背景別に加算の有無と程度について整理したものである。ここからわかるように、移民1世および2世の子どもの「加算あり」の合計は約7万人と、「加算あり」全体の59％を占める。なかでも、約7万人の移民のうち約6万人、つまり約86％が「非西洋系」の子どもであることがわかる。特に不利の度合いが高い「1.2児童」に着目してみると約5万人のうち約4万5000人、実に約90％を「非西洋系」が占めている。すなわち、オランダ人（3世以降の移民も含む）の子どもや、「西洋系」移民の子どもに比べると、「非西洋系」移民の子どもの保護者学歴が相当に低いことが見てとれる。

6. 人口動態の多様化に伴う教育優先政策の経緯

　第2節で述べたように、今日のオランダにおける社会文化的多様性は、おもに第二次世界大戦以降に流入した移民や難民の増加によるところが大きい。過去数十年にわたり、これらの人々の子孫への教育施策は、教育的不利を抱えるオランダ人の子どもへの施策と並行して試行錯誤を繰り返してきた。ここでは、いくつか中心となるポイントを押さえながらおもな流れを整理しておきたい。先述したように、オランダ社会と文化・習慣が大きく乖離している「非西洋系」移民・難民の背景をもつ子どもは、今日ではもはや少数派ではなくなっていることを念頭において見ていただきたい。

　移民・難民の背景をもつ子どもの存在が、学校現場においてそれほど大きな課題として顕在化していなかった戦後まもなくの頃は、移民子孫への「文化的マイノリティ政策（Culturele Minderhedenbeleid）」と労働者階級のオランダ人子孫への「二重アプローチ戦略」がとられた。政府は、「ゲストワーカー」として受け入れた移民がオランダ社会に滞在するのは一時的なものと想定し、オランダ社会への一定程度の統合を目指すとともに、「母国への帰国後」を念頭においた対策に重点がおかれた（Driessen 2005, 2012a etc.）。

　ここで労働者階級のオランダ人とは、おもに都市部の労働者階級、農村部の第一次産業従事者、閉鎖炭鉱における旧炭鉱業従事者を指す。家庭や地域におけるフォーマルな言語使用の欠落、文化資本の欠如等、「文化的剥奪／欠如」理論の枠組みをもとにプログラムが実施された。この頃はおもに社会情緒的な観点が重視され、学校間の協力や、学校と他の福祉施設や機関（チャイルドケアセンター、図書館等）との協働、地域と学校の連携強化が謳われた。一方で、言語や算数等の学力到達度についてはそれほど重視されなかったとされる。しかしながら同時に、コホート研究に向けたデータの収集は、ネイティブオランダ人の子どもに限ると1965年から既に開始されていた（Guiraudon et al. 2005）。

　他方で移民子孫へは、「母語保障」と「母語による教科指導」を中心とした母言語・文化教育（Onderwijs in Eigen Taal en Cultuur: OETC）に焦点化され、オランダ語力に関しては、あくまでも第二言語としてのオランダ語（Nederlands als Tweede Taal) という位置付けであった (Driessen 2000, 2005)。

　しかし 1980 年代前半のオランダ社会は、「ゲストワーカー」や旧植民地からの大規模な移住者が、母国へはもはや帰国しないという現実に直面した。合法的にオランダに滞在していた人々は本国から家族を呼び寄せる権利を有し、また、結婚を目的にトルコやモロッコから多くの独身女性が新たに呼び寄せられた。1960～1970 年代に大規模に受け入れられたトルコ、モロッコからの「ゲストワーカー」は若年層の男性であったため、これらの人々の子どもが一斉に学齢期を迎え始めたのがこの時期である。これによって政府の教育優先政策は、移民子孫への対策に大きくシフトすることとなった。これらの「ゲストワーカー」とその配偶者は一般に低学歴であり、母語においても非識字者が少なくないことでも知られる (Driessen 2005)。

　この頃から次第に、「文化的マイノリティ政策」は文化・宗教的に異なる背景をもつ子どもがオランダ社会に十全に参加できるようになること、すなわち「移民の社会統合」が目指されるようになった。同時に、移民子孫への手厚い対策に比して、労働者階級のオランダ人の子どもにはその必要性にもかかわらず十分な対策がなされなかったことから、研究者らが「忘れさられたオランダ人（Vergeten Nederlandse）」[6]と指摘するようになった。

　これらをうけて 1985 年頃から、教育優先政策は文化的マイノリティへの対策と労働者階級のオランダ人への対策の統合が図られた。両者の抱える教育的不利は、家庭における「文化資本や言語資本の欠落」といった類似した要因、すなわち社会階層に起因するものであるという研究的知見にもとづくものであったとされる (Driessen 2012a; Driessen and Dekker 2008 etc.)。幼稚園と小学校が統合され初等教育が 8 年制になったのも 1985 年であり、義務教育の年限が 5 歳からとなった。換言すれば、家庭での教育が不十分な子どもへの「学校での教育」が期待された。また、2 歳半から週 2 日間のオランダ語保育が国庫負担によって無料で提供されはじめたのもこの時期である。学齢期途中に新来する移民の子どもには、オランダ語習得のための追加授業が正式に制度化され、先述の「加重予算システム」が導入されたのもこの時期である。

　しかし 90 年代に入ると、先に述べた「その他の非西洋系」グループが大規模に流入しはじめる。1998 年には新規入国者統合法（Wet Inburgering

Nieukomers: WIN）が施行され、移民が自立したオランダ市民として社会参加できるようになることが明示された。同年の教育的不利対策の開始とともに、従来からの教育的不利「削減」への取り組みは、その「予防」へと焦点がシフトした（Driessen 2012b）。さらに、新規入国者統合法は2007年に市民統合法（Wet Inburgering）に改定され、市民性の条件として「オランダ語力」の重要性が明確にされるなど、急進的な移民政策へと舵を切った。これまでの「寛容」な多文化主義から、より同化的な統合主義へと政策転換したオランダのこの間の動きは、水島（2012）も指摘するように、移民の社会的包摂を目的に「排除」を励行するという徹底した政策で知られている。

この流れの中で、2000年から施行された「就学前および初等教育初期段階教育政策（Voor- en Vroegschoolse Educatie: VVE）」は、とくに社会経済的に不利な環境にある家庭の0～7歳までの子どもを対象に、包括的な補償教育プログラムを提供するというものである。乳幼児段階での言語力欠如の早期発見と対策を目的とした2.5～4歳児向けのオランダ語保育も、市町村レベルでの責任のもと、今も就学前プログラムの中心的な存在となっている（Eurydice 2018）。

7. おわりに——近年の動向

今日、国境を越える人の移動は、数の増大とともに質的にもきわめて多様化している。シェンゲン域内の自由移動によって、旧植民地からの移住者ではなく永住を希望する移民労働者でもない、また内戦や戦禍を逃れてくる難民でもない、比較的短期で「転々と出稼ぎを続ける人々」が増加しているのである。このような人々の移動は、今後一層活発化することが想定される。第14章の舞台となるロッテルダムでも港湾労働に従事する東欧諸国からの人々が増加しており、そういった地域ではオランダ人住民が転出し、「居住地の隔離」が進行する事態となっている。元来オランダにおける「居住地の隔離」は首都アムステルダムで深刻であったことから、アムステルダム大学の研究者らを中心として、学校教育と関連した課題が古くから教育研究の大きなテーマとなっていた（Karsten 1994; Karsten et al. 2003; Karsten et al. 2006 etc.）。今日ではこれがロッテルダムにおいても深刻化している。

地域にオランダ人の子どもがほとんどいなくなるという事態と、小学校からの「学校選択」制度は、「学校の隔離」という複合的な悪循環を生み出す。学校間格差の拡大も懸念され、終わりなきチャレンジに直面するリスクが想定される。また、このような地域に居住する子どもたちは、地域でも学校でもオランダ人の子どもと出会う機会がないにもかかわらず、オランダ社会の「次世代を担う子どもたち」なのである。第14章では、こういった地域にある小学校での具体的な日々の教育活動を見ていくことにしよう。

❖注

▶ 1　オランダにおける移民の定義は、1世：本人は外国生まれ、かつ少なくとも親のどちらか一方が外国生まれ、2世：本人はオランダ生まれ、かつ少なくとも親のどちらか一方が外国生まれとなっている（CBS 2018a）。3世からは自動的にオランダ国籍となり、統計上も移民には含まれないが、本稿のテーマの性格上、「移民の背景をもつ子ども」という場合はこれらの子どもを含む。

▶ 2　スリナムおよび旧オランダ領アンティルからの人々は旧植民地からの移住者、トルコおよびモロッコからの人々は、第二次世界大戦後の復興期に労働者不足に伴う政府間協定によって、政策的に受け入れられた「ゲストワーカー」。

▶ 3　「非西洋系」移民の定義は起源国の社会経済的・文化的背景のオランダ社会への類似の程度（社会経済的・文化的距離）によってなされ、以下のとおり。トルコ、アフリカのすべての国、ラテンアメリカのすべての国、アジアのすべての国（ただしインドネシアと日本を除く）の背景をもつオランダへの移住者（1999年8月改正）。アラビア半島や中東諸国もすべて「非西洋系」に含まれる。（CBS（2019a）を参考に筆者加筆）

▶ 4　移民の背景をもつ／もたないの区分として、オランダ人を国内で一般的に使用される表記 'Autochtone Nederlanders' に倣い、「ネイティブオランダ人」または単に「オランダ人」と表記する。ただし、この中には定義上の移民に含まれない3世以降も含まれていることには留意されたい。

▶ 5　Centraal Instituut voor Testontwikkeling（中央テスト開発機構）によって実施される学力テスト「CITO-toet」、通称「シト」。

▶ 6　都市部の労働者階級、北部の農業従事者、南部の閉鎖炭鉱業従事者に加え、少数言語話者においても、数々の研究から子どもの低学力が指摘される。オランダ国内における少数言語は「ヨーロッパ地方言語・少数言語憲章（European Charter for Regional or Minority Languages: ECRML）」で承認・保護されている、フリジア語、低サクソン語、リ

ンブルフ語の3言語を指し、フリジア語は承認レベルが最高の [III] に分類され、当該地域ではこの言語の正式使用が義務付けられている。国内における地域的公用語としての位置付けであり、この地域の人々は基本的には二言語話者である。一方で後者の二言語は承認レベル [II] に分類され、第一言語として選択することは認められていない（Driessen 2005; 梶ら 2009）。

❖参考文献

CBS（2018a）(https://www.cbs.nl/nl-nl/achtergrond/2018/47/bevolking（最終閲覧日 2019/05/02）

CBS（2018b）"Jaarrapport Integratie," CBS.

CBS（2019a）https://www.cbs.nl/en-gb/our-services/methods/definitions?tab=p#id=person-with-a-non-western-migration-background（最終閲覧日 2019/05/01）

CBS（2019b）(https://statline.cbs.nl/Statweb（最終閲覧日 2019/05/02）

CBS/OECD指標: https://opendata.cbs.nl/statline/#/CBS/en/dataset/80393eng/table?ts=1556853761577（最終閲覧日 2019/05/03）

CFI（Centrale Financiën Instellingen）（2006）"Nieuwe gewichtenregeling basisonderwijs in het basisonderwijs," Zoetermeer: CFI.

Driessen, G.（2000）"The limits of educational policy and practice? The case of ethnic minorities in The Netherlands," *Comparative education*, 36（1）, pp.55-72.

Driessen, G.（2005）"From cure to curse: The rise and fall of bilingual education programs in the Netherlands," in Arbeitsstelle Interkulturelle Konflikte und gesellschaftliche Integration (AKI)（ed.）, *The Effectiveness of Bilingual School Programs for Immigrant Children*, Wissenschaftszentrum Berlin für Sozialforschung (WZB) Berlin, Germany, pp.77-107.

Driessen, G.（2012a）"Combating ethnic educational disadvantage in the Netherlands. An analysis of policies and effects.," in C. Kassimeris & M. Vryonides（Eds.）, *The Politics of Education -Challenging multiculturalism-*, New York: Routledge, pp.31-51.

Driessen, G.（2012b）"Trends in Educational Disadvantage in Dutch Elementary School," *Paper presented at the Annual Meeting of AERA*, Vancouver, BC, Canada, April 13-17, 2012.

Driessen, G. and Dekkers, H.（2008）"Dutch Policies on Socio-Economic and Ethnic Inequality in Education," *International Social Science Journal*, V59, n193-194, pp.449-464.

Driessen, G.（2017）"The Validity of Educational Disadvantage Policy Indicators," *Educational Policy Analysis and Strategic Research*, 12（2）, pp.93-110.

Driessen, G.（2018）"Early Childhood Education Intervention Programs in the Netherlands: Still Searching for Empirical Evidence", *Education Sciences*, 8（1）:3.

European Commission（European Web Site on Integration: Migrant Integration Information and good practices）https://ec.europa.eu/migrant-integration/home（最終閲覧日

2019/04/30）
Eurostat (2018) "Migrant integration statistics", Eurostat: Luxembourg.
Eurydice (2018) "Compulsory Education in Europe 2018/2019", Brussels: Eurydice.
Frankowski, A. et al. (2018), "Dilemmas of central governance and distributed autonomy in education," *OECD Education Working Papers*, No. 189, OECD Publishing, Paris.
Guiraudon, V., Phalet, K. and ter Wal, J. (2005) "Monitoring ethnic Minorities in the Netherlands," *International Social Science Journal*, 57 (183), pp.75-87.
梶 茂樹・中島由美・林 徹編 (2009)『事典 世界のことば141』大修館書店。
Karsten, S. (1994) "Policy on ethnic segregation in a system of choice: the case of The Netherlands," *Journal of Education Policy*, 9 (3), pp.211-225.
Karsten, S. (2006) "Policies for disadvantaged children under scrutiny: The Dutch policy compared with policies in France, England, Flanders, and the U.S.A", *Comparative Education*, 42 (2), pp.261-82.
Karsten, S., Ledoux, G, Roeleveld, J., Felix, C. and Elshof, D. (2003) "School choice and ethnic segregation", *Educational Policy*, 17 (4), pp.452-477.
Karsten, S., Felix, C., Ledoux, G., Meijnen, W., Roeleveld, J. and van Schooten, E. (2006) "Choosing segregation or Integration? –The extent and effects of ethnic segregation in Dutch cities–," *Education and urban society*, 38 (2), pp.228-247.
Kloprogge, J. "Social exclusion in the Netherlands: Discussion and initiatives," Sardes Educational Services: Utrecht. http://www.oecd.org/education/innovation-education/1856931.pdf（最終閲覧日 2019/05/01）
Ladd, H. and Fiske, E. (2009a) "The Dutch experience with weighted student funding: Some lessons for the U.S.", Available as a working paper of the Sanford School of Public Policy, Duke University, Durham, NC.
Ladd, H. and Fiske, E. (2009b) "Weighted Student Funding for Primary schools: An Analysis of the Dutch Experience." Available as a working paper of the Sanford School of Public Policy, Duke University, Durham, NC.
Merry, M. and Karsten, S. (2011) "Pluralism and segregation: the Dutch experience," *Diversity and Education for Liberation: Realities, Possibilities, and Problems*, Canadian Issues, pp.83-86.
Ministerie van Onderwijs, Cultuur en Wetenschap　https://www.rijksoverheid.nl/ministeries/ministerie-van-onderwijs-cultuur-en-wetenschap（最終閲覧日 2019/05/01）
水島治郎 (2012)『反転する福祉国家　オランダモデルの光と影』岩波書店。
OECD (2016) "Netherlands 2016: Foundations for the future," Paris: OECD
OECD (2018) "Education at a Glance 2018: OECD Indicators," OECD Publishing, Paris. http://dx.doi.org/10.1787/eag-2018-en（最終閲覧日 2019/05/01）
OECD (2015=2017) 布川あゆみ・木下江美・斎藤里美監訳『移民の子どもと学校──統合を支える教育政策』明石書店。
OECD (2019) http://www.oecd.org/education/innovation-education/1856931.pdf （最終

閲覧日 2019/05/01)

Peters, D., and Muskens, G.（2011）"Ethnic School Segregation Exists: Possibilities for Counteracting Measures," *The Open Education Journal*, 4,（Suppl 2-M5）pp.158-163.

リヒテルズ直子（2004）『オランダの教育 ――多様性が一人ひとりの子供を育てる』平凡社

リヒテルズ直子（2006）『オランダの個別教育はなぜ成功したのか』平凡社。

リヒテルズ直子（2010）『オランダの共生教育――学校が＜公共心＞を育てる』平凡社。

SCP（Sociaal en Cultureel Planbureau）（2016）"Summary Poverty on the Cards 2016," SCP.

SCP/CBS（2016）"Emancipatiemonitor 2016", SCP/CBS.

末岡加奈子（2014）「グローバル化時代における貧困予防としての「言語力」――オランダの非西洋系児童集中校の事例から」『教育学研究』No.81, vol.2, pp.200-213.

van Amersfoort, H. and van Niekerk, M.（2006）"Immigration as a colonial inheritance: Post-colonial immigrants in the Netherlands, 1945-2002", *Journal of Ethnic and Migration Studies*, 32, pp.323-346.

結城忠（2009）『教育の自治・分権と学校法則』東信堂。

Zaragoza declaration 2010, https://ec.europa.eu/migrant-integration/librarydoc/declaration-of-the-european-ministerial-conference-on-integration-zaragoza-15-16-april-2010（最終閲覧日 2019/04/28）

第Ⅱ部

各国のしんどい小学校はどのようにガンバっているのか？

第8章

シンガポール

世界トップレベルの学力を誇る
シンガポールのしんどい学校
ネイバーフッドスクール・マーライオン小学校の場合

シム チュン・キャット

　この章では、第Ⅰ部で概観したシンガポールの教育事情を踏まえて、同国のとあるしんどいネイバーフッドスクールで行った調査の結果をもとに、高学力国における低学力児童への学習促進と支援体制およびその学校生活と課題をミクロレベルで見ていく。

1. はじめに——ネイバーフッドスクールの特徴

　ネイバーフッドスクールと言えば、その立地が街の中心部から離れ公営住宅が立ち並ぶ地域にあるだけでなく、伝統と実績のある全国区の名門校であるブランドネーム・エリートスクールとは違い、児童の学力に関しても名門校との間に大きな隔たりがあるイメージを与える (Tan 2016)。確かに、シンガポールでは小学校に入学するに際して、兄姉がすでに同じ学校に通っている場合、また保護者もしくは兄姉が同校の卒業生である場合、あるいは学校への保護者の貢献度が高い場合において入学優先順位が高くなる政策が取られており、社会的に優位な家庭には有利に働くかもしれない。ただ、成績のような「客観的」な選抜指標がないために、学校間の学力差がイメージほど顕著であると一概には言えない。

　2017年現在、全国にある185校の小学校の中に名門校はその一部でしかなく、

ほとんどがネイバーフッドスクールだと考えて差し支えない。加えて、「すべての学校は良い学校に」という教育方針のもとで、学校間の差異縮小化が進められてきたことも特筆に値する。

とはいうものの、名門校に通う子どもを除けば、通学の便からほとんどの児童が近隣の学校に入学すると考えられるゆえに、ネイバーフッドスクールの特色と課題はそのネイバーフッド、即ち地域によって違ってくることは想像に難くない。本調査の対象であるマーライオン小学校（仮名）はまさにその地域性によって、ほかの小学校とは異なる課題を抱えることになる。

余談ではあるが、シンガポールの学校で調査を行うことは決して簡単なことではない。マーライオン小学校にたどり着くまでの道のりは、実に困難を極めた。研究者は、まず調査のタイトル、目的、背景、対象、方法、期間などを含む調査計画書を作成したうえ教育省に提出し、許可が下りれば半年以内に自ら選定した対象校の校長と交渉しなければならない。半年過ぎても対象校が見つからない場合は、調査有効期間の延長もしくは許可の再申請が必要となる。言い換えれば、教育省が許可しても最終的裁量権を持つ校長が首を縦に振らなければ、調査は成立しない。その意味で、本調査が可能になったことは奇跡に近く、マーライオン小学校の校長にいくら感謝しても足りない思いである。

それでは、その貴重な対象校であるマーライオン小学校についてまず簡単に説明しよう。

2. 調査対象マーライオン小学校の特色

シンガポール北西部のSエリアに位置するマーライオン小学校は同エリア内にある8校のネイバーフッドスクールの中の1校である。ところで、シンガポールでは、民族統合政策の一環として特定の民族がある地域に集中しないよう公営住宅における各エリアや各棟の民族ごとの割り当て枠の上限が設けられている[1]。とはいえ、マーライオン小学校の所在するSエリア内のMサブゾーンには、マレー系が通うモスクとインド系のためのヒンズー教寺院がすぐ近くにあるぐらいマイノリティ民族が多く居住している。加えて、同校が1970年代にマレー系の民族学校と合併した経緯もあることから、非華人系の

表8-1 シンガポールにおける住宅タイプ別人口分布（国民と永住者のみ）(%)

	公営住宅				コンドミニアム	土地付き戸建て住宅	その他
	1-2LDK	3LDK	4LDK	5LDK以上			
Mサブゾーン	7.4	15.9	43.2	32.5	0.8	0	0.2
Sエリア	2.6	3.8	42.9	39.9	9.2	1.3	0.3
全国	4.3	14.6	33.3	26.6	14.1	6.2	0.9

出典：Department of Statistics, Singapore, Population Trends 2018（DOS 2018）をもとに筆者が作成。

マイノリティ児童が多数在籍していることは、校内に足を一歩踏み入れるとすぐに気づくほど明らかである。

なお、Mサブゾーンには比較的低所得層が住む1～3LDKの公営住宅が多いことも、**表8-1**で示した、シンガポール統計局のデータを見れば一目瞭然である。

さらに付け加えると、マーライオン小学校には外国籍児童も多くいることも調査でわかった。外国籍児童は小学校への入学優先順位の最下位に割り当てられ[2]、つまり、国民もしくは永住者の児童が全員入学を決めた時点でなお定員が埋まらない小学校へのみ外国籍児童は入学可能である。換言すれば、外国籍児童の多い小学校は地元の保護者に人気のない学校ということになる。各校における外国籍児童の在籍状況が公表されないのもこのためだ。

マーライオン小学校校長の話によれば、しんどいイメージがあり、それほど人気のない同校にはアセアンや中国から来た外国人児童が多く、またインド人、韓国人と日本人の児童もいるとのことだった。ただ、第1章でも触れたように、これら外国籍児童は、比較的収入レベルが高く専門性のある高度外国人材の子どもであることを想起されたい。

3. 調査対象と方法

本調査は、2017年の3月末にマーライオン小学校で集中的に行われた。5日間にわたった調査では、授業観察のほかに、校長、教科主任、教員および成績が振るわない4年生児童を対象としたインタビュー調査も実施された。調査の焦点を4年生に絞ったのは、同学年が小学校5年次からスタートする教科ごと習熟度別クラス編成の前段階に当たるクリティカルな時期であるばかりでなく、

同学年を対象とした国際学力比較調査 TIMSS で常に高順位を維持してきたシンガポールにおける少数派の低学力児童が直面している課題とその対応策を明らかにする、という目的もあるからである。そのため、マーライオン小学校での調査は、低学力層が集まる4年3組と4組の児童、授業および担当教員を対象とした。

校長、教科主任と教員を対象とした個別インタビューの質問内容は、シンガポールの教育政策についての考え方をはじめ、低学力児童に関する学習指導の課題および近年の変化などが中心であった。他方、児童1人ひとりへのインタビューの内容に関しては、家庭環境、学校生活、学習習慣、成績と学力についての考え方など多岐にわたった。さらに、2018年と2019年の3月にもマーライオン小学校を訪ね、調査対象児童のその後の進級状況、学習態度の変化や進路選択について追跡調査を行った。

ところで、4学級あるマーライオン小学校の4年次において3組と4組だけに低学力児童が集まっていることは、同校では5年次が始まる前にすでに教科ごと習熟度別クラス編成が行われていることを意味する。シンガポールに関する第1章でも見た通り、学校教育の各段階の「出口」に全国共通試験があり、よって教育の質と効果をチェックできるため、学校の運営と管理に関しては、校長の権限と裁量権が広く認められている。**表8-2**が示すように、教員の採用、配置や解雇だけにとどまらず、どのような生徒を入学させるか、あるいはどのような学級編成、学習プログラムや部活動をどれくらいの予算で実施・強化するかは、校長の判断によって決定される場合が多い。また冒頭で述べた通り、シンガポールの学校で調査を行うに際して、たとえ教育省による承認が得られたとしても、校長が首を縦に振らなければその実施が非常に困難であることもまさに校長の裁量権の高さ所以である。

表8-2　校長のリーダーシップの責務について（％）

	教員の任命と採用にかかわっている	教員の免職と停職にかかわっている	生徒の入学許可にかかわっている	学校の予算配分にかかわっている
シンガポール	36.8	31.5	66.3	69.7
日本	7	9.1	17.5	26.2
参加国平均	39	29.5	36.9	46.7

出典：OECD 国際教員指導環境調査（TALIS 2013）をもとに筆者が作成。

さて、本調査の対象校で、しんどい学校であるマーライオン小学校の内部へご案内しよう。

4. マーライオン小学校4年生児童のスクールライフ

4.1 小学校の学期区分

四季のないシンガポールの学校の新学年は1月から始まり、学期と長期休みのスクールホリデーは表8-3の通りである。本調査の実施期間、即ち2017年から2019年までの各年の3月末はちょうど一学期の期末テストの成績が知らされる、二学期の最初の一週間目に当たることになる。

表8-3 シンガポールの小学校における2019年の学期とスクールホリデー

一学期	1月2（水）〜3月15日（金）	10週間
スクールホリデー	3月16（土）〜3月24日（日）	1週間
二学期	3月25（月）〜5月31日（金）	10週間
スクールホリデー	6月1日（土）〜6月30日（日）	4週間
三学期	7月1日（月）〜9月6日（金）	10週間
スクールホリデー	9月7日（土）〜9月15日（日）	1週間
四学期	9月16日（月）〜11月15日（金）	10週間
スクールホリデー	11月16日（土）〜12月31日（火）	6週間

出典：シンガポール教育省ホームページをもとに筆者が作成。
https://www.moe.gov.sg/education/school-terms-and-holidays#pri-sec-sch-term-2019 （最終閲覧日 2019/4/30）

4.2 一週間の時間割表

本調査の対象クラスの一つである4年3組の一週間の時間割表を表8-4に示した。シンガポールでは、大人の通勤ラッシュアワーと重ならないように、また仕事を持つ保護者が子どもを学校へ送ることができるように、学校の朝はとにかく早い。児童たちは朝7時20分に始まる朝礼集会の前に登校しなければならず、そして授業は7時半からスタートする。

母語と人格・市民教育の授業以外は、すべての教科の教授言語は英語となっ

表8-4　4年3組の週間時間割表

	月	火	水	木	金
7:20	朝礼集会	朝礼集会	朝礼集会	朝礼集会	朝礼集会
7:30	算数	算数	英語	理科	母語
8:00	算数	算数	英語	理科	母語
8:30	算数	社会	英語	体育	英語
9:00	休憩				
9:30	人格・市民教育	人格・市民教育	母語	図工	英語
10:00	人格・市民教育	母語	母語	図工	英語
10:30	英語	母語	算数	集会	体育
11:00	英語	理科	算数	担任ガイダンス	体育
11:30	英語	英語	体育	担任ガイダンス	算数
12:00	社会	英語	体育	ランチ	算数
12:30	音楽	英語	理科実験	母語	掃除
13:00	音楽	英語	理科実験	母語	
13:30				算数	
14:00				算数	
14:30	クラスによって14:15から1時間の補習時間	クラスによって14:15から2時間の補習時間		14:45から2時間の部活動や課外活動	

注：補習時間を含まないコマ数（1コマ＝30分）　英語：13、算数：11、母語：8、理科：5、体育：5、人格・市民教育（母語による教授）：3、社会：2、音楽：2、図工：2、担任ガイダンス：2
出典：マーライオン小学校による資料をもとに筆者が作成。

ているために当然英語が非常に重要な科目となり、週に13コマも当てられていることが表からわかる。英語に次いで週間コマ数が多いのが、算数の11コマと母語の8コマである。実際に、この三科目が小学校4年次の学習の柱をなしている。次節で詳しく述べる本調査の授業観察がこの三科目にスポットを当てたのも、この点が根拠になっている。

また、クラスを問わず、母語と人格・市民教育が同じ日時に行われることもここで強調しておきたい。これは、同じクラスに在籍している、異なる民族の児童が同じ曜日と時間帯にそれぞれの母語で行われる授業の教室へ移動できるように配慮されているためである。

さらに、包括的な学習を確立すべくマーライオン小学校では3年次から必須とされる部活動や課外活動に木曜日の午後が当てられている。加えて、クラスによっては月曜日と火曜日の午後にも補習時間が確保されていることにも注目されたい。習熟度別学習を重視するシンガポールでは、無論、補習授業の内容とレベルはクラスによって違ってくる。

4.3 児童たちの一日

調査期間中の毎朝、日が昇る前に近所に住む子どもたちは徒歩で学校へ向かい、保護者の車やスクールバスで登校する児童も少なくなかった。ネイバーフッドスクールであるマーライオン小学校だからこそ車の交通量がそれほど多くない。これが名門校ともなると、シンガポールでは毎朝見慣れた光景として、学校の近辺で車が長蛇の列をつくり渋滞を引き起こす。

朝礼集会が行われるホールに早朝から多くの子どもが静かに読書や勉強をしていて、ステージの壁には「良い習慣：そっと歩き、速やかに座り、黙って読書し、他人の邪魔をしない」という大きな文字がプロジェクターに大きく映し出されていた（**写真8-1**）。

7時20分になると朝礼が始まり、プロジェクターで映し出されたはためく国旗に向かって、国歌（国語のマレー語）と国への忠誠の誓い（英語）が唱和された。その後、担当教員が訓話や髪型などの注意を行った。それに続いて代表児童がステージに上がり、その日の連絡事項や行事予定を確認した後に「今日のメッセージ」を大きな声で全校児童に伝えた。メッセージの内容は日によって変わり、その中で筆者が最も驚かされたのは「我々に責任があるとされることになるのは、我々がすることだけではなく、我々がしなかったことも含まれる」という17世紀フランスの劇作家モリエールの言葉であった。

写真8-1　早朝に行われる朝礼集会の様子
出典：筆者撮影。

集会の後、児童たちはそれぞれの教室へ、わいわいしゃべりながら楽しそうに向かっていった。同じ頃、学校のあちこちに廊下や階段、道路を掃除している委託業者の清掃員の姿が見えた。清掃員の多くは低賃金の外国人労働者であるため、家族を

伴っての出稼ぎはできず、つまり彼らの子どもたちは彼らが毎日きれいにしているマーライオン小学校に入学することはない。

　民族や宗教によって食のタブーが異なるゆえに、シンガポールの学校に給食制度はない。その代りに食堂があり、価格も政府による補助金で低く抑えられている。休憩やランチの時間になると食堂は児童たちでごった返し、各々お小遣いでいくつかある店から好きなものを買って好きな席で好きな友だちと食べる。マイノリティ民族の多いマーライオン小学校では、マレー料理とインド料理が一般より多いことが印象に残る。そして、子どもたちの食事がそろそろ終わる頃に、食堂内の掃除を始めるのはもちろん委託業者の清掃員である。

　筆者が調査の合間に食堂で休憩をしていたときに、店を営んでいるＺさんと話す機会を得た。華人系のＺさんは華人系の料理はもとより、イスラム教のマレー系・インド系児童のためのハラルフードも販売している。そのため、ハラルフードを取り扱うイスラム教徒の店員を１人雇わなければならないと彼は話してくれた。

　また、Ｚさんの店に限らず、食堂のすべての店には小型ノートパソコンのような「自動化朝食電子クーポン」という装置が備えられている。Ｚさんの話によると、貧困層児童にだけクーポンカードが配られ、学校がある日のみ一食につきＳ＄２（Ｓ＄＝シンガポールドル、2019年４月現在、Ｓ＄１＝￥80強）、補習時間や課外活動のある日ならランチも含めＳ＄４が電子マネーで支給されるそうだ。装置は電子マネーの金額を管理するものである。

　子どもに支給額を貯めさせて週末前にパンなどの食べ物のまとめ買いをさせる保護者がいたことから、金額は今では翌日への繰り越しができなくなったと、Ｚさんは苦笑しながら付け加えた。マーライオン小学校では、このクーポンカードを持っているのは全児童数の約３割であるとＺさんは推測し、これは全国平均より高い数字である。また、彼らの多くがマイノリティ民族であるとＺさんは指摘した。シンガポールでは、経済的支援を受けている児童の学校ごとの割合は公表されないものの、その人数がマーライオン小学校では非常に多いことが伺える。

　児童が集まってくる食堂には、各科目に関するクイズや学習に役立つ情報が大量に貼ってある掲示板が目に付く。各階段の壁にもきれいな絵が描かれ、ト

● 第Ⅱ部　各国のしんどい小学校はどのようにガンバっているのか？ ●

写真8-2　トイレのドアにも知識の情報が満載
出典：筆者撮影。

イレの中まで動物の絵とその習性に関する知識が書いてある。さらに、食堂の壁にはヘルシーライフスタイルの実践を促す「健康生活を一生続けよう」の目標がかわいい絵で説明されており、児童が必ず通る廊下にも「自信のあるコミュニケーターに」「健康な個人に」「適応性のあるリーダーに」「模範となる市民に」や「情熱のある学習者に」といった大きな文字が掲げられている。

　木曜日の朝10時半には講演などを含む特別活動を行うための週1回の全校集会があり、筆者が見学したときはバンドグループによる音楽ライブが開催され、ディズニー映画のテーマソングなど子ども受けする数々のヒット曲に児童たちは大いに盛り上がった。

　「掃除」の時間は金曜日の午後12時半にだけ設けてあり、ただ児童たちの担当エリアは教室の中やそのすぐ外の廊下と窓拭きぐらいで、例えば母語の授業が行われる共用の教室の清潔さを保っているのはやはり委託業者の清掃員であった。

5. マーライオン小学校の授業風景

　母語教科主任の話によると、4年次のクラス分けについては、英語も算数も得意な児童は1組へ、算数ができる子は2組へ、そして両方ともしんどい子は3組か4組へと振り分けられるそうだ。つまり、低学力児童が集まる3組と4組の間にそれほど差はないという。

5.1 英語クラス（4年3組、観察コマ数：8）

　小学校修了試験の科目である英語、算数、理科と母語のうちの三つの使用言

語が、母語を除けば、すべてが英語であることから、算数や理科の問題を正しく理解するには、ある程度の英語力が必要となってくる。それゆえに、「英語を制する者は受験を制す」とまでいかなくても、英語の習得がいかに重要であるかは改めて強調するまでもない。

しかし**表8-5**からわかるように、シンガポールでは英語が家で最も使用されている言語になってきたとはいえ、今なお約3分の2の世帯で英語が主要な使用言語ではない。それに、家での使用言語が英語といっても標準英語ではない、シンガポール訛りの英語シングリッシュである可能性も無きにしもあらず、である。とにかく、多くのシンガポール人にとって英語は母語である「マザータング」ではなく、学校に入ってから学ぶ「ティーチャータング」であることが理解されよう。児童の英語力が、学業とスクールライフ、ひいては将来の生活に及ぼす影響について以前から今日まで数多くの研究が指摘してきた所以もここにある（MacDougall & Chew1976; Pang 1982; 大原 1997; Leong 2002; シム 2009など）。

4年3組の英語クラスを観察して最初に受けた印象は、非華人系の児童が半数を超えていることに加え、2012年に15歳児を対象に実施されたPISAの生徒アンケート調査の結果通りに、シンガポールでは小学校でも「授業中は騒がしくて荒れている」「先生は、生徒が静まるまで長い時間待たなければならない」とのことだった。

ただし、それは授業の雰囲気が良好でないことを必ずしも意味せず、リラックスしているからこそ児童が気楽にお互い話し合ったり、教員に話しかけたりできるのではないかと思われた。その証拠に、教員が授業の始まりの合図を大

表8-5　家で最も使用されている言語（%）

	2000	2005	2010	2015
英語	23.0	28.1	32.3	36.9
中国標準語・華語	35.0	36.0	35.6	34.9
中国諸方言	23.8	18.2	14.3	12.2
マレー語	14.1	13.2	12.2	10.7
タミル語	3.2	3.1	3.3	3.3
その他	0.9	1.4	2.3	2.0

出典：Department of Statistics, General Household Survey 2015（DOS 2016）をもとに筆者が作成。

きな声でしたときや児童たちの注意を引くために卓上ベルを鳴らすたびに、クラスはすぐに静かになった[3]。

　筆者が観察した一連の英語授業は2人の教員（1人はマレー系、もう1人は華人系）が担当し、学習トピックは子どもが喜びそうな「アイスをつくろう」であった。教員はまずアイスの味、色、形、トッピングや材料などに関する英単語を、最初からグループごとに座る児童たちから聞き出しながら、ホワイトボードにまとめていく。それから、児童たちにそれぞれの専用ミニホワイトボードに同級生に買ってもらえそうなアイスを色とりどりのマーカーを用いて描かせる。このとき、児童たちが小さな声で英語を使って言葉を交わしながら、楽しく各々のアイスをデザインしていたことが思い出される。

　その後、グループごとに最も売れそうアイスが一つ選ばれ、それを描いた児童がグループの代表としてクラスの前に立って書画カメラに投影した自分のアイスを同級生たちに英語で売り込む（**写真8-3**）。それぞれの発表者に対して、教員からだけでなく同級生からも英語で「そのアイスはどこが特別なの？」「そのアイスを買いたくなるように説得して！」などの質問が飛ぶ。児童たちが間違った英語を使った場合には教員がそれを直したり「質問する前に文法をちゃんと考えて！」とたしなめたりし、逆に良い質問をした児童に対しては「面白い質問！」「素晴らしい！」とほめたりした。一方、児童たちが興奮してあまりにも騒々しいときには「何も聞こえないよ！」「話す前に手を挙げて！」などと叱った。

　発表終了後、教員は代表たちに対して前に立ったときの心境や聴衆にどう反応してほしいのかを聞いた。前者の質問には「緊張」や「不安」の言葉が出て、後者には「注意関心」や「励まし」の答えがあった。したがって、プレゼンテーションには聞き手の協力も必要なのだと、最後に教員がクラスの全員に強調したのが印象的だった。

　ついでながら、「不安」の言葉が出たときに、「皆、意味がわかるの？　どういうときに一番不安を感じる？」と教員がクラスに聞いたら「テストが返されるとき」と児童たち皆が大きな声で答え、その妙なリアル感に筆者も教員とともに笑ってしまった。

　続く翌日の授業では、アイスづくりに関する読解問題をグループごとに解

いていた。新しい英単語やその同意語および反意語についての説明が必要なときは、教員がホワイトボードの前に立って児童たちに質問し、面白い回答や珍回答が出たときにはクラスが笑いに包まれた。最後の授業では、1人の教員が教室内を歩き回りながら各グループに指導を行い、もう1人の教員は座ってある特定のグループだけに教えていた。

写真8-3　同級生が考案したアイスに関する発表を聞く児童たち
出典：筆者撮影。

このグループは一番英語力が低いと後で教えてもらった。また、英語の先生の話によると、グループは固定ではなく児童の学習進度と態度や児童間の関係性によって入れ替わったりすることもあるそうだ。

　ところで、マーライオン小学校の授業では、教科書ではなくクラスのレベルに合わせて児童が興味を示しそうな教材シリーズが使用されているそうだ。英語の先生の言葉を借りれば、「楽しさを通じて学習を促す」ことがその目的である。そのために、英語力の高いクラスでは、「アイスをつくろう」ではなく、よりレベルの高い学習トピックで英語を習うそうだ。

　また、教室の掲示板には個々の児童が書いてグループごとにまとめられた「クラスの目標」のポスターが掲げられていた。それぞれ書かれた異なる目標が、果たして「学級目標」になるのかはさておき、「頭が良くなりたい」「クレバーになりたい」や「ネバーギブアップ」などの文章が特に筆者の目を引いた。掲示板には絵入りのメッセージも貼ってあり、「皆と違ってもいい」や「声を上げてもいい」ならわかるとしても、「失敗してもいい」「レットイットゴー」となると、何か複雑な気持ちになってしまった。

　児童数31名の4年3組での英語授業観察について最後に付け加えるとすれば、それはほとんど毎日誰かが欠席していたことであった。

5.2 算数クラス（4年4組、観察コマ数：7）

　3組と同じく、4組も非華人系の児童が過半数で、授業に取り組むクラスの雰囲気も似たり寄ったりであった。そして、4組の算数クラスにも教員が2人いた（2人とも華人系）。

　教員の質問に児童たちは活発に反応し、真剣な話となると皆静かに聞いていた。その真剣な話というのは、前学期の期末テストでこのクラスからは合格者が1人もいなかったことであった。「不合格」を表現したときに、教員が右手で首を切る仕草をしていたのが印象に残った。よって、新学期の初日に当たるその日の3コマの授業は前学期に習っていたはずの「倍数の概念」の復習に当てられた。

　教員は最初に質問と答えが別々に書いてある紙を使って、倍数の正しい組み合わせをゲーム感覚でグループごとに分けられた児童たちに時間を競って選ばせた。教室内は大いに盛り上がったものの、できる子がリードして問題を解いていた印象を受けた。ゲームの後、教員は例題を用いて熱心に児童たちから反応と回答を引き出しつつ、もう一度「倍数の概念」についての説明を丁寧に行った。シンガポールでは小学校から教科担任制が取られているものの、算数担当の教員であっても児童の間違った英語をいちいち直していた。また、説明するのに教員が華語とマレー語を使用した場面も何度かあった。

　復習後、児童たちはもう一度前学期末のテスト問題にチャレンジした。2人の教員は教室内を歩き回りながら指導を行い、終わって手を挙げた児童から1人ずつの解答をチェックし、全部正解した児童に新しい問題のプリントを配った。一方、同じテスト問題でも四苦八苦する児童が多く、中には教員の見ていないところで紙くずを投げ合う児童もいた。

　翌日からの授業のトピックは「対称性」であった。教員はまず「中国式切り絵」の技を用いて、紙を半分に折ってハサミでチョキチョキと切り、終わったら紙を広げて出来上がった模様にはどのような特徴があるのかと児童たちに聞いた。「同じ大きさ」「同じ形」「左と右が同じ」などの返事が児童たちから返ってきた。続く授業では、教員の開口一番の言葉は「今日もゲームをやりたければ、ちゃんと話を聞いてね！」であった。それに釣られたせいか、児童た

ちは積極的にプロジェクターで映し出された例題に答えたり、宿題に取り組んだりしていた。後ろの席に座っていてずっと遊んでいた子は途中で別のグループに移された。

教員は児童たちの反応と様子を見ては、「説明がわかった人は手を挙げて！」と確認した

写真8-4　算数の教員の質問に積極的に反応する児童
出典：筆者撮影。

り、逆にちんぷんかんぷんな答えが返ってきたときには「先生は今すごく泣きたい……」「先生はたぶん今夜も眠れないよ……」と大げさな口調で冗談半分に応えたりした。それに対して、多くの児童は声を出して笑った。

児童たちに「対称性」の概念を視覚的にさらに理解させるために、1人ずつ白い紙を半分に折らせ、その真ん中に水彩絵の具を使って好きな色で模様をつけさせて閉じた後、再び紙を開いて提出させた。この作業に、児童たちは皆楽しそうに取り組んでいた。ただし算数の先生の話によれば、同じ「対称性」を教えるにも、算数のできるクラスでは視覚に訴えるこのような時間のかかる教授法は用いられないそうだ。

4組の教室の壁にも「自己管理をちゃんとするように」「立ち去って新しいことを始められるように」などの絵入りのメッセージが貼ってあった。また、3組と同じく3日間の授業観察期間を通じて児童数32名の4組でも毎日必ず誰かが欠席していた。

5.3　母語クラス（観察コマ数：華語・マレー語・タミル語それぞれ2）

前述の通り、母語の時間になると各クラスの異なる民族の児童はそれぞれの母語で行われる授業の教室へ移動し、レッスンを受けることになっている。マーライオン小学校4年次の場合では、児童の母語レベルに応じて、華語は3

写真8-5　活発な母語（マレー語クラス）の授業風景
出典：筆者撮影。

クラス、マレー語も3クラス、一方でタミル語は児童数が少ないためにレベルを問わず1クラスだけという編成が組まれている。

しかし先述したように、近年では家で英語を話す世帯の増加に加え、異民族間結婚と国際結婚の上昇によって「母語」の定義が揺らいでいることも事実である。他方、外国人児童の場合でもシンガポールの学校で学ぶ限り、原則としてその学校で実施されている母語の授業の中から一つ選んで学習することになっている。母語教科主任の話によると、マーライオン小学校に通っている2人の日本人児童は華語を学んでおり2人とも非常に優秀だそうだ。

筆者が観察を行った4年次の母語クラスは、1クラスしかないタミル語を除けば、華語とマレー語の授業のどちらも児童のレベルがそれほど高くないクラスであった。

華語クラスの児童数は23名で、授業に対する反応に差はあるものの、ほとんどの児童は積極的に教員の質問に答え、色のついているカード（緑色：完全理解、黄色：大体わかった、赤色：わからない）を用いて自らの理解度を示した。教員は主にパワーポイントを用いて児童たちの視覚に訴える授業を展開し、途中でグループワークを取り入れたりもした。

ただ、わからない子に説明するときや落ち着きのない子に注意を促すときに、教員は華語ではなく英語を使う場面も多々あった。さらに言えば、教員もよく注意したように、文法的に正しい華語で話す児童は非常に少なかった。また観察した2回の授業で遅刻してきた児童が必ずいたが、どの児童も教員に挨拶もせずに黙って席に着いた。

児童数が11名だけのマレー語クラスでは、マレー語のわからない筆者から見ても子どもたちの授業への参加度は高かった（**写真8-5**）。授業はまずパワー

ポイントで進められ、その後児童グループワークの課題が出された。ただ後者の場合では、活発な子がリードする印象が強かった。そして、マレー語のクラスでも英語が使用される場面が多く見られた。

タミル語の授業は1クラスしかなく、児童数は8名のみであった。人数が少ないゆえに、プレゼンテーションやグループワークのときに児童が発言する機会が格段に多くなり、筆者が観察した母語クラスの中で最も双方向参加型の形態を取る授業であった。だが、母語授業のご多分に漏れず、タミル語の単語を教員が英語を使って説明する場面も多かった。

6. インタビューからみる低学力児童が抱える諸問題

6.1 学校と教員に対する低学力児童の思いと声

筆者がインタビューをした、4年3組か4組で学んでいる8名の児童のプロフィールは**表8-6**の通りである。マレーシア南部から通うインド系の女子2以外は、全員近所に住んでいることがわかる。家で英語を使う児童は1人もいなく、またシンガポールでは女性の社会進出が進んでいるにもかかわらず、調査対象全員の母親は無職か、決して高賃金の仕事に就いているとは言えないことも表から読み取れる。その背景に、収入の低い非熟練職として働く母親が費用の高い家事・育児サービスを利用できずに専業主婦になりやすい傾向がある。

表8-6 調査対象児童のプロフィール

ケース	今の住まい	家で話す主な言葉	母親の仕事	将来最もなりたい職業
華人系女子1	近所	華語	仕事していない	小学校教員
華人系女子2	近所	華語	レジ打ち係	看護師
華人系男子	近所	華語	半日だけ仕事	アーティスト
マレー系女子1	近所	マレー語	電力会社の職員	医者
マレー系女子2	近所	マレー語	仕事していない	警察官
マレー系男子	近所	マレー語	仕事していない	サッカー選手
インド系女子1	近所	タミル語	仕事していない	医者
インド系女子2	マレーシア南部	タミル語	本国で仕事	弁護士

出典：調査対象者による回答をもとに筆者が作成。

父親に関しては、全員働いているらしいものの、「エンジニア」「警察官」と答えた華人系女子1とマレー系女子2を除けば、ほとんど父親の仕事内容を把握していなかったようだ。なお、児童たちが憧れている将来の職業に就くには、彼らの今の学力から考えると、よほど頑張らないとかなり厳しいと予想される。

　学校は楽しいか、という筆者の質問に、それぞれの児童はインタビューで異口同音に「楽しい！」と答えた。その理由として「友だちに会えるから」「新しいことが習えるから」や「先生が好きだから」だそうだ。授業観察で見たグループワークの活動や教員と児童とのやりとりから、児童たちのこのような反応は驚くに値しないだろう。

　一方、勉強ができて成績の良い同級生や友だちについてどう思うか、との質問には「彼らは頭が良い」「彼らは努力した」といった意見が多く、そのうえ「成績が良いことできっと喜んでいる」「家族も喜んでいるだろう」「きっと宿題をたくさんお母さんかお父さんにさせられているのだろう」というコメントもあった。また、勉強のできる同級生に「ジェラシーを感じた」り、「別のクラスに行った成績の良い友人から疎遠にされた」り、逆に「同じように勉強が苦手な友だちが増えた」り、すると答える児童も数名いた。

　それと関連してか、良い成績を取ることが重要だと皆は考えており、なぜなら「親を喜ばせたい」「家族に誇りに思ってもらいたい」「なりたい自分になれる」「将来もっとお金が稼げる」からだそうだ。しかし児童たちの話によると、無職やパートの母親が多いのに、家では、学校で何を勉強しているのかを聞かれたり、宿題する時間を確保されたりはしないようである。では、自分の成績を上げるにはどうしたらいいのか、との質問に「もっと勉強すること」「もっと復習すること」「授業で先生の話をちゃんと聞くこと」「あまり遊ばないこと」「もうちょっと本を読むこと」などの回答が返ってきた。

　そもそも自分の成績がなぜ振るわないのか、との問いかけに対しては「授業中に空想にふけるから」「先生の話をあまり聞いていないから」といった反応以外に、「先生の話がよくわからないから」という英語力につながる理由を挙げる回答が最も多かった。

　最後に、「よく勉強できているから、このようなインタビューに呼ばれた」と嬉しく語った児童もいたように、自らの学力の低さとその影響についての認

識が不足している児童もいる。表8-6で見た通り、調査対象児童は皆大きな夢を持ってはいるものの、今のままの学力ではその実現が難しく分岐型教育制度の厳しさについてはほとんど知らないようである。

6.2 低学力児童に対する教員の考えと心

インタビューに応じてくれた校長、教科主任3名と教員5名のプロフィールは表8-7に示した。調査対象のこれまでの勤務経験から、シンガポールの教員には転職組が少なくなく、教員になるまでのキャリアパスが多様な側面を持つことが見て取れる。

まず、低学力児童の特徴の一つとして多くの教員が口を揃えて話してくれたのは、難読症・失読症など障害を持つ児童、授業中に空想・夢想する児童やじっと座っているのが苦手な運動感覚型学習者が近年増えていることである。「学力の低い子や特別支援が必要な子が私のクラスにあまりにも多くて、この学校に来た当初はカルチャーショックを受けたことを今も覚えている」というタミル語の先生の言葉がこの傾向を如実に語っている。因みに、インクルーシブ教育を進めるシンガポールにおいて、障害児童だけを対象とし専門的な訓練を受けた教員による特別支援学級はマーライオン小学校にもある。

また、教員たちの発言からも明らかなように、児童への経済的支援を積極的に進めているシンガポールにおいても、片親や貧困などといった家庭問題の影が教育の現場にも忍び寄る。「ここでは家庭からのサポート不足が大きな課題になっている」（英語教科主任）および「担任しているクラスで半分以上の児童が経済的支援措置を受けていて、片親や無職の親を持つ児童も珍しくない」（英語の先生）とのコメントに加え、「ここはシンガポールなのに、まさか靴がボロボロに破れても放っておかれる児童がいるなんて」（華語の先生）「家庭問題で自殺したいと言ってくる児童やリストカットする児童もいるし、この年齢で、だよ！」（タミル語の先生）という驚きの声もあった。

そして第1章でも言及された、マレー系児童の低学力問題については「民族で児童を区別しない……学力は民族よりも家庭環境に左右される」といった見解を示す算数の先生もいれば、「そもそも他民族よりマレー系児童の多くが貧

表8-7　調査対象である校長、教科主任と教員のプロフィール

役職	性別民族	マーライオン小学校での勤務年数	これまでの勤務経験
校長先生	男性インド系	5年目	別の小学校で6年間教員と教科主任を務めた後、2年間の教育省本部勤務と1年間のイギリス修士留学を経て、帰国後は別の小学校で副校長として6年間務めた後、校長としてマーライオン小学校へ。
英語教科主任	女性マレー系	5年目	別の小学校で10年間教えた後（4年間は英語の教科主任として）、5年間の無給休暇を経てマーライオン小学校へまた英語の教科主任として復帰。
算数教科主任	男性華人系	4年目	ビジネスマンだったが、仕事を辞めて国立教育学院で教員の資格を取得し別の小学校で8年間教鞭を取った後、ティーチングフェローとして7年間働き、博士号を取得後にマーライオン小学校へ。
母語教科主任	女性華人系	16年目	マーライオン小学校で3年間教鞭を取った後、国立教育学院に入り直し2年間の学士号コースを経て再びマーライオン小学校に復帰。
英語の先生	女性マレー系	1年目	別の小学校で4年間教えた後、2年半の無給休暇を経てマーライオン学校へまた教員として復帰したが、近々産休に入る予定。
算数の先生	男性華人系	16年目	ほかに数校の小学校で約20年間教鞭を取った後、マーライオン小学校へ（算数の教科主任として合わせて20年間勤めた経験もある）
華語の先生	女性華人系	10年目	看護師だったが、仕事を辞めて国立教育学院で教員の資格を取得し、卒業後にマーライオン小学校へ。
マレー語の先生	女性マレー系	3年目	銀行で2年間仕事をしたが、仕事を辞めて国立教育学院で教員の資格を取得し卒業後に別の小学校で2年間教えた後、マーライオン小学校へ。
タミル語の先生	女性インド系	4年目	最初は別の学校で臨時教員として1年間、契約教員として2年間教えていたが、国立教育学院で教員の資格を取得し正規教員として別の小学校で1年間教鞭を取った後、マーライオン小学校へ。

出典：調査対象者の回答をもとに筆者が作成。

困層に属している」と指摘するマレー語の先生や「我々華人と違うというか、気ままというか、勉強してもしなくても平気で……あと、我々華人は子どもを1人産んでも大変だというのに、彼らは10人でも問題ないだろう？　生活態度というか、価値観と人生観が違うね」とやや偏見的な見方を持つ華語の先生もいた。

　ところで、外国人児童の受け入れに関しては賛否両論であり、「私の仕事は教えることなので、児童がどこから来るかは関係ない……グローバルな時代だ

から」という英語教科主任からの所見もあれば、「外国人児童に優秀な子が多くて、本国の児童に異文化との触れ合いももたらしてくれるけど、いろいろ教えても結局自分たちの国に帰ってしまうわけで……何か時間の無駄かな」との算数の先生の反対意見もあった。

　すでに述べたように、シンガポールの学校では主な教授言語としての英語が非常に重要な位置を占めている。ただ表8-5でも見た通り、シンガポール人であれば家で必ず英語を使うわけでもなければ得意でもない。これに関連して「家で英語を話す児童もいることはいるが、それでも多くの場合は文法的に間違いだらけのブロークンイングリッシュだ」（英語教科主任）、「簡単な英文質問でさえ理解できない児童もいる」（算数教科主任）などの意見より、「実際、英語辞書を見たこともない子がたくさんいるよ」（英語の先生）とのコメントには驚いた。

　二言語政策のもとで、英語のみならず母語も進学するのに重要な科目である。しかし「母語よりも子どもたちは英語に接する機会が多い……5年生になってもちゃんと読めない子もいる」（マレー語の先生）、「家で母語を話していても文法的に正しくない場合が多い」（英語教科主任）との見解に加え、「母語を話すのはクールでないようなイメージを子どもたちとその親は抱いている」（タミル語の先生）や「そもそも華語は漢字があるから習得するのが難しい……話せるからといって書けるとも限らない」（母語教科主任）との主張もあった。

　次に、低学力にまつわる男子問題を指摘した声もあった。「男子には遅咲きが多いというか、女子よりも遊びたがるし落ち着きがないためか、（5年次からの教科ごと習熟度別クラス編成では）基準レベルではなく、学習内容がより薄く難易度もより低い基礎レベルに振りわけられる多くの児童は実は男子のほうである」と華語の先生は説明してくれた。

　最後に、「いずれにせよ、いろんな活動や楽しい授業を通じてまずは学校に来てもらうことが大事なのではないか」という英語とマレー語の先生の言葉が筆者の心に一番響いた。

6.3 シンガポールの教育に対する教員の見方

　続いて、シンガポールの教育制度について教員たちがどう考えているのかを見てみよう。

　教科ごとの習熟度別学級編成に対して教員のほとんどは、「学びにもタイミングがある」（算数教科主任）「分けずに教えることはアンフェアばかりかちょっと無理なのでは？」（英語の先生）や「異なる能力グループに対して指導戦略を変えることができる」（マレー語の先生）などの理由で支持する声が目立ったものの、「振り分けられることによって、成績の悪い子は悪いままで、なぜなら比較対象がないゆえ、何が『良い』のかがわからないからだ」（母語教科主任）と「学力の異なる児童を教える必要がない点で効果的で良い制度だとは思うが、逆にこの制度によって低学力児童への先入観や偏見を持つ教員もいるのでないかと心配もしている」（校長）といった懸念の声もあった。

　教員の仕事については、校長によれば、そもそも教員になる競争率が非常に高く、教員は専門と適材適所で配置され、また児童たちへの心の支えとつながりを強めるために、学校による自由裁量でチームティーチングと少人数クラスがマーライオン小学校では中心であるそうだ。これらの取り組みについて、「教員にはそれぞれの強みがある……例えば、この学校では生徒のことを一番思いやることのできる先生が学力の最も低いクラスに配置される」（算数教科主任）、「皆良い先生だけど、学力の高い児童に教えるのが上手な先生もいれば、低学力児童のやる気を引き出すのが得意な先生もいる」（母語教科主任）、「少人数クラスのおかげで、1人ひとりの児童に目が行き届く」（英語教科主任）、「教員の仕事は教えることだけではなく児童と感情的な関わりができなければ教員もただ教室で喋っている人に過ぎない」（英語の先生）、「僕が児童全員を見て回ってもう1人の先生がまったくできない児童を指導できるから、チームティーチングはもちろん良い取り組みだ」（算数の先生）と、教員たちはマーライオン小学校の取り組みを大いに歓迎していた。

　因みにシンガポールでは、学級規模の基準として小学校1・2年次だけ30人以下、それ以外なら40人以下との基本方針があるものの、これまで繰り返し述べてきたように、学年学級数、学級規模、教員の配置や予算の配分などは

校長の裁量で決められる場合が多々ある。マーライオン小学校では、2017年3月時点で1・2年次6学級、3年次5学級、4年次4学級、5・6年次6学級に対して、副校長2人と正規教員69人に加え、カウンセリングや正規教員をサポートする協同教員7名、非常勤教員7名、契約教員1名、学校管理課長2名、学校運営課長1名、学校イベント担当1名、IT技術担当1名、IT技術トレーナー1名、歯科衛生士1名、図書館員1名とその他サポート職員10名が諸々の活動を支えている。

　それでは、このようなしんどいマーライオン小学校で教えることについて教員たちはどう思っているのだろうか。この質問に対しては、「この学校には多くのチャレンジがある……それは私自身へのチャレンジでもある」(母語教科主任)、「皆同じ境遇にいるからなのか……教員同士の仲が大変良くて、正式な会議よりも普段の雑談で児童のことを共有したりすることはとても良いことだ」(英語の先生)や「最初は悪戦苦闘もあったけど、今は人生に意義を見出したというか……毎日学校に来ることが楽しい」(タミル語の先生)などの心強い回答が得られた。

　以上と関連して、校長の存在の大きさについての意見も多く聞かれた。「同僚との関係はもちろん重要だが、校長との関係も大事だね……校長に理解があるかどうかで違いが出るね……だって教育は人間を相手にするもので、そして教員も校長もそもそも人間なのだから」と話す英語の先生の言葉や「校長は非常にオープンな人間で、教員との関係もオープンだから、私たちは自分の考えを気楽に校長に話すことができる……もちろん、最終的に決めるのは校長だが、私たちからの主張にも丁重に耳を傾けてくれて…そういう意味で私たちは大変恵まれている」という英語教科主任の感想からもわかるように、マーライオン小学校における校長の役割が実に重要である。

　最後に、多くの教員がシンガポールの教育は厳しいと認めつつも、「論文や報告書だけを読んでも外国の方々は恐らくシンガポールの教育制度の全体像が見えないだろう……実際に来てみれば、多くのチャンスが子どもたちに開かれていることがわかる」と語る算数の先生の言葉に代表されるように、セカンドチャンスやサードチャンスが与えられる制度として評価できる点も多いとほとんどの教員は考えている。実際に、この算数の先生の子どもを含め、ほかの2

● 第Ⅱ部　各国のしんどい小学校はどのようにガンバっているのか？ ●

名の教科主任の子どももほぼ全員が試験に失敗しているエピソードもインタビューで笑い話として語られていた。結局のところ、算数と英語教科主任の言葉にあったように「学力によってだけでなく、成功への道はほかにもいろいろあるさ！」ということだ。

6.4 児童たちのその後

　1年後の2018年3月に、5年生になった調査対象児童が教科ごと習熟度別クラス編成後にどうなったかが気になり、再びマーライオン小学校に訪れた。そこでわかったのは、インド系女子1がお父さんの仕事でインドへ行ったことと、マレー系女子2の算数以外は、ほかの児童全員のどの小学校修了試験科目（英語、算数、理科と母語）も難易度の低い基礎レベルではなくより高い基準レベルに振り分けられたことだった。算数教科主任の話では、学力にまだ不安はあるものの、もう1年頑張ってもらうことになったとのことだ。「いったん基礎レベルに落とすと、基準レベルにカムバックするのは非常に難しい」という算数の先生の話が浮んだと同時に、セカンドチャンスは確実に与えられたことが確認できた。

　2019年3月に同校へ三度目の訪問をしたとき、調査対象児童は全員6年生になった。残念なことに、マレー系女子2のほかの試験科目もすべて難易度の低い基礎レベルになってしまい、またインド系女子2も与えられたセカンドチャンスを活かせず算数だけが基礎レベルに下げられてしまった。それより嬉しいのは、ほかの児童に関してはすべての科目が基準レベルのままで小学校修了試験に臨むことになっていることだ。何しろ2年前は全員が4年3組と4組という低学力クラスにいたのである。小学校修了試験はこれからとはいえ、マーライオン小学校における低学力児童への学習促進と支援体制がある程度功を奏したと言える。

　一方、シンガポールの教育省大臣が2018年9月に発表したように、点数を取るための勉強よりも学習を楽しむための環境を整えるべく現行の小学校1年次における無テスト無試験政策に加えて2019年から小学校2年次も同様に無テスト無試験にし、さらに小学校3年次と5年次の中間試験も今後3年かけて

段階的に廃止する方針が打ち出された。高い学力を維持しつつも変容を続けるシンガポールの小学校教育から目が離せない。

7. おわりに

　本調査を行う前に対象校がマーライオン小学校になったことを、シンガポール教育省本部で働いている友人に話したら、「良い調査先を見つけたね……あそこは結構しんどいようだよ」とのコメントをくれたことが今でも思い出される。実際に、マーライオン小学校の「しんどさ」を今回の調査を通じて垣間見ることもできた。

　しかしながら、しんどいからこそ、マーライオン小学校では低学力児童への学習促進と支援が積極的に行われていることも明らかになった。その中でとりわけ印象に残ったのが、低学力児童のための教材が用意されているほか、少人数分割授業やチームティーチングが取り入れられていることだった。シンガポールでは、学校ごとの学力状況は公表されず、また今回の調査でも教えていただけなかったものの、第1章で見た通り、近年小学校修了試験におけるマイノリティ児童の合格率が確実に上がっていることから、マイノリティ児童が多く在籍しているマーライオン小学校における学力是正策がある程度成果をあげていると見てよいだろう。

　その一方、しんどいマーライオン学校での勤務を自らのチャレンジと捉えたり、そこから人生の意義を見出したりする教員たちの言葉が確かに心に残った。そして何より、これらの背後には校長の裁量権の大きさとリーダーシップの強さがあることも忘れるべきではない。

　さらにここで特筆すべきは、調査への協力に同意してくれたマーライオン小学校の校長と翌年からの後任者のどちらも非常に優秀だということである。教育研究法・修士号を持つ前者は現在教育省本部の部長に昇進され、そして後者は校長養成プログラムを首席で修了した若い元教科主任なのである。このように、「最強」の校長がしんどい学校に行くこともシンガポールの教育戦略における大きな特徴の一つと言えよう。

❖注

▶ 1　シンガポールの民族統合政策については、公営住宅の建設と供給を管理する住宅開発庁の以下のホームページにも掲載されている通り、公営住宅を売買するに際して民族ごとに決められている割り当て枠の上限を超えないための事前チェックが必須である：https://services2.hdb.gov.sg/webapp/BB29ETHN/BB29STREET（最終閲覧日 2019/04/30）

▶ 2　小学校入学の優先順位についての政策説明はシンガポール教育省のホームページを参照：http://www.moe.gov.sg/education/admissions/primary-one-registration/phases/（最終閲覧日 2019/04/30）

▶ 3　TIMSS2011 の児童質問紙調査の結果からも、「先生の話がわかりやすい」と答えるシンガポールの小学校 4 年生児童が、学力上位層を除いて日本の児童より少し少ないのに対して、「先生の話すことに興味を持つ」と答えるシンガポールの児童は全般的に日本の児童より多い傾向にあることが明らかになっている。

❖参考文献

Department of Statistics（DOS）, Singapore.（2016）*General Household Survey 2015*, Singapore: Ministry of Trade and Industry.

Department of Statistics（DOS）, Singapore.（2018）*Population Trends 2018*, Singapore: Ministry of Trade and Industry.

Leong, L. Wai Teng.（2002）"Who Says What to Whom: Language and Society in Singapore," in Tong Chee Kiong and Lian Kwen Fee eds., *The Making of Singapore Sociology*, Singapore: Time Academic Press, pp.351-369.

MacDougall, J. and S.F. Chew.（1976）"English Language Competence and Occupational Mobility in Singapore," *Pacific Affairs*, 49（2）: pp.294-312.

大原始子（1997）『シンガポールの言葉と社会──多言語社会における言語政策』三元社。

Pang, Eng Fong.（1982）Education, *Manpower and Development in Singapore*, Singapore: Singapore University Press.

シム チュン・キャット（2009）『シンガポールの教育とメリトクラシーに関する比較社会的研究──選抜度の低い学校が果たす教育的・社会的機能と役割』東洋館出版社。

Tan, Ern Ser and M. W. Tan.（2016）"Two Stories on Class in Singapore: Diversity or Division?," in M. Mathews, W.F. Chiang eds., *Managing Diversity in Singapore: Policies and Prospects*, London: Bloomsbury, pp.121-142.

第 9 章
韓　国

革新学校づくりと学力保障のジレンマ

朴　志煥

1. ウリ小学校の置かれた地域的文脈

　本章では全羅北道ウリ市の旧都心に位置するウリ小学校で行われた革新学校づくりについて記述する[1]。全羅北道の小学校を研究対象にした理由は、この地域が革新学校の拡大に積極的であったからである。全羅北道教育庁（略称、全北教育庁）は2011年に革新学校という新しい教育制度を導入して以来、革新学校の数は全国で三番目に多い地域となっている（表2-1参照）。また、全北教育庁の指定した100ヵ所を超える革新小学校の中からウリ小学校を選定した理由は、この小学校が制度創設の初期（2012年）より革新学校事業を開始し、後述するように全北地域を代表する革新学校の一つとして認知されているからである。

　筆者は2015年3月から2018年7月までウリ小学校でフィールドワークを実施した。フィールドワークの実施期間中、ウリ小学校の校長、教頭、教師と教育方針や指導方法についてのインタビューはもちろんのこと、学校の公式行事である入学式や卒業式、公開授業、文化祭、運動会などにも参加し、教師と保護者、生徒との相互関係を観察した。また、ウリ小学校を支援する地域団体が主催する会議に出席し、この団体の関係者に対するインタビューを行い、2012

表9-1　全羅北道の経済規模と世帯平均年収（2016年）

	全国	全羅北道	首都圏
域内総生産（兆ウォン）	1,636	46.9	772.9
域内総生産の比率（%）	100	2.9	49.5
人口比率（%）	100	3.6	49.5
世帯平均年収（万ウォン）	5,010	4,348	5,421

出典：통계청（2017a, 2017b）。

表9-2　全羅北道とウリ市における世帯平均月収（2016年）

世帯所得（月、万ウォン）	～200	200～400	400～600	600～
全羅北道（%）	47.9	32.7	13.0	6.5
ウリ市（%）	37.8	32.7	18.9	10.6

出典：전라북도（2016）。

年から地域社会がウリ小学校を支えてきた過程についても把握した。

　まず、ウリ小学校が位置する地域の社会経済的な状況を説明しておきたい。朝鮮半島の南西部に位置する全羅北道は、経済的にそれほど豊かな地域ではない。市・道単位の総合経済指標である「地域所得」をもとに全羅北道の状況を見てみると（統計庁 2017a）、2016 年現在、全国 16 の市・道における域内総生産は 1636 兆ウォンであるのに対し、全羅北道の域内総生産は 46.9 兆ウォンで、全体の 2.9% にすぎない（**表 9-1**）。全羅北道の人口は全人口の 3.6% を占めているが、地域の経済規模はそれよりも小さくなっている。ちなみに、首都圏の域内総生産と人口比率は、ともに 49.5% となっている。

　また、「家計金融福祉調査」で市・道別の世帯平均年収を確認してみても、全羅北道はかなり低くなっている（통계청 2017b）。2016 年現在、全国における世帯平均年収は 5010 万ウォンとなっているが、全羅北道は 4348 万ウォンであり、全国 16 の市・道のうち 14 位にとどまった。首都圏の年間世帯平均所得は 5321 万ウォンであり、全羅北道のそれより 1000 万ウォン近く上回っている。このことから、地域間の経済格差が大きいことが確認できる。

　その一方でウリ市は全羅北道における行政の中心であり、全羅北道内の農村地域と比べると高所得層が多く居住している（전라북도 2016）。「全羅北道の社会調査」によると、2016 年の全羅北道において世帯平均月収が 200 万ウォン以下の世帯は 47.9% であったのに対し、400 万ウォン以上の世帯は 18.5% に過ぎなかった（**表 9-2**）。他方でウリ市の場合、200 万ウォン以下の世帯が 37.8%

であったのに対し、400万ウォン以上の世帯は29.5%を占めた。すなわち、ウリ市には農村地域である全羅北道内の他の市町村に比べ、経済的に余裕のある世帯が多いことがわかる。

　しかし、ウリ小学校は家庭環境に恵まれていない子どもが多い旧都心地域に位置している。2013年9月にはウリ小学校に在籍する214名の生徒のうち、41名（19%）が「教育脆弱生徒」であった（오정란・이가영・김새롬 2014, p.18）。「教育脆弱生徒」は「基礎生活受給者家庭」、「法定ひとり親家庭」、「法定次上位家庭」のような貧困層に属する家庭の子どもたちを指す。そしてこのような厳しい状況は依然として変わっておらず、ウリ小学校は2014年から2017年まで「教育脆弱生徒」が一定数以上在籍する「教育福祉連携学校」に指定されてきた[▶2]。2018年には「教育福祉連携学校」としての指定が解かれたものの、ウリ小学校の『2018年教育課程運営計画』には依然として「保護者の間に社会経済的な格差が大きい」と記されている（우리초등학교 2018, p.3）。このような生徒たちの家庭環境を踏まえると、ウリ小学校は「しんどい」学校の一つであると言えるだろう。

2. 地域によるウリ小学校へのサポート

　これ以上にウリ小学校が直面している大きな課題は児童数の減少である。2000年代以降の合計出生率が1.2前後で低迷している韓国において、児童数が減少するのは避けられないことである。しかし、ウリ小学校における児童数の減少は少子化だけに起因するものではない。**表9-3**を見ると、1990年から2017年までにウリ市における児童数は37%減少したが、ウリ小学校の児童数は93%も減少した。すなわち、ウリ小学校の児童数は少子化による変化以上の急激な減少を見せた。

　この減少は何よりもまず旧都心地域の空洞化による。1990年代に行われた都市開発の結果、ウリ市の西部に大規模なマンション団地が次々に造成され、それまでは旧都心地域に住んでいた中間層以上の世帯が新市街地に流れてしまった。さらに2002年に行われた日韓ワールドカップに向けてウリ小学校の周辺が観光地として再開発され、一般の住宅が店舗やゲストハウスに変わった

こども児童数の減少に影響を及ぼした。つまり、旧都心地域に位置した小学校の児童数が減ることによってその地域の教育環境が悪化し、再び中間層以上の家庭を中心に子育て世代が旧都心を去ってしまうといった悪循環が繰り返された（유혜숙 2013）。

ただ、表9-3を見ると、ウリ小学校の児童数は依然として減っているが、2010年代からはその減少率が低くなっていることがわかる。2011年から2013年までのウリ小学校における児童数の減少率は20％だったが、それ以降は減少率が10％にとどまっている。同じ時期にウリ市の小学校における児童数の減少率は14％、4％、2％だったので、まだ課題は残っているものの、ウリ小学校が廃校となることはないであろう。実際に、2016年に旧都心のとある中学校の廃校が検討された時、教師からは危惧する声も上がったが、地域社会からはウリ小学校が廃校されることはないだろうと評価されていた。

なぜなら、ウリ小学校は全北教育庁や保護者から高い評価を得ていたからである。その結果、ウリ小学校は全北教育庁から、2015年には「モデル革新学校」に指定され、地域を代表する革新学校として国内外に紹介されることとなった。例えばウリ小学校は全北教育庁の要請により、優れた教育活動を紹介するための全国博覧会に地域の代表として参加した。その一方、ウリ小学校は革新的な教育方式を実践している海外の学校と交流する役割も担っている。国際交流を担当する教師は年に1回の海外研修を行っており、ウリ小学校での取り組みを紹介しながら新しい教育システムを学んでくる。

また、2010年代以降に児童数の減少率が縮小している理由として、学区外の保護者が子どもをわざわざウリ小学校に進学させていることを挙げることが出来る。全北教育庁は革新学校への新入生に限り、居住地域に関係なく希望す

表9-3　ウリ市とウリ小学校における小学校数、学級数、児童数の推移

		1990	1999	2009	2011	2013	2015	2017
ウリ市	小学校数	39	52	67	67	67	68	71
	児童数	60,866	53,742	54,151	47,776	41,106	39,372	38,417
ウリ小学校	学級数	59	20	14	13	13	12	11
	児童数	2,597	691	315	267	214	193	172

出典：전라북도교육청（2018）；우리시원도심교육공동체（2012）。

る学校に進学できるよう規制を緩和した。ウリ小学校の教師によると、毎年一年生の半分程度は学区外から入学して来る。2018年の場合、31人の新入生のうち19人が他学区からの児童であり、そのほとんどは保護者の車で通学している。

しかし、ウリ小学校がこのように評価されるようになったのは学校側の努力だけではなく、市民社会から積極的な支援が行われたからでもある。とりわけ、環境問題を中心に取り組んできた地域団体である「ウリ市議題21推進協議会」(略称、「ウリ市議題21」)の役割は大きかった。「ウリ市議題21」は、1992年にリオデジャネイロで開かれた国連の地球環境首脳会議において各地方自治体も地方議題21を定めるよう勧告されたことを受け2000年に結成された組織であり、環境問題を中心に地域住民のクオリティ・オブ・ライフを向上させるために多様な活動を繰り広げてきた。

2011年、「ウリ市議題21」はウリ小学校のように旧都心に位置する学校において児童数が急激に減ったことを把握し、旧都心にある小・中学校を活性化するための支援組織が必要だと提案したが、これに伴い2012年5月に「ウリ市旧都心教育共同体」が結成された。これは大学の教授、児童教育専門家、言論人メディア関係者、アーティスト、小学校の教師、市議会議員、市の公務員など19人で構成され、旧都心の小・中学校を全面的に後押しするための土台となった。

「ウリ市旧都心教育共同体」は旧都心に位置した学校を活性化させるための具体策として、「地域社会とともに伝統文化芸術と生態環境教育」に取り組もうとした。旧都心は長きにわたって人々が生活してきた場所であり、歴史や文化、環境と関連するさまざまな資源と、これを利用して活動する人々が存在する。このような点に着目し、「学校を地域社会の文化、芸術および生態環境教育の拠点であると同時に、住民のコミュニケーションスペースとして変化させようという趣旨」のもと、「ウリ市旧都心教育共同体」は旧都心にある生態文化資源の調査を行い、これを学校のカリキュラムに取り入れるための教材やプログラムを開発し、学校と地域社会の連携を促がそうとした。

ウリ小学校はこのような取り組みを実践に移すモデル校だったのである。ウリ小学校では伝統文化および芸術サークル活動や生態教育のプログラムを、地

写真9-1　ウリ小学校付近の川で生態教育
出典：2018年製作されたウリ小学校の広報映像からキャプチャー。

域の専門家と共同で実施した。小学生は環境教育専門家とともに学校周辺にある河川や森で動植物に触れたり、伝統的な方法で紙や扇子を作る工房を訪れ伝統技術を直接体験する機会を持ったりもした（**写真9-1**）。2012年からは毎年これらの教育活動の成果を地域住民と共有する場として「ウリ町フェスティバル」も開催している。

　「ウリ市議題21」の職員によると、当初ウリ小学校の教師は地域社会に関しては全く知るところがなかったので、この職員が地域の芸術家と教師を仲介したり、教師の依頼を受けてプログラムの作成を手伝ったりしたが、ある程度の時間が経ってからはウリ小学校の教師が地域と直に連携し、教育課程を構成したり運営することができるようになったという。このような観点より、ウリ小学校は革新学校としての取り組みが本格化する前より、革新学校の運営原理の一つである「地域社会に存在する資源の活用と、地域社会および教育ネットワークの構築」がなされていた学校であったとも言えるだろう。

　次節ではウリ小学校の教師が革新教育を主導的に実践し学校文化を変えていった過程を述べる。

3. 民主的な学校文化づくり

　地域社会からの支援が始まったのとほぼ同時期である2011年11月、ウリ小学校は革新学校として指定され、2012年3月から2015年2月まで新しい教育に取り組んできた。また、2015年には再びモデル革新学校として指定され、全北教育庁から最大で10年間におよぶ財政的な支援を受けることとなった。

　これらの指定により、ウリ小学校は一般的な学校と比べて財政的にゆとりがあると言える。例えば、革新学校の予算で事務職員をもう一人雇用して教師が受け持っていた授業以外の仕事を減らし、あるいは図書館の管理を任せて休み

時間にも子どもたちが本を借りられるようにした。また、放課後に設けられていた基礎的な学力に不安がある児童のための支援プログラムも、この予算により従来の期間を延長して行うことができている。

　ただ、ウリ小学校の教師らは予算の獲得のために革新学校に取り組み始めたわけではない。ウリ小学校が革新学校に指定された当時から勤務している教師のAによると、教師たちが革新学校という新しい取り組みに挑戦した理由は、「子どもたちのために、本当の教育をしよう」という趣旨からであった。以前には授業中に生徒に自習をさせて学校事務をせざるを得ないほど「学びと関連のないことがあまりにも多かった」。また、授業を丁寧に行いながらも「教師が一方的に教え込むだけではなかったか」という反省から、「子どもたちに役立つような教育課程を運営しよう」という趣旨のもと革新学校に取り組み始めた。

　しかし、一部の年配の教師は新たな試みのせいで余計な仕事が増えないかと懸念し、革新学校事業への申請に反対したという。結局、反対派の教師らはウリ小学校が革新学校に指定された後にも、自分たちは教育課程の変更に同意したことはないと言いながら学校運営に積極的に参加せず、翌年に別の学校に移ってしまった。したがって、Aは革新学校を始めた「最初の1～2年間は意思疎通できる文化を作ることに尽力した」と語り、「学校文化を変えていったこの時期こそが最も大変だった」と付け加えた。

　2013年、ウリ小学校に残った教師や、革新学校の取り組みに関心を持ち自ら望んでウリ小学校に赴任して来た教師たちは、教師間でコミュニケーションがなされる文化を作るのが大切だと実感した。幸いにもこの年にウリ小学校に赴任した校長は市民運動にも参加したことのある開放的な人物であった。この校長は教師らとのコミュニケーションに積極的で、学級運営の自律性を最大限に保障する方針を採った。これによりウリ小学校では校長と教師の間、または教師同士のコミュニケーションが円滑に行われている。

　毎週月曜日に開催される学年会議では、学習指導や生徒指導に関する内容に限らず、教師個人の仕事上の悩みまで相談の対象となる。特に一つの学年はベテラン教師と若手教師の二人一組による構成なので、経験がある教師は若い教師に色々な助言を行うことができる。また、水曜日には教育関連の書籍を一

緒に読みながら新しいアイデアを共有したり、一つのテーマについて話し合うワークショップを開催したりもする。これと合わせ木曜日には教師同士でバレーボールをすることで団結力を高めている。ウリ小学校における民主的な教師文化の存在は、3年の経歴を持つ教師であるBとのインタビューからも読み取れる。

> 教員協議会は毎週金曜日の午後3時30分に開かれます。重要な事項があれば2時間程度行うこともあります。われわれの学校では全ては相談して決定します。以前に有期雇用の教師として勤めていた学校では、教員協議会は校長先生が決定をおろすための時間でした。ところがうちの学校では、自由に意見を述べることのできる雰囲気を校長先生や教頭先生が作ってくださるので。職員室も他の学校ではどこかしら気難しい空間という感じがしますが、われわれの学校では休憩室のように「2階にある私の教室から」降りてきてお茶を飲んだり、他の先生たちが食べ物を持ってくればお互いに分けて食べたりする場所ですね。だから学校の仕事はもちろん、個人的なこともお互いに相談できる雰囲気となっています。

また、ウリ小学校の教師は、管理職の指導力と一般の教師との協力で作られた民主的な学校文化をもとに教育課程を再構成し、多様に運営しようと努めている。革新学校を始めて最も大きく変わった点は何かという筆者の質問に対し、ベテラン教師であるAは次のように答えてくれた。

> 学校に来るのが楽しくなりました。それ以前には仕事のことばかりを考えて学校に来ていましたが。他の職業と違う点があるとするならば、学校に来て自分の教室で子どもたちを教え、別段、他の同僚教師に根回しする必要なしに働くことも可能であるといった点でしょう。同僚と話す時間もないし、各々が忙しいから。これは私の仕事、あれは君の仕事だと言って。ただ、革新学校が始まってから、同僚とのコミュニケーションの重要性を悟ることになりました。一緒に一つずつ作って行く楽しさが生まれました。そして、授業について一層考えようとしました。授業の革新について悩ん

だところでそれをすぐに授業に適用できるわけではないですが、考えていること自体が楽しくて幸せでした。

　つまり、革新学校への指定を契機として民主的な自治共同体を作りあげたことが専門的な学習共同体を構築することにも繋がったと言えるだろう。
　ウリ小学校は「同僚性の構築を通じた授業教育課程の革新」を重要な目標として提示している（우리초등학교 2015, p.11）。これはウリ小学校内で授業の公開が制度化されているといった点に端的に表れている。保護者を対象とした年２回の公開授業以外にも、教師同士による同学年内の公開授業が年１回、隣接した学年——例えば３年生と４年生——の間の公開授業も年１回のペースで実施している。
　教師同士の公開授業を行う際には、１週間前までにどのような内容で公開授業を行うかを協議会で決定する。公開授業を終えた後もやはり教員協議会を開いて議論する時間を持つ。この場では授業を行った同僚の教授法を批判するのではなく、子どもたちの様子を理解することに焦点を当てて意見を交換する。また、公開授業を行った教師のみならず、他の教師らも自分の授業を振り返ることを目標としている。ウリ小学校の教師たちはこのようにしてお互いに学びあう教師文化を作り出している。

4. 体験中心の教育実践

　民主的な自治共同体と専門的な学習共同体を作り上げた上で、ウリ小学校は特色のある様々な教育活動を展開している。ウリ小学校の教育方式のうち最初に目に付くのは、80分間の「ブロック式の授業」と、30分間の「中間遊びの時間」である**（表9-4）**。韓国の小学校において日課は一般的に１時限40分の授業と10分の休憩時間で構成されている。しかし、ウリ小学校では２時限をまとめて一つの「ブロック」にし、代わりに30分に及ぶ長い休み時間を設定している。長時間の学習に慣れていない小学生、特に低学年の子どもたちに「ブロック式の授業」がどれだけ効果的かについては依然として議論がある。また、40分ずつ授業を用意するのに慣れていた教師の立場としても、「ブロッ

表9-4　ウリ小学校における5年生の時間割（2019年）

区分	時間	月	火	水	木	金
朝の活動	08:40-09:00	今日を開く活動				
1ブロック	09:00-09:40	自治	科学	算数	国語	美術
	09:40-10:20	音楽	科学	国語	国語	美術
休憩時間	10:20-10:50	中間遊び				
2ブロック	10:50-11:30	算数	英語	科学	体育	算数
	11:30-12:10	国語	英語	科学	体育	算数
昼休み	12:10-13:10	昼休み				
3ブロック	13:10-13:50	科学	国語	英語	社会	実科
	13:50-14:30	社会	音楽		社会	実科
放課後活動	14:30-16:30	放課後学校（申請者のみ）				

出典：ウリ小学校のホームページ。shorturl.at/elKP8（最終閲覧日 2019/6/24）

ク式の授業」を準備するために戸惑うこともあるだろう。

　しかし、ウリ小学校の教師と児童は皆「ブロック式の授業」に慣れ、長時間の授業と休憩時間が持つ長所を見出している。教師の立場では一つのテーマについて深みのある授業を行うことができる。また、長時間の授業を進めていくために、授業の準備により一層取り組むようになる。例えば80分間ものあいだ教科書のみを用い授業を進めては子どもたちの集中力が途切れてしまうので、授業内容と関連する映像を見せたり、学習内容と関連するクイズを出してみたり、国語の授業の場合には読んだ文章の内容を絵で表現するようにするなど、教師は児童の学習に対する動機や理解度を高めるために工夫を凝らしている。ちなみに、教師は「中間遊びの時間」に十分休むことができ、あるいはこの時間を子どもたちの提出した宿題を確認する時間として活用している。

　子どもたちも30分間の休憩時間に自由に遊べるため、このような時間割を気に入っている。子どもたちはサッカーをしたり本を読んだりするなど、各々の方法でこの時間を使っている。注目すべき点として、ウリ小学校ではこの時間を単なる長い休み時間とみなすのではなく、「中間遊びの時間」と称し教育的な活用を図っているという点を挙げることができる（**写真 9-2**）。

　ウリ小学校は「ウリ市旧都心教育共同体」の役員でもある教育専門家の助力を得て、2012年から「ノルイバプ（遊びのご飯という意味）60+」というプログラムを実施している。これは小学生が学校で一日に60分以上遊べるように、授業の中で伝統的な遊びを教えるプログラムである。このプログラムの目的は、

子ども同士が集まって遊ぶことができる時間を用意することによって、子どもが互いに配慮する姿勢を持てるようにすることである。このため、1年生と2年生を対象に、毎週金曜日に外部の専門家を招き韓国の伝統的な遊びを教えている。

写真9-2　中間遊びの時間
出典：2018年製作されたウリ小学校の広報映像からキャプチャー。

一方でウリ小学校は多様な現場体験学習を強調する教育プログラムを組んでいる。前述のようにウリ小学校は2012年から「ウリ市議題21」や「ウリ市旧都心教育共同体」の支援を得て、生態教育も積極的に取り入れている。また、2015年からは「旧都心学校活性化事業」の予算を活用して学校内に製菓製パンの施設を完備し、これによって全児童は年に2回製菓や製パンを体験できるようになっている。時には保護者向けの製菓製パン教室を開催し、そこで作られたパンを「ウリ町フェスティバル」において教師や保護者に販売し、収益金を地域に寄付することもある。

ここで注目すべきはこのようなプログラムがただの体験授業にとどまらず、一般の授業と連携させ運営されることもあるといった点である。ウリ小学校は2016年からいくつかの教科目を連携させ授業を組む「主題統合学習」を試み始めた。例えば2年生の場合、学校周辺の自然環境を観察して春と関連する詩を作ってみたり（国語）、森に出て虫を観察してみたり（科学）、木の葉を観察し葉っぱの本数に応じてグラフを描いてみたりもする（数学）。5年生では領土に関する本を一冊読み（社会）、これについて作文を書いたりもする（国語）。また、3学年では製菓製パン授業でクッキーを作りながら物質の性質（気体、液体、固体）に関して学び（科学）、4学年では食文化を通じて異文化への理解を深めている（道徳）。このように複数の教科をまたいだ体験学習を通じ、教科書で学んだ知識が生活と密接に関連していることを子どもたちに実感させるべく取り組んでいる。

また、金曜日の5・6時限目には地域で活動する専門家を招き、児童に多様

な文化や芸術と接することのできるプログラムを提供している。「サークルの授業」というこのプログラムを通じ、子どもたちは年間で36時間かけてナンタ（日常生活にあるさまざまな物を太鼓のように扱って演奏すること）やアカペラ、リフォーム、伝統料理、漫画、テコンドー、ダンススポーツ、ギター、映画などの多様なプログラムの中より自ら選択した活動を体験することができる。「サークルの授業」は学年に関係なく行われ、授業の成果は毎年秋に開催される「ウリ町フェスティバル」で地域の人々に披露される。つまり、体験が中心の教育を実施するとともに、地域社会の人的資源との連携を拡大し、その成果を地域住民と共有する教育を志向しているという点がウリ小学校の持つ重要な特徴の一つとも言える。

　革新学校がきっかけとなって始まった一連の変化――教師間のコミュニケーションが行われる学校文化、知識の暗記ではない体験学習中心の授業、学校教育課程を通じた地域社会との交流――は、子どもたちによる仲間意識の形成にも成果を上げている。ウリ小学校のある地域を管轄する警察関係者によると、ウリ小学校ではイジメや学校暴力の問題がほとんど発生しないという。また、保護者たちと話し合ってみると、少なくとも子どもの口から学校が嫌だと聞くことはなく、個性が強い特徴的な子どもたちも学校生活によく馴染むことができているという。

　また、2017年2月に卒業した子どもたちを見ても、児童の間に健全な仲間意識が形成されていたと評価できるであろう。この学年には知的障がいを持つ子どもが2人いた。この学年では「ウリ市旧都心教育共同体」によるプログラムの一環として、他校の子どもたちと合同でサマーキャンプを開催したことがあった。「ウリ市旧都心教育共同体」の職員によると、知的障がいを持つ子がサマーキャンプに参加したのは初めてだったが、子どもたちは彼らを仲間として自然に受け入れてくれたという。筆者がこの学年の卒業式に出席した際、子どもたちは卒業公演として教師と保護者に伝えたい言葉をカードスタントで表現したが、この時にも障がいを持つ仲間とともに役割を分担し、一緒に公演を行った。さらに、子どもたちの率直な姿は教師の経験やその言葉からも確認できる。2017年にウリ小学校へ赴任した教師であるCは公開授業の計画書に次のように書いた。

6年生を初めて見た時、今まで見てきた6年生たちと異なる印象を受けた。6年生なのに授業を始める時にも星のように輝く目でずっと私を見つめていた。授業に良く集中し、よく答えてもくれた。このような状況に最初は慣れることができなかった。ほとんどの子どもたちが素直で勉強にも強い興味を示してくれた。

　筆者がCの公開授業を観察して受けた印象も、Cの語った内容と一致している。公開授業はCが録音された英会話テープを流し、子どもたちがそれを聞きながら書き取る方式で進められた。さらにCは多くの内容を英語で進め、英語の文章を韓国語に訳しもしなかった。その代わりとして、録音された内容を2～3回聞かせてから、英会話の内容を1文ずつ書いた紙を班ごとに配り、再度テープを聞かせながら文章を完成させるようにした。語彙力に不安がある一部の子どもには簡単ではない授業だったが、彼らは文章を完成させようと班ごとに協力し頑張っていた。公開授業の後に開かれた教師協議会では、他の学校から赴任した教師が「英語が上手な子どもがそうでない子どもを助けながら班活動を進めることが印象的だった」と語った。
　総じて言うと、ウリ小学校が革新学校として成し遂げた変化は教師のあいだでコミュニケーションを取ることのできる雰囲気を造成したのみならず、授業方式の改善や地域社会との協力、最終的には児童間での仲間意識の形成といった成果までも引き出している。学習意欲を高めることが学力を保障するための一つの必要条件という点を考えれば、ウリ小学校は正しい方向に向かっていると言えるだろう。

5. 学力保障への取り組み

　体験中心の教育プログラムを運営しているからと言ってウリ小学校の教師らが基礎学力の伸長をないがしろにすることはない。むしろ、多様な教授法を試みながら授業の改善に尽力している。特に、ウリ小学校の教師は児童の識字能力と読解能力を向上させるために努力している。例えば、現在の教育課程は数

学でもストーリーテリングを強調する方向性で構成されているほどである。

　1年生の担任であるAは、国語の教科書ではハングルをいちから教えるようになっている一方で、算数の教科書でははやくから記述式の問題が提示されており、教育課程自体に矛盾があると指摘した。したがって、算数を勉強するためにも国語教育が先行していなければならないので、ウリ小学校の教師は本を読む時間を増やし、文章を理解する能力を育てるために努力している。

　これは低学年に限ったことではない。5年生の担任であるDは、2時限目を必ず図書室で本を読む時間として定めており、しっかり読んだかを確認するために宿題も出していると述べた。さらに、2018年からは全校的に図書館の活用を活性化させるため、職員や大学生のボランティアが図書館に常駐する制度も設けている。このような努力の結果、6年生になると討論授業も行うことができるという（**写真9-3**）。

　また、ウリ小学校の教師は一方的に授業を進めるより、子どもたちが教え合う機会を増やそうとしている。なぜなら子どもたちが自らわかち合ったほうが学習により興味を持つことができるとの考えによるからである。例えば1年生担任のBは次のように語る。

> 国語の授業では本を読む時にペアを作って一文ずつ読むようにし、次の番では交替して相手が読んで、自分が読まなかった文章を読むようにするんです。そして間違った部分があればお互いに直してあげるようにしたら、子どもたちが興味を持つようになりました。助け合いに対する喜びを感じることもでき、相手も熱心になるから自分も頑張りたいと思うようになるようです。

　高学年の教師も同様に語っている。高学年では学力に不安のある児童に対し放課後に個別に教えることもある。基礎学力の足りない児童にとって高学年の学習内容がだんだん理解しにくくなっていくからである。しかし、このような児童であればあるほど放課後に残されて勉強することを好まない。時には放課後で児童を1対1で教えている6年生の担任教師らも、子ども同士で教え合うことが望ましいと考えている。「教師はどうしても大人の言葉で説明してしま

いがちですが、算数の場合でも仲間である子ども同士で教え合うようにしたら彼らも喜んでいます」。また、「お互いに説明し合うようにすることがより効果的です」と語った。

また、ウリ小学校は全校的に学習速度の遅い児童に対する支援体制を整えており、特

写真9-3　6年生の討論授業
出典：ウリ小学校のホームページ。

に、国語や算数の基礎教育を充実させることに焦点を合わせている。2015年と2016年には「学習助け合い班」という名称で放課後授業を開設し、これを担当する講師を別途に採用し、2年生から6年生までの中で学習速度の遅い児童を選び、本人や保護者の同意を得た上で放課後に学習支援を行った。「学習助け合い班」の講師は4月から10月まで週に3回国語と算数を教えたが、児童に課題を出して弱点を把握した後に、その弱点を補習できるよう個別に指導した。

2017年からは「基礎学力向上教室」という名称で放課後教室を拡大した。2016年までは学校の一般予算や革新学校の予算を合わせて「学習助け合い班」を運営していたが、2017年には全北教育庁に申請し、別の予算を得ることができたからである。2017年には3年生から6年生までの各学年に講師を一人ずつ配置し、国語と算数の補講を行った。さらに2018年には新たに別の事業に申請し、「第一歩支援学校」といった形で第2学年に二人の講師を配置している。この講師は午前中の授業において基礎学力に不安のある児童に寄り添って学習支援を行ったり、授業が始まる前に本を読み上げたりしている。

これ以外にも、ウリ小学校では夏休み中に小学校の教師を目指している大学生が低学力の児童の家を訪問し、読書や算数の問題を解くのを助ける取り組みも行ったことがある。さらに、近隣の高校に進学したウリ小学校の卒業生が中心となり、学力に不安のある後輩たちを支援する取り組みを展開したこともある。このように年ごとに仕組みは変わってはいるが、ウリ小学校は児童が基礎学力を育むことのできるようあらゆる方法で取り組んでいると言える。

6. 学力のジレンマ

　ただ、教師個人による工夫や学校としての取り組みにもかかわらず、ウリ小学校の児童がテストでよい成績を収めているわけではない。例えばウリ小学校の卒業生は、中学校進学時に受けるクラス分けの試験において良い成績を収めることができていないということを、筆者は教師や保護者からしばしば聞くことがあった。確かに中学校での生活に適応してからは、ウリ小学校出身の生徒たちが自ら学ぶ能力を発揮し、成果を出していると中学校の先生が話すこともあった。ただ、革新学校出身の生徒たちは自由奔放であり、中学校の教師の間で彼らに対する認識が良くないことも事実である。

　実際、ウリ小学校の教師も児童の学力水準が高くないことを認識している。小学校では国レベルでの到達度評価が行われず、中間や期末テストも行わないので学校間の学力格差を客観的に比較することは難しい。ただ、単元に対する評価から、ウリ小学校の児童の習熟度が他の学校の児童より低いことがわかる。特に、他の学校より赴任してきたばかりの教師は、ウリ小学校と元いた小学校との学力格差を感じざるを得ない。2017年に自ら選択してウリ小学校に赴任して来た教師のCは、「うちの5、6年生の英語能力はウリ市の平均に及ばない」とはっきりと語った。子どもたちに学習意欲が無いわけではないが、「子どもによっても学力の格差が激しく、全ての子どもたちを満足させるような授業を行うにはどうしたらよいかと悩んでいる」と苦衷を吐露した。

　また、ウリ小学校の教師も革新学校の体験中心の教育により学力が低下しているのではないかといった外部からの懸念にさらされていることも認識している。革新学校に対する「学力低下という色眼鏡」によって、「真の学力」を信じて革新教育を実践しながらも、入試に対しても気を抜けない中学校や高校の教師は重いプレッシャーを感じている（유경훈 2014; 정재균・송정화 2017）。一方で小学校の教師はこのような試験に対する負担がそれほど無いため、前者と比べて革新学校における学力低下論争の影響をあまり受けないですむのである。

　むしろウリ小学校の教師はより徹底的に既存の教育方式を批判し、革新的な教育を追求する姿勢を見せている。管理職にある教師のEは「内心ではわれわ

れがしていることが正しいのか心配になりながらも、教科中心の詰め込み教育はしたくない」という立場を保ってきた。彼はウリ小学校では解き方中心の教育を行わなかったため、卒業生が中学校への進学直後に良い成績を出すことは難しいが、長期的に見ると良い成果が上げられると信じていた。

革新学校への取り組みに積極的だった教師のAも、子どもに狭い意味での学力を付けさせるためには体験学習より「暗記させて繰り返し問題を解かせること」が「効果的だ」と考えていた。しかし、試験の点数を引き上げることが目的の教育を改善し、子どもたちが楽しく勉強できるように支援することが教育の本質であると考えるため、ウリ小学校の教師らはもはや従来の方式で教えることを望まない。これはウリ小学校での勤務を経ると、教師の学力に対する観点が変わっていくことからも明らかである。

6年生を担当していた14年の経歴を持つFは、前の学校ではクラスごとに試験の結果が比較されたため、「成績が低迷していた子どもたちを半強制的に勉強させた」と語った。その当時も成績を引き上げるために叱ったりすることが必ずしも正しい教育だとは思わなかったが、将来的に子どもの役に立つだろうと考え、試験のための勉強を奨励したという。しかし、ウリ小学校に来てからは「子どもたちの多様な特性を育てるのがより重要だ」と考えるようになった。

また、教師経歴7年目で5年生を担当していたDも、初の勤務地だった前の学校では学力を非常に重視したが、ウリ小学校への赴任後には「学力が全てではないと思うようになった」と述べた。「全ての児童を自分が望んでいる学力水準まで引き上げることよりも、子どもたちが仲良く交わりながら遊ぶことに満足することにした」と付け加えた。すなわち、学業成績を重視してきた教師たちもウリ小学校での革新教育を経験し、試験成績に大きな意味を付与しない教育観を持つようになったと言えるだろう。

このようにウリ小学校は子どもに学ぶ楽しみを教えながらも、基礎学力を保障しようとする国の教育方針と革新学校の理念を忠実に実践してきた。しかし、ウリ小学校が児童間の学力格差の解消において成果を収めているとは言いにくい。学習の結果より学びの過程を重視する教育方針を持っているため、むしろ結果としての学力格差が問題視されにくくなっているのではないだろうか。

つまり、ウリ小学校では基礎学力を保障すること以上を明示的に追求しない学校文化が形成されたといえる。第2章で言及したように、入試競争が激しい韓国社会の現実を考慮すれば、少なくとも小学校の段階において教師が平等主義的な学校文化を作ろうとすることは十分に理解することができる。それにもかかわらず、階層間の教育格差が厳然と存在する中で、私教育が受けられない階層にとっては唯一の教育機会である学校教育で、格差のある現実を度外視したまま理想だけを追求することは平等主義という名の落とし穴に陥る恐れがあるのではないかと思う。

7. 過程中心教育に対する省察

2018年にウリ小学校は大きな変化に直面した。2012年に革新学校として取り組み始めた時から勤めていた多くのベテラン教師が他の学校に異動し、教師のうち半数程度が新たに赴任した人員に変わったからである。さらに、新たに来た教師の多くはそのキャリアが短い。ウリ小学校で勤続している教師も革新学校への取り組みに主導的な役割をしてこなかった人がほとんどである。

これは学校としては危機とも言えるが、一方で既存のプログラムの意義を振り返って見ることができる機会と捉えることもできる。体験中心のプログラムをなぜ運営してきたのか、それは児童の成長にどのような意味を持つのか、さらに児童の学力を伸ばすために効果はあったのかなどの疑問を投げかけてみる必要があるだろう。なぜならば、学ぶ楽しさや子どもたちの喜びを大切にすることは言うまでもなく重要であるが、体験中心の教育がただの活動にとどまり、さらには慣性的なものとなってしまえば、児童が学力を身につける際に役に立たない恐れがあるからである。

これは革新学校に代表される新しい学校づくりが何の意味も持たないとか、革新学校でなされている体験中心の教育が結局のところ学力低下をもたらしたと主張しようとするものではない。革新学校という取り組みは位階的で競争指向的な学校文化を変化させるのに大きな役割を果たした。ウリ小学校が民主的なリーダーシップの確立、自律的な教師文化の形成、保護者や地域社会との連帯などにおいて肯定的な成果を上げたのは事実である。

ただ、革新教育への志向へ目を向けるあまり試験成績で表れた学力は「真の学力」ではない、あるいは試験の成績は「真の学力」を表していないとし、結果としての学力を軽視するのは間違いではないだろうか。革新教育は暗記中心の教育を否定し、学業成績によって子どもたちを順位づける既存の教育の弊害をなくそうとしながらも、社会階層による学力格差の問題を度外視しているのではないだろうか。

全ての子どもたちに階層と関係無く一定水準以上の学力を持たせることは、一人ひとりが社会で自立的な存在として生きていくために必要なことである。さらに、このために必要なのは単なる「基礎学力」だけでなく、すくなくともそれ以上の「基本学力」であると言える（민용성 2010, p.73）[3]。これを育むことが公教育の責務であり、実際には革新教育が志向する「一人として学びから疎外されない責任ある教育の提供」と通ずる部分である。今後革新教育の肯定的な側面を拡大させるためにも、小学校レベルでも過程中心の教育方式が結果としての学力を育むのに効果があるかどうかを検証していく必要があるだろう。

❖注

- [1] 本章では匿名性を確保するために、広域自治体名（全羅北道）以外の市、小学校、市民団体を「ウリ」という仮称で処理した。また、インタビューした小学校の教員や市民団体の職員の名前も同じ理由でアルファベットだけで表記した。
- [2] ウリ小学校が位置する地域の市・道教育庁は、社会経済的な格差が教育格差に繋がることを防ぐため、教育福祉優先支援事業を実施している。市・道教育庁は、小学校に在籍している教育脆弱児童の数と割合に応じてカウンセラーが常勤する「教育福祉事業学校」や、カウンセラーが巡回や訪問を行う「教育福祉連携学校」を指定している。2018年現在、教育脆弱児童数が30人から64人までの場合には「教育福祉連携学校」に指定され、児童数が65人以上である場合、あるいは全校児童数が100名以上の学校のうち、25％以上の児童が教育脆弱児童に分類されると、「教育福祉事業学校」に指定される。
- [3] 小学校における「基礎学力」と「基本学力」の違いについては第2章の注4を参考。

❖参考文献

민용성 (2010) 『초등학교 교육과정 총론 해설 개발 연구』, 교육과학기술부.
오정란・이가영・김새롬 (2014) 『원도심학교 활성화 방안 연구』, 전라북도교육연구정보원.
우리시원도심교육공동체 (2012) 『우리시 원도심교육공동체 추진을 위한 연구보고서』.
우리초등학교 (2015) 『우리 초등학교 교육과정 설명회』.
우리초등학교 (2018) 『우리교육과정 운영계획』.
유경훈 (2014) 「혁신 고등학교 운영과정의 특징에 관한 문화기술적 사례연구」『교육행정학연구』제 32 권 제 4 호, pp. 229-261.
유혜숙 (2013) 「우리원도심교육공동체사업 추진사례」, 우리시의제 21 편『도시재생과 교육공동체 활성화 방안』, pp. 7-19.
전라북도 (2016) 『2016 전라북도 사회조사 보고서』.
전라북도교육청 (2018) 『전북교육통계』.
정재균・송정화 (2017) 『혁신학교의 지속가능성 관련 요인 탐색』전북교육정책연구소.
통계청 (2017a) 「2016 년 지역소득 보도자료」.
통계청 (2017b) 「2017 년 가계금융복지조사 결과」.

第 10 章

香　港

学校に関わる全ての人的リソースをパワーに
パキスタン移民が学ぶ小学校のエスノグラフィー

石川　朝子

1. 移民児童の学力を支える「望海(モンホイ)小学校」の取り組み

　2015年度から開始した香港での関係各所への調査をしながらわかったことは、香港に何のツテもない一研究者が香港の小学校に調査に入ることは容易なことではないということであった。2016年度の調査においても同様に、小学校訪問を行うことの可能性は極めて低い状況にあった。しかし調査で訪れたEOC（Equal Opportunities Commission：機会均等委員会）での聞き取りの際に、研究計画および目的を伝えたところ、関わりのある小学校を紹介してもらえることとなった。早速、翌日の午前中に望海小学校（仮名）を訪問し、校長および教員へのインタビューが叶った。このことをきっかけとして、2016〜2018年にかけて、望海小学校を対象に、年に1回〜2回、1週間程度ずつの参与観察及び校長・教員・親・教育関係者へのインタビューを行った。

1.1 調査対象校について

　望海小学校は、香港の内陸部に位置し、香港で最も有名な道教寺院のあるMTR駅（地下鉄）が最寄りとなっている。そこから山手に向かって、ミニバ

スで15分ほど登った見晴らしの良いところに、訪問先である望海小学校はある。学校種は資助学校[1]であり、主な教授言語は英語である。中国語（広東語）・普通話の授業以外の科目は、基本英語で学んでいる。望海小学校では、イスラム教の精神が大切にされており、児童の9割がパキスタン移民の子どもである。同時に、中国文化の学びを通して、エスニシティ間の文化交流の促進を目指している。

　ここで本校の校長を紹介しよう。彼女はマレーシア出身、香港育ちのパワフルな校長である。イスラム教を信仰している彼女は、イスラム教の教えのもとで学ぶこの小学校で働くことに誇りとやりがいを感じている。また、小学校で使用する宗教の教科書の執筆にも関わっている。学校の数々の課題を解決するために関係各所と密に連携を取りながら、運営を行っている。彼女は、一人ひとりの児童の家庭背景や学力に目を配り、明るく温かな雰囲気を持ちながらも、学校運営については厳しい。決断力も高く、学校運営について様々なアイデアを実行に移す能力にも長けている。このような教育に非常に熱心な彼女の人柄もあってか、彼女は小学校の教職員や親、NGO・NPO関係者から絶大な信頼を得ている。

　校長は2015年から、児童の学習に対するモチベーションを高めるために、自律型学習の取り組みを始めている。それは、児童が自らの学習目標を立て、それに向かってアクションプランを作成する取り組みである。校長はこの活動について、学びを他人から押しつけられるのではなく、学びの"責任者"として主体的に決定し実行する力を育む取り組みであると強調している。学力が高い児童だけではなく、たとえ成績が悪くても、自らの目標を自らのやり方で達成した児童の方が、力があると認められている。

　望海小学校のある藍天地区（ラムティン）（仮名）は、九龍半島の東部に位置する人口約43万人の地域である。香港全土における地域別にみた貧困率についての報告書（Census and Statistics Department 2017）によると、藍天地区は上位3分の1に当たる貧困率が高い地域とされている。おおよそ、9万人が貧困状態にあると報告されている。また、この地域の特徴としては、他の地区に比しての高い貧困率に加え、単純労働者の割合が高い。

　南アジア系の人々の43.2％が、藍天地区を含む、九龍地域に居住している。

これは、香港の中でもっとも大きな比率を占めている。小学校に通ってくる子どもたちは、藍天地区のみならず、九龍地域の中で最も貧困率が高い隣接する地区からも地下鉄とバスを使って通っている。

1.2 どのような児童が学んでいるか？

本校に通う児童は、経済的に困難を抱えている家庭の子どもが多い。児童のほとんどは香港生まれであり、香港の幼稚園を卒園したあと、本小学校へ進学している。一方、新移民として香港に来たばかりの児童や中国系の児童もいるなど、異なる背景をもった児童がともに学んでいる。学力に関しては、全体的に低い傾向にある。特に、新移民として香港に来たばかりの児童は、広東語の読み書き、リスニング、会話、漢字の認識などから学習を始めなければならず、香港生まれの児童との差が大きい。またパキスタンからの新移民児童は香港生まれの児童と比べて、英語学習の面でも困難を抱えている。

彼らの親の職業は、一部、歯科医や銀行員、技術者などもいるが、多くの家庭は子どもたちを養うために、朝晩働いていることが多い。例えば、朝は工事現場で仕事をし、夜は警備員として働き生計を立てている。母親は主婦である場合がほとんどである。経済的な困難を抱えている児童が多いため、学校で提供している課外活動のほぼ100％は、政府の補助金により無償である。

1.3 望海小学校の一日

ここからは、望海小学校の児童たちの1日をのぞいてみよう。

朝早く、小学校の近くの公園で児童たちの到着を待っていると、山から猿の親子が降りてきた。小学校は山の中腹にあり、海を望む眺めのいい場所に立っているが、すぐ裏は山手となっており自然が溢れている。この後も調査期間中に何度か猿の親子に遭遇した。

朝7時半、学校の受付前で座って待っていると、続々と児童が登校してきた。みんな元気に挨拶を交わしている。親に連れられてくる児童や自分でバスに乗ってくるもの、スクールバスを利用する児童など様々である。学校に到着後、

児童たちはまず連絡帳を取り出し、受付で額に体温計を当てて、今日の体温を測定する。その数値をそれぞれの連絡帳へ記入していく。体調管理を毎朝しっかり行う様子がうかがえる。低学年の児童が体温を計る際は、上級生が手伝うことも多く、親戚のように皆仲がいい。

入口付近では、友だちが来るのを今か今かと待っている女の子たちで溢れかえっている。

時間になると、先生たちが2階の教職員室から降りてくる。朝礼の始まりだ。校舎の1階に少し運動のできるスペースがあり、そこに全校児童が集合

写真10-1　English Street
出典：筆者撮影。

する。副校長からの朝の挨拶があった後、イベントに関するお知らせなどが教員からなされる。その際の言語は、中国語と英語である。まず、教員は中国語で伝え、その後再度英語で話をしている。

朝礼が終わると、児童たちは教員に連れられて、各教室へ移動をする。香港の学校の特徴といえるかもしれないが、まず校内がカラフルなことに驚かされる。案内をしてくれた教員によると、学校がカラフルなのは、児童たちの学習に対するモチベーションを高めるためらしい。それぞれのフロアをつなぐ階段には、英単語や算数の計算式などが書かれており、階段を上る時間も視覚的に学びに触れる時間として活用できるようになっている。また、階段の壁には、中国文化活動の写真やPTA活動の写真などが貼られており、学校関係者の多さをうかがうことができる。

1年生の教室が並んでいる二階の廊下には、English Streetと名付けられた場所がある（**写真10-1**）。その壁には英語の作品が多数掲示されており、日常的に英語に触れることができるように工夫されている。English Resource Roomといった、英語の教材を集めた部屋も作られており、教員が自由に教材

づくりに使用できる。

　一通り校内を見て回った後、3Dプリンターを活用した授業を見学した。この学校では、政府の補助金を利用し、コンピュータをはじめとする最新のICTが揃えられている。プログラミングの講義では、実際に模型の車を走らせたりしていた。それを教える教員も、電子黒板やインターネットサイト及び動画を使用しながら授業を行っていた。児童は自らその動画を見ながら作業を行うというアクティブラーニングの形態がとられていた。

1) 望海小学校の授業風景（中国語習熟度別クラス）

　本校で学ぶ児童たちは、学力と言語能力に課題を有している。香港生まれと新移民の児童がともに学んでいることから、英語・中国語（広東語）・普通話の全てのクラスにおいて学力に差が生まれている。この言語教育に関する課題をどのように乗り越えようとしているのだろうか。

　表10-1は2018年度の3年B組の時間割表である。表からもわかるように、1週間のうちにもっとも多く学ぶのは中国語（9コマ）である。また、毎日7時50分からの35分間は朝礼および読書の時間に当てられているが、木曜日のその時間は中国語での読書の時間となっている。このように、中国語学習に多くの時間を当てていることがわかる。中国大陸で使われている「普通話」の授業は、木曜日に1時間設けられている。望海小学校はEMI（English as a Medium of Instruction）学校であるため、英語が教授言語であるが、中国語および普通話の授業はそれぞれの言語で行われている。

　調査で観察したクラスは全3クラスである。学年とクラス編成、児童の言語レベルおよび教員属性については**表10-2**の通りである。望海小学校では、各学年A・Bの2クラスで構成されている。毎年の期末テストの結果によって、学力の高い児童がAクラス、それ以外がBクラスに配属される。中国語のクラスでは、既存のクラスの枠を超えて、児童それぞれのレベルに合わせて再編成がなされる。このことにより、自分のレベルにあったクラスで指導を受けることができるようになっている。それでは、どのように中国語を学んでいるのか様子を見てみることにしよう。

　最初に観察を行った4年生A組の中国語クラスでは、教員の後について中

表10-1　3年B組の時間割表

	月曜日	火曜日	水曜日	木曜日	金曜日
7:50-8:25	朝礼	朝読書／リメディアルクラス	朝読書／リメディアルクラス	朝読書（中国語）	朝礼
8:25-8:35	朝の会				
8:35-9:10	数学	音楽	数学	中国語	音楽
9:10-9:45	体育	中国語	中国語	中国語	英語
9:45-10:20	体育	中国語	中国語	普通話	図書館／道徳・市民性教育
10:20-10:35	休み時間				
10:35-11:10	常識科	常識科	常識科	数学	中国語
11:10-11:45	常識科	数学	英語	数学	中国語
11:45-12:20	中国語	数学	英語	常識科	数学
12:20-12:50	昼食				
12:50-13:20	休憩／午後礼拝				
13:20-13:55	英語	英語	コーラン／補習／強化学習	宗教	月例集会／全体講義／カリキュラム横断活動
13:55-14:30	英語	美術	特別活動	英語	
14:30-15:05	コンピューター	美術		英語	
15:05-15:30	終わりの会	終わりの会		終わりの会	

注：中国語9、英語8、数学7、常識科5、音楽2、美術2、体育2、朝読書2、普通話1、宗教1、コンピューター1、コーラン・補習・強化学習1、道徳・市民性教育1、朝読書（中国語）1
出典：筆者作成。

表10-2　中国語クラス（学年・言語レベル・教員属性）

学年クラス	児童の言語レベル	教員属性
1年生 A＋B組	レベル混合	赴任2年目。彼女が香港の大学生時代にニュースでエスニック・マイノリティの教育問題について知り、この学校で働くことを決めた。
3年生　B組	能力の低い児童のための少人数クラス	赴任16年目。彼女が長く勤めている理由は、児童たちが素朴で活動的で可愛いから。児童が中国語を少しでも理解できるようになることにやりがいを感じる。
4年生　A組	能力の高いクラス	赴任20年目。2004年に中国語がわからない児童を本校で初めて受け入れた時から勤めている。上海出身。彼女自身がムスリムということもあり、仕事がしやすいと感じている。

出典：筆者作成。

国語の文章を元気良く読む大きな声が印象的だった（**写真10-2**）。このクラスの児童は比較的高い中国語レベルを有している。女子8名、男子2名の全10名のクラスである。教員による全ての解説や指示は中国語のみで行われる。教

科書の本文を読むとき、児童たちはジェスチャーを交えながら大きな声で読む。例えば「暑い」という単語を読む際には、手で扇ぐ仕草をしながら発音する。このように言葉と動作を組み合わせることで定着を図っていると先生から聞いた。彼らは集中力も高く、立ち歩く児童は一人もいない。教員が質問をしながら、言葉の意味を考えさ

写真10-2　中国語クラスの様子（4年生）
出典：筆者撮影。

せていく。難しい言葉を学ぶ際は、児童に「簡単な言葉に言い換えるとどうなる？」と質問し、考えさせ黒板に書かせたりしている。発言や自分の言葉で説明したり、作文を発表したりした場合は、教員からピンクの小さいカード（Award Card）が渡される。このカードを何枚か集めると、文房具などと交換することができるようだ。クラスメートが発表して答えた際には、全員で拍手を送り、互いに讃え合う姿が見られた。

　次は3年生B組の授業へ移動した。このクラスは比較的中国語に課題を有する児童が多い。このクラスでは中国語だけでの指示では理解が難しいため、英語と中国語の両方で授業が行われている。また、児童の中国語学習のモチベーションを維持するため、チーム対抗のクイズ形式で授業が進んで行く。各チームの代表が先生から出された問題に回答し、正解であればそのチームに10ポイントが加算される。担当教員は、「このクラスの児童は、同じ単元を何日もかけて何度も繰り返し行う必要がある。学んだことが定着するように、工夫をしている。また活動が好きなので、2つのチームに分けて、競い合わせるようにクイズ形式で答えさせている。学習には興味関心が大切。長年の経験で児童にどのような方法で学ばせるのがいいか理解できている」と話す。

　最後に、1年生の混合クラスを観察した。電子黒板を利用し、多くのスライドが映し出されたり、発音や学習単語に関係する音がPCから流れたりと、1年生の児童たちは全く飽きる様子がない。また教員が用意したシールをワーク

シートに貼るなど、指を動かして自ら学ぶスタイルが好評である。1年生ともあってか集中力がもたず「椅子に座って！」「静かにして！」と教員から指示が飛ぶこともあるが、とても楽しそうに勉強している様子が印象的である。

本校では、習熟度別少人数クラスが用意されている。2015年から始まった政府の第二言語としての中国語学習フレームワークを受け、補助金が本校にも投入されている。この補助金を利用し、クラス分けを行うための教員の雇用やカリキュラム・教材開発などを行うことが可能となった。上記で見たような少人数クラスでの中国語教育もこの枠組みにおいて進められている。

2）放課後学習教室・新移民のための中国語教室

さて、終了のチャイムがなった。各教室から教員を先頭に列が作られ、1階の広場まで連れ立って降りてくる。終わりの会では、校長先生の挨拶や明日の持ち物、イベントなどの連絡事項について話される（**写真10-3**）。先生たちは広東語で話をした後、英語でも伝える。そして理解できたかどうか、手を挙げさせて意思表示させていた。全員で大きな声で帰りの挨拶をした後、それぞれ各自スクールバスなどで下校していった。夜勤前の父親が迎えに来ている姿も見られた。

下校時に小学2年生の女の子が私のところにやってきて挨拶をしてくれた。その際に、これから一人でミニバスに乗って帰るのだと教えてくれた。横でこの話を聞いていた教員が、「この子は2年生なのに、一人でバスに乗って学校に来ているのですよ。素晴らしいでしょ。褒めてあげてください」と私に告げた。「すごいね」と彼女に語りかけながらも、内心、小さな子どもが一人で登下校をして危なくないのかと不安になったりした。この教員がこのように小学校2年生が一人で登下校で

写真10-3　終わりの会の様子
出典：筆者撮影。

きることを褒めるのには理由がある。この小学校では、自律した児童が良しとされているため、親の迎えに頼らず、自ら帰宅できる児童は称賛に値するという考えが教員・児童に共有されている。

　人気がまばらになった広場を見渡すと、まだ残っているグループがあった。よく見てみると、様々な学年の児童混合のグループであった。また、そのグループを引率しているのは、本校の教員ではなく大学生のようである。教員にこのグループはなぜ残っているのか尋ねると、放課後学習をするグループであることがわかった。見学をさせてもらうことになっていたので、私も彼らの後について、3階の教室へ移動した。

①放課後学習教室（After-school Tutorial Class）

　この教室に参加する児童は、学校の成績が思わしくないと教員に判断された児童である。また、家で親から宿題などの勉強を見てもらうことが難しい児童も含まれている。本教室は2013年から政府の補助金を受けて始められた。大学生のサポーターが多数活躍している。この放課後学習教室は、週に3日開かれている。時間は、15時半〜17時頃までである（**写真10-4**）。

　この放課後学習教室に来ている児童は、パキスタン、インド、アフリカからの児童が主である。男子が10名、女子が8名参加していた。教室の中では、友だちと話をしながら、各自宿題を行っている。

　観察をしていると、仲の良い学年が同じ友だち同士でテーブルに座ることが多い中、学年が明らかに離れているにもかかわらず一緒に宿題をしているグループがあった。そのグループには、香港に来たばかりの2年生が含まれていた。宿題の内容を見てみると、英文法を理解できずにいる。横に座っていた5年生の女の子がウルドゥ語で、彼女の間違いを訂正し、正しい答えを教えていた。先輩である彼女は自分の宿題に手をつけることができなかったが、香港に来たばかりの下級生に根気強く教えていた。このように学年を越えて、助け合いながら学ぶことができるのも良い環境だと思われる。

　一方、アフリカからの2人は、数学が苦手だ。二桁の足し算を指折り数えて行うため、なかなか宿題が進まない。サポーターに助けてもらいながら、宿題をなんとかやろうと頑張るが、サポーターの説明も理解できないのか、すぐ立

写真10-4　放課後学習教室の様子
出典：筆者撮影。

ち歩いてしまう。

　1年生のパキスタンからの男子児童は、漢字の書き取り練習の最中である。漢字練習帳に難しい漢字を練習するが、なかなか手本のように書くことができない。「この漢字はどういう意味？」と聞くと、「わからない」という答えが返ってきた。彼は、絵のように見える漢字を、意味を理解することなく練習していることになる。

　児童の苦手科目や学力が低い背景について意見を聞くために、サポーターへのインタビューを行った。ほとんどのサポーターは、児童たちが中国語に難しさを抱えていると認識していた。理由として、児童が中国語を学ぶ意義を見いだせていないのではないか、つまり学習モチベーションの低さについて挙げていた。また、一番の大きな理由として、親の学習に対する価値観が香港人とは異なると分析するサポーターもいた。「エスニック・マイノリティの親は、子どもが日々楽しく友だちと過ごすことに重きを置いており、勉強ができるようになることには興味がないのでは」と話す。サポーターたちは、自らが香港人であるとの立場から、エスニック・マイノリティの児童たちに、自分たちの文化や言葉をもっと理解してほしいと願っている。サポーターが児童に対して根気強く、丁寧に教えている様子を見ると、その思いがよく伝わってきた。

②新移民児童のための中国語教室（Chinese Class for Newly-arrived Children）

　放課後にもう一つ、児童の言語能力を支えるための教室が用意されている。それは、新移民児童のための中国語教室である（**写真10-5**）。香港に来たばかりの児童たちは、教科書を使って、中国語の基本を学ぶことができる。このクラスに参加しているのは、パキスタン・インド・アフリカからの児童と、中国大陸から香港に来たばかりの児童である。

この教室で指導をする若い女性は、派遣会社からこの小学校を紹介され、2カ月前から教えている。小学校が彼女の家から近かったことと、将来中国語を教える教員になることを希望しており、良い経験になるという思いから、仕事を引き受けた。彼女はプロジェクターを上手に使い、ホワイトボードに簡単な中国語を投影しながら進めていく。児童が前に出てきて、ホワ

写真10-5　新移民児童のための中国語教室の様子
出典：筆者撮影。

イトボードに回答を書くスタイルで授業が進んでいく。いつも学校で受ける中国語だけの授業とは異なり、中国語教室ではすべて英語で行われるため、児童たちも理解しながら授業を受けることができる。

　手を上げて、自分が理解していることをアピールする児童が大半を占めている一方、静かに自分たちだけでワークを進める二人組がいた。中国大陸からの児童である。漢字については、理解ができるため、他の児童に比べて進度が早い。中国語教室で使う教科書を自分で解き終わったのか、残りの時間で宿題にとりかかっていた。

　このクラスでは、単語を習得した後、簡単な文章を学ぶことを目的にしている。中国語教室の教員は、1回90分、週に3日学校に来て、彼らに中国語を教えている。教えながらも、彼らが中国語を習得するには多くの時間が必要であると感じている。半年間の契約と短い間しか教えられないことから、彼らには繰り返し学ぶことの意義や中国語に触れて、少しでも中国語を好きになってほしいと試行錯誤をしているという。

2. 教職員と保護者の「学力観」をめぐるジレンマ

　これまで、教員へのインタビューそして授業の様子などから、望海小学校に

通う児童の学力・言語能力とその向上のための取り組みについてみてきた。

本校は先にも述べた通り、学力の差が大きく、児童の学習経験や家庭の経済的な背景も様々である。校長インタビューでは、本校が抱える多くの困難（校長は常に"Challenges"という言葉を使っていたが）についても知ることができた。また、そのいくつかの難しさを学校としてどのように越えていこうとしているのかについても話を伺うことができた。多様な背景をもった人々がともに学ぶ学校であるからこそ、身につけさせたい「学力」をめぐる保護者と学校関係者の考え方にジレンマがあることも調査の過程でわかってきた。

親が本校を選ぶ理由はさまざまである。例えば、パキスタン出身の20代の母親は、「この学校はイスラム教の学校だから良いと思っています。お祈りができることや子どもの宗教について考えてくれるところがいい」と話す。多くのパキスタン出身の親にとって、子どもの宗教が尊重される場で学ぶことに安心感を抱いている。また、多様な子どもが通うという環境を重視している親もいる。夫はマレーシア出身で、妻は香港人の夫婦へインタビューを行った。彼らは自らの子どもを多様性のある環境で学ばせたかったため、この学校を選んだという。夫の故郷であるマレーシアが多民族国家であるため、子どもにも多様性を受け入れることのできる人間に育ってほしいという願いからであった。

このように、子どもに本校で教育を受けさせる理由はそれぞれだが、インタビューをしたほとんどの親が挙げた理由がある。それは、子どもに言語を学ばせるため、である。言語を学ばせるといった場合、2つのパターンがあった。1つは、英語を学ばせるというもの。この英語の重要性については、中国大陸からの親と学歴が比較的高い層の親が話す傾向にあった。香港では、中国語で教える（CMI）学校と英語で教える（EMI）学校の2種類の学校がある。子どもに高い学業達成を望む親は、英語で教える学校に入学させる傾向がある。英語能力が高ければ、その後の学業達成に有利になるのが香港の特徴ともいえる。香港にはインターナショナルスクールもあるが、高い学費がかかることから、経済的な課題がある場合は望海小学校のように英語が教授言語である官立小学校や資助学校で学ばせる。

もうひとつは、中国語を学ばせたいという理由である。この理由を挙げた親のほとんどは、パキスタンやインド、フィリピン出身である。香港に来て20

年のあるパキスタン出身の父親は毎日、夕方の6時から朝の6時まで警備員の仕事をしている。仕事終わりに2時間の睡眠をとって、息子の運動会を見に来た際にインタビューに答えてくれた。彼は、「出身地でいくら良い教育を受けていても、香港では広東語ができないと良い仕事につくことができない」と話す。自らの香港での体験から、子どもには中国語を習得し、仕事についてほしいと希望している。また、「私たち親は中国語がわからないので宿題を見てあげることもできない。他に中国語を学ばせる場所もない。中国語を学ぶ週末教室もあるが、私たちにはそのお金を払う余裕はない」と話す。親たちは、子どもたちに中国語を学ばせる必要性と小学校でしか学ぶ場所がないことを必死に伝えてきた。まさに本校はエスニック・マイノリティの親にとって、中国語を学ばせることのできる最後の砦となっている。

一方で、学校やNGOなどの教育関係者は、エスニック・マイノリティの子どもたちの学力、特に中国語能力が低いままであることについて、それは彼らの宗教的・文化的違いのせいだと結論付けている。インタビューの中では多くの教員や関係者が、家庭で宿題を行うことが難しいのは、帰宅後にモスクへ出かけ、遅くまでコーランを学ぶことにより、中国語の学習がおろそかにされていると話した。また、南アジア系の家庭では、親戚づきあいが重視されているため、故郷の冠婚葬祭のたびに長期で学校を休むことになり、学習の遅れを取り戻すことが難しいとしている。加えて、パキスタンの子どもたちは、16歳未満で親の進めにより結婚をすることが推奨されるため、親も子ども（特に女児）の学力や進路には大きな関心を持っていないであろう、という認識もなされていた。

3. 望海小学校の取り組みの特徴
―― 学校に関係する全ての人で児童の学びを支える

上述のように、親や教師たちはそれぞれの立場で子どもたちに学力をつけて将来活躍してほしいという思いを強く持ちながらも、若干のすれ違いがみられることがインタビューからわかった。しかし一方で、児童が自ら学びに向かっていけるような様々な工夫がなされていることも把握することができた。それらは、校長の経営手腕による補助金の獲得や、PTAとの密な協力関係に代表

される。

　望海小学校は、政府からの補助金を利用し、エスニック・マイノリティの言語教育面の充実を図っている。校長は、政府からの補助金について常にチェックし、児童の課題に合わせた申請を行っている。この校長の経営手腕のおかげで、教材や加配教員などが整備され、児童の言語能力向上に役立てられている。どのような学習機会を提供するかは、香港の場合、各小学校の采配に任せられている。各学校が直面している課題に合わせて、補助金や寄付金を利用し、自律的にマネジメントできる制度（School-based Management）は香港の特徴であると言える（野澤 2017）。その他にも、学校は児童の学力及び言語的な課題を克服するために、政府や NGO、企業などの補助金や寄付金を利用して、児童に学びの機会を保障している。

　加えて、NGO や教育関係企業による、放課後学習や新移民のための中国語学習など保障の取り組みが学校と協力して行われていることが明らかになった。第 1 節で見たような放課後学習教室（After-school Tutorial Class）や新移民児童のための中国語教室（Chinese Class for Newly-arrived Children）がそれにあたる。

　このように親と教員だけが児童の学力格差に対して頭を抱えるではなく、政府や企業、大学生など地域の人々の力を借りて、エスニック・マイノリティの子どもの成長を見守っているのが、本校の特徴だとわかった。また次に見るように、望海小学校では、親との関係性について、子どもの成長をともに考える大切なパートナーとして連携することを重視している。校長の言葉を借りれば、学校を取り巻く「すべてが教材である」ということだろう。学校を取り巻く多くのリソースを存分に活用し、課題を学校の中だけで解決しようとするのではなく、多くの関係機関と協力しながら、様々な困難を乗り越えようとしている。

3.1 親の学校への関与の高さ

　校長は、学校の様々な課題を乗り越えるためにはヒューマンリソースが必要であると述べる。本校では、パキスタン系・中国系の親と教職員からなる PTA 活動が活発に行われている。それらは、文化や宗教の違いを越え、親同士が協力しあうために、活発な交流が日常的に行われている。例えば、パキス

● 第10章 香港 ●

タンの親と一緒に、中国系の親が中国のお菓子（湯圓）を作って食べる機会などがそれである。これは、中国系の親からの発案で開催された。校長曰く、本校に子どもを通わせる中国系の親は、一般的な中国系の親と違い、文化や宗教に対する偏見がないという。中国系の親はエスニック・マイノリティの親との交流を積極的に行う様子がみられているという。

パキスタン出身の親のほとんどは中国語や英語に困難を有しており、子どもの教育について学校側と相談することが難しい。現在のPTAマネージャーは、自らがパキスタンにルーツをもつ香港生まれの2世で、英語・広東語・ウルドゥ語の3言語が堪能である。3言語が話せることから、多様な言語を話すPTAメンバーをまとめる存在となっているという。新移民の親が広東語を理解できない場合、彼女が学校と親の間に入って通訳をすることもある。彼女もこれまで自らの子どもの教育で悩んだ経験がある。彼女の子どもは香港生まれの3世で、現在小学校3年生だ。広東語は非常に流暢に話すことができるが、読み書き、特に書くことが難しい。まだ子どもが香港の幼稚園に通っている際、小学校入学時に言葉の発話が比較的遅かったことを理由に、特別な支援が必要な子どもと判断された経験を持っている。幼稚園では、特別支援学校に入学するように薦められたという。その際彼女はとても困って、医者に見てもらったが、子どもに問題はないと言われた。この小学校に入学してから3年経つが、子どもの言語能力は非常に向上したと感じている。「これもこの学校の先生が、子どものことを一人ずつ見てくれているからだと思う」と話した。彼女は、学校のよいところについて、次のように話している。「この学校のいいところは、先生たちがとてもフレンドリーなところ。もし親が何か困難を抱えていたら、相談に乗ってくれる。親のケアをしてくれるところが素晴らしい所だと思う」。

PTAでは、親と教員が教育課題についてディスカッションする機会が多く設けられている。例えば、子どもの教育課題や健康のこと、また親への教育プログラム（Educational Programme for Parents）の内容などについて話し合われている。子どもの教育や家族のメンタルヘルスなど、親が学ぶ必要のある内容について、学校へ提案し、協同して決定することができる。また、親がいつでも本校に来て教員と話ができるように、PTAが集まる部屋が常時開放されて

いる。

3.2 ロールモデルの存在

　加えて、今回の調査を通して本学の特徴だと思ったことの一つに、パキスタンにルーツを持つ教職員の存在がある。本校では3名のパキスタンルーツ教職員が教育に携わっている。彼らは、自らがパキスタンルーツを持ち、児童の背景に近いことから、ロールモデルとなることが期待されている。香港の場合、校長が教員採用の裁量を有しているため、自校に必要な人材を各学校の課題や状況に合わせて雇用することができる。また、2014年から始まった「第二外国語としての中国語学習フレームワーク」政策により、各学校が自由に使用することのできる補助金を利用し、民族的背景を持つティーチングアシスタントの雇用も可能となった。3名の先生がたを紹介しよう。

　香港生まれでパキスタンルーツのアーイシャさん（仮名）は、本校の卒業生である。教員サポートスタッフとして2017年度から望海小学校で働いている。主な仕事は、児童の出欠管理や親へ事務連絡などであるが、パキスタン出身の親とのやりとりにおいて、文化的背景を理解している彼女がいるおかげで円滑に進めることができているという。

　さらに、パキスタン出身のラシード先生（仮名）である。彼の父と祖父は、30年以上前から香港で仕事をしている。彼はパキスタンで学士を取得したのち、香港に来た。香港で仕事をしながら大学院に通い、修士・博士を取得した。この学校で働くことに決めた一番の理由は、ムスリムのコミュニティに貢献できる環境だったから。現在は、数学やリベラルアーツの授業を担当する一方で、学校運営に関わる仕事も行っている。彼は自らの使命についてこのように語った。「私がパキスタン出身で、児童の話す言葉もわかり、大学も出ていることから、児童たちには良いロールモデルになっていると思うし、児童たちからの信頼や尊敬の念を感じている」。

　さらにもう一人パキスタン出身のジャミーラ先生（仮名）は、香港に小さい時に移民して来た経験を持つ。香港のセカンダリースクールで学んだが、広東語が理解できずに苦しんだという。親が長年香港に住んでいたことから、父から広東語を教えてもらうことができ、学校の勉強にもついていけたそうだ。香

港の高校卒業後、大学へ進学した。彼女は自らの経験と照らし合わせて、移民児童の学力に関する課題について次のように話した。「香港生まれの子どもと新移民の子どもの課題は全く異なるように思う。新移民の場合、中国語ができないことが一番の課題。親が家で見てくれる場合はいいが、大抵の場合親から言語的なサポートはほとんどない」。

このように、それぞれ香港に来た際の年齢や学歴は多様であるが、子どもたちから絶大なる信頼と尊敬をもって慕われる存在となっている。自らの国の言葉や文化を理解し、自らの将来を重ね合わせることのできるロールモデルが学校内に存在する意味は大きい。

4. 取り組みの結果

ここまで読み進めてきた方は、望海小学校で学んだ児童たちの学力がこれらの取り組みによって向上したのかどうか、また卒業後の進路について気になる方もいるだろう。本節では、校長および教員へのインタビューの中で語られた、何名かの児童にみられた学びの成果と卒業後の進路についてのエピソードを紹介しよう。

4.1 成績が伸びた児童のエピソード

香港では2004年から教育局によって、テリトリーワイドシステムアセスメント（略称：TSA、中国語：全港性系統評估）と呼ばれる地域ごとの試験が行われている。このアセスメント試験は基本的な学習能力と学習を客観的に評価することを目的に実施されている。学習のさまざまな段階での児童の能力状況と、学習と教育の有効性向上のために、地域全体のシステム評価を通じて収集されたデータが活用され、教育方針の見直しに繋げられている。この地域全体のシステム評価は、小学校3年生および中等学校3年生の児童を対象に、中国語、英語、および数学を題材とした学習基準問題が出題される。本試験は毎年6月に開催される。

官立資助学校である本校も勿論、このアセスメントテストに参加している。

TSAの結果は各学校に数値で返却され、学校内の教育方針や指導の見直しに使用されている。香港全土の小学校での位置付けが理解できるテストであるため、校長インタビューではTSAの結果について尋ねた。校長は、TSAが昨今、児童たちや親のプレッシャーになってしまっていることや、TSAの結果を気にするあまり、テストの点数を上げるための熾烈な競争と子どもへの圧力が問題となっていることを教えてくれた。また本校では勿論、TSAの結果は参考にするものの、その結果で一喜一憂するよりかは、テストの点数だけでなく全人格的教育を優先していることが話された。

　しかしながら、望海小学校ではこれまでにまでに見てきたように、教員は日々、新移民として香港にやって来た児童たちに、どうにかして中国語の力をつけようと奮闘している。新移民児童たちの中には、本校で学ぶことによって能力の向上が見られた児童たちが何人もいる。中国語クラスを担当している3名の教員へインタビューをすると、どの教員からも成績が伸びた児童のエピソードを聞くことができた。それぞれのエピソードを紹介しょう。

エピソード1：3年生でエジプトからきた女子がいました。香港に来る前は一度も中国語を勉強したことがありませんでした。その時、第三言語を用いてまず説明して理解させるようにしました。これが私の用いた彼女への教育ストラテジーですね。そのあと、まず単語を書かせていきます。なぜなら彼らは中国語の文字の構造がわかってないから、何度も、何度も書いて覚える必要があります。大切なことは小さなステップに分けて行わせること。いつも学校が終わるときに漢字の書き取りの練習帳を渡して、書き順を説明したあと、何度も書いてもらうことにしています。かれらにとったら、漢字は絵とか何かのシンボルにしか見えていないので。彼女は今年帰国してしまったけれど、彼女の学力は学校にきてから非常に伸びたと思います。

エピソード2：家族は香港に住んでいるけれど、家庭内では中国語を話していない家族がいました。去年、彼の家に家庭訪問に行った時、お父さんとお話をしたんです。お父さんはとても学校に対して怒っていました。お

父さんは「なぜ子どもを3年間も学校に通わせているのに中国語が伸びていないんだ」と非常に不満げです。彼は家に帰ると、一切中国語を話さなかったようです。お父さんはほとんど中国語を話すことができないので、彼も中国語を家では話さなかっただけなんだと思います。彼の成績は普通でしたが、いくつか不合格になった教科もありました。私も彼があまり授業を理解できていなかったことはわかっていました。ちょうど去年から、中国語のクラスを2つに分けることになったので、私のクラスはだいたい10人くらいになりました。小さく分けたことで学びやすくなったと思います。私は彼に「あなたは中国語が話せるから、家でも中国語を使ってね。お父さんはあなたにとても期待しているから」と言いました。彼は今、音読や板書など他の児童のお手本になるクラスの代表です。彼の成績はどんどん伸びてきています。学ぶモチベーションができたからだと思います。1回目のテストでは、何点かしか取れませんでしたが、2回目のテストでは30点取れるようになりました。

エピソード3：何も中国語を話せず、聞きとれなかった児童がいます。2カ月間彼を教えていますが、彼は1月にあった進級試験に合格することができました。彼は書いて、読んでを繰り返して、どんどん中国語を覚えていきました。記憶力がとても良かったと思います。彼は中国語に興味を持ちましたし、勉強したいと思うようになったのが良かったのだと思います。

エピソード4：私のクラス（A組）に、B組から来た児童が2人います。2年前に香港にきた児童たちです。かれらのうちの一人の母語はアラビア語で、一言も中国語がわかりませんでした。はじめの頃は「難しい」としか言わず、1カ月の間は漢字を描くときに払いや点がなかったりと、ケアレスミスが多かったです。現在は急に成績が伸びています。短期間の学習でA組に入ることができました。伸びる児童に共通していることは、中国語が楽しい、学ぶことが好きだという気持ちが強いことです。私がいつも彼らに伝えていることは、「先生は黒板に赤色で間違いを正すけど、怖がら

なくていい。間違いを正さないと正解を忘れてしまうから先生は訂正するんだよ」と彼らに間違うことを怖がらないようにと伝えています。かれらは英語や数学はできるけれど、やはり中国語は難しい。そういう児童を教員は一層サポートしていく必要があると思っています。

　以上、4人にまつわるエピソードから教員の児童への関わりの深さがうかがえる。香港生まれの児童であっても家庭内で使用される言語が異なる場合、中国語の習得は困難である。ましてや新移民として香港に来たばかりの児童はなおさらである。しかしながら、教員たちは自分たちの教育経験に基づいた確固たる指導方針の元に、どのようなサポートが必要か、児童一人ひとりに合わせた計画を立てている。そのことが児童たちに「中国語を勉強するのが楽しい」という気持ちにさせているのであろう。以上の4つは、それぞれの児童の中国語を学ぶモチベーションを上げ、学力向上に繋ぐことができたエピソードである。

4.2 卒業後の進路

　では、卒業後の進路についてはどうだろうか？　校長によると、9割の児童は自分の学力に見合ったセカンダリースクールへ申請し、進学していくという。しかしその中でも、毎年数名は香港全土で上位にランクインするほど学力が高い学校に進むという。

　小学校でセカンダリースクール進学以降の統計を取ることは難しいが、卒業生の中で大学や大学院進学を果たしている児童もいるという。先ほど紹介した本校で働くパキスタンルーツのアーイシャさんは、本校の卒業生である。彼女は中国の大学で学んだ後、教育関係の仕事に就きたいと思い、本校へ戻って来た。

　一方、本校にはきょうだいや親族とともに通っている児童が多い。年上のきょうだいや親戚が卒業すると、小学生たちは自動的に進学をして行く先輩の背中を見ることになる。学校の入り口には、卒業生が進んだセカンダリースクールのパンフレットが置かれている。筆者がある朝、そのパンフレットを手

にとって眺めていると、「ここは親戚のお兄さんが勉強している学校だよ。お父さんはぼくが卒業したらこの学校に入ることを望んでいるんだ」と話しかけて来た男の子がいた。教員の中に同じ背景をもつロールモデルがいるだけでなく、きょうだいや親戚など関係者が多いことで、卒業後のステップがイメージできることは児童たちにとって良い影響を与えていることをうかがい知ることができた。

5. 調査を終えて

　2018年の11月、3年間にわたる調査を終えた。校長室でお茶を飲みながら、今後の学校運営について話を聞いた。校長は、これから新しいチャレンジを始めると教えてくれた。それは、新移民の親向けの中国語講座およびコンペティションの開催である。この試みは始まったばかりだが、すでに12名のパキスタン出身の母親が大会に向けて猛勉強中だという。この母親たちは、これまで全く中国語がわからなかった。彼女たちに中国語を教えるために香港人の親が手伝いにきている。パキスタンの母親と香港人の母親は、お互い全く言葉が通じないためにコミュニケーションを取ることが難しいが、お互いにとって良い影響を及ぼしあっていると校長は話す。

　なぜ母親の中国語コンペティションを開催しようと思ったか。それは、ほとんどの母親は専業主婦として大半を家庭で過ごしているため、中国語を学ぶ機会とモチベーションを得ることが難しい、中国語が理解できないことから子どもの宿題を見ることができないなど、子どもの学習に影響があることがわかってきたからだという。母親の中国語能力を伸ばすのは、ただ母親が香港で生活をしていくためだけではない。母親の学ぶ姿を見て、子どもが家庭で親を助けるようになるかもしれないし、親が子どもの勉強を見てあげられるようになるかもしれない。親だけではなく、子どもにとっても良い影響を与える可能性があるからである。

　これまでの調査を通して、望海小学校における学力格差是正の取り組みについてのいくつかの特徴を見出すことができた。それらは、習熟度別少人数クラスをはじめとするカリキュラム改革、放課後活動の充実、ロールモデルとなる

パキスタンルーツの教員配置、そして PTA や NGO・NPO、地域の人々全てを巻き込んで児童の学力を支える取り組みである。

　このように課題に向き合うために多様な取り組みを行っている一方、補助金の問題、親の階層や文化的コンフリクトなどの望海小学校が抱える課題は山積である。校長は、ありとあらゆる人・補助金・手段や機会を活用し、絶えずチャレンジを試みている。毎回学校を訪れるたびに新しい改革が行われており、またそのスピードの速さにも驚かされる。そのこともあってか、校長との議論はいつでも盛り上がり、校長室での話は（校長は多忙を極めているにもかかわらず）数時間に及ぶこともあった。次回訪問したときには、「新たな試みを始めたんだけど、どう思う？」と、お茶を飲みながら新しい取り組みについての議論に花が咲きそうである。

❖注

▶1　資助学校は、政府からの補助金によって運営される学校のこと。学校の管理は、校長をはじめとする多くの学校関係者で組織された理事会が負っている。児童は、無償で通うことができるため、経済的に困難を有する家庭の子どもは、私立学校ではなく、官立学校か資助学校を選択することになる。

❖参考文献

Census and Statistics Department（2017）"Hong Kong Poverty Situation Report 2016" https://www.statistics.gov.hk/pub/B9XX0005E2016AN16E0100.pdf（最終閲覧日 2018/12/19）

野澤有希（2017）「香港のカリキュラム改革における校本課程開発（School-Based Curriculum Development）に関する研究――「常識科」の教育内容を手がかりとして」『上越教育大学研究紀要』36（2），pp.369-378.

第 11 章

イングランド

プレッシャーにつぶされない教職員と子どもたち
マルメスベリー小学校の日常

ハヤシザキ　カズヒコ

　私の理想の教育は、子どもが様々な才能を開花させ、楽しく総体的に多様なことをまなぶことができる学校です。でも（とくに英語と算数で）国がもとめる結果をださなければ、なにもやりたいことができない。それが現実です。（マルメスベリー小学校校長のジョアン）

1. タワーハムレット

　本プロジェクトでわたしがおとずれたのはタワーハムレットの小学校である。このプロジェクトでタワーハムレットをえらぶことになったのは、タワーハムレットの学力向上策がすぐれていそうだとおもわれたからだ。以下の**表11-1**は行政区別に 2013 年の GSCEs で無料給食資格生徒の通過率がたかい上位 10 行政区をみたものである。通過率とはここでは C 以上の成績をとっている生徒の割合をさす。タワーハムレットはそれらの無料給食資格生徒の学力が下ざさえされており、学力格差の縮小がもっとも成功している行政区のひとつであった。しかも、タワーハムレットでは無料給食資格生徒の割合が 53.7% と半分以上をしめるにもかかわらず、かれらの学力がたかいのだ。

　タワーハムレットはロンドン市のとなり、すなわち政府機関や企業オフィス、

表11-1 英数をふくむ5科目以上でのC以上の成績をとった無料給食資格生徒の割合（標準点通過率）と格差（行政区別）

2012 − 2013		無料給食資格生徒			非 - 無料給食資格生徒		格差 (b-a)
		生徒数	標準点通過率 (a)	無料給食資格生徒割合	生徒数	標準点通過率 (b)	
1	Kensington and Chelsea*	103	76.7	16.9	508	80.9	4.2
2	Westminster*	577	62.2	40.8	837	74.7	12.5
3	Southwark*	791	60.1	33.7	1,555	67.8	7.7
4	Tower Hamlets*	1,355	60.0	53.7	1,166	70.2	10.2
5	Lambeth*	617	59.5	32.8	1,264	69.0	9.5
6	Islington*	620	56.3	43.2	816	69.0	12.7
7	Haringey*	822	55.6	37.7	1,361	68.3	12.7
8	Redbridge**	675	54.2	19.7	2,744	74.2	20.0
9	Barnet**	611	53.8	17.5	2,874	75.2	21.4
10	Hounslow**	482	51.9	17.8	2,221	70.0	18.1

*1：アウターロンドンの行政区。
*2：インナーロンドンの行政区。
出典：下記データの Table 3 より筆者作成。DfE, 2014, "GCSE and equivalent attainment by pupil characteristics: 2013" available at https://www.gov.uk/government/statistics/gcse-and-equivalent-attainment-by-pupil-characteristics-2012-to-2013 [last accessed on 26th Feb 2019]

観光地の集積する地域のすぐ東にある行政区であり、人口は2017年現在30.8万人である（Tower Hamlets Council 2018a）。

かつては貧民街となっており、伝統的にユダヤ人やアイルランド人などの移民がおおくすむ地域でもあった。現在でもネット移民がその人口増加をささえている。そして、タワーハムレットはイングランドのなかで子どもの貧困率がもっともたかい行政区でもある。ただ、かつては64%であった子どもの貧困率は2015年には30.6%と縮小しており改善がすすんでいる（**図11-1**）（Tower Hamlets Council 2018b）。

他方で、一部には伝統的に富裕層がすむ地域や、新興のホワイトチャペルや、アイル・オブ・ドックのように開発がすすみ、ミドルクラスがくらしはじめた地域もある。そして、ロンドンのなかでは今後、最大の人口増加（今後10年で26%増）がすすむともくされている。いまでも人口密度はイシュリントンについで全国で2番目にたかい。また20歳〜39歳までの人口が約46%をしめる、イングランドでもっとも人口がわかい行政区でもある（Tower Hamlets Council, 2018c）。

● 第11章 イングランド ●

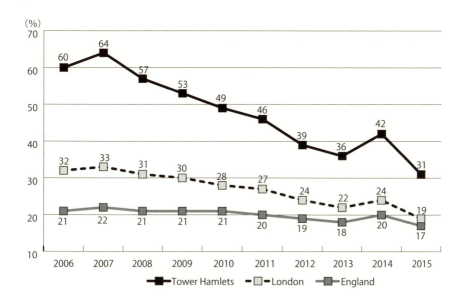

図11-1　タワーハムレットの子どもの貧困率の推移
出典：Tower Hamlets Council（2018b）

　2011年の国勢調査によれば、エスニシティ別では、バングラディッシュ系が約32％と最大グループだ。2番目のグループがホワイト・ブリティッシュで約31％となっている。つづいて、3番目がそのたのホワイト約12％、ブラックアフリカン約3.7％、中華系約3.2％、なんらかのミックス（ことなるエスニシティの間にうまれた）ものたちが約3.7％。いわば約69％がエスニック・マイノリティということになる（Tower Hamlets Council 2013）。
　イングランドのなかで、バングラディッシュ系の人口割合（32％）はタワーハムレットがもっともたかい。またホワイト・ブリティッシュの割合（31％）は5番目にひくい。そして子どもの貧困率がもっともたかい。それがタワーハムレットである。さらに、そのような特徴のなかで、厳しい子どもの学力をささえ、格差を縮小している。この謎をとこうと、わたしは、本プロジェクトではタワーハムレットをえらぶことになった。

2. マルメスベリー小学校と校長のジョアン

　マルメスベリー小学校は、タワーハムレットの東北、マイルエンドの東のボウ・ウェストに位置する。校舎の西側にはモーガンストリートという高級住宅地域があるものの、その地域の子どもたちは私立学校にかようといわれる。マルメスベリー小学校の子どもたちは学校の東側からかよってくる。そしてボウ・イーストとよばれる地域は、タワーハムレットのなかでもひときわ子どもの貧困率がたかい。

　2015 年 11 月のデータ（Ofsted 2015）から児童の属性をみておこう。児童数は 1 〜 6 年生までが 449 名。義務教育以前（ナースリーと準備学年）の子どもが 135 名。合計で 584 名がまなんでいる。児童のエスニシティ構成は、割合がおおきい順に、バングラディッシュ系が 64.6%、ホワイト・ブリティッシュが 9.6%、アフリカンが 8.7%、そのたのホワイトが 5.1%、ミックスが 4.4%、そのほかが 7.6% となっている。タワーハムレットのエスニック構成を反映して、バングラディッシュ系が最大のエスニック・グループとなっている一方で、ホワイト・ブリティッシュは区の割合よりもはるかにすくない。いわいる「しんどい」家庭の子どもがおおいといえる。エスニック・マイノリティの割合が 90.4% となる。第一言語が非英語である児童の割合は、66.1% である。

　「不利な児童」の割合は 51.1% である。この児童たちの割合はピューピル・プレミアムの配分額に影響するので、学校のハンディの程度をしめす重要な指標となっている。しかし近年、無料給食資格児童の基準がきびしくなり、2013 年度の 58.3% から低下しているという。また特別支援対象の障害をもつ児童の割合は、14.7% であり、国の平均よりすこしたかい。不利な児童、特別支援児童、非英語話者の割合はどれも全国的に上位の 20% 内に位置する。それらを総合した学校剥奪指標なるものがあり、近年この数値はさがっているものの（2014 年 0.60 → 2015 年 0.58 → 2016 年 0.39）依然としてとして下位 20% にはいっている[1]。学校が 10 あるとしたら、1 番しんどい学校とはいえないが、2 番目にしんどい学校ということができる。

　校長はジョアン・クレンジーだ。マルメスベリー小学校は、かつて 4 歳か

ら7歳までの幼児学校と、7歳から11歳までの児童学校にわかれていたが、2003年に小学校として統合された。ジョアンはすでに1998年から幼児学校の校長となっており、統合後も校長としてマルメスベリーにとどまっている。そしてすでに20年間（小学校では15年間）も校長をつとめている。そしてそれ以前もふくめて、教員キャリア全体をこのマルメスベリーですごしている。いわば、マルメスベリーとともにその職業人生をあゆんできた校長である。

　学校が効果的に機能してきたといえるのは、統合から5年ぐらいだったとジョアンは回想している。2008年の査察で学校は「良（good）」の評価をえている。これは労働党政権時代の貧困削減策が効果を発揮してきたことや、タワーハムレット全体の教育成果の発展ともかさなる。しかし「不運なことに」（行政関係者）2012年の査察では、マルメスベリー小学校はなんと「不適切（inadequate）」との評価をえてしまった。これは4段階の評価において、最低の評価になる（第4章参照）。この最低評価をえると、学校は特別対策の対象となり、セクション8とよばれる特別査察チームの監視のもとにおかれる。そうなると通常は3年〜5年に一度ですむはずの査察を毎学期うけなければならない。しかも、その査察チームは予告もなく、直前の連絡のみで突然やってくるのだという。その時期は「非常にタフだった」とジョアンはのべる。教員たちの苦労も相当のものだったようだ。残業での会議がつづき「一体、わたしの家庭はどうなるのか」と悩んだ時期もあったという。

　タワーハムレットでおなじ時期に不適切の評価をえた学校のべつの校長は、退職をよぎなくされたという。しかし、タワーハムレットの行政はジョアンをクビにすることはなかった。この評価が本当にたんなる「不運」だったと行政関係者たちはわかっていたのである。むしろ「査察のほうに問題があった」とある行政官は指摘していた。彼女たちはこの学校はジョアンで大丈夫なのだと確信していたという。ジョアンはいう。「弁解をするつもりはない。というのも、そうなったのにも理由があるのだから」と。そして「査察の問題と行政官が指摘するのは何だったのか」との質問にこうのべている。

　　教育水準局（Ofsted）は評価の基準をほぼ毎年、すこしずつかえていく。学校は毎年それに対応しなければならない。さらにその年は（政権交代後

の2012年で）大幅に査察のやり方が変更された。そうなると査察官も、あたらしい査察になれておらず、マニュアルどおりに、ボックスにチェックをいれるような対応をせざるをえなくなる。例えば、（学力最高位の）レベル5の児童がすくないといった項目にはチェックするが、なぜレベル5の児童がすくないのかについて、（障害をもった子どもがおおいなど）理由をたずねることはしない。

この事件からは、イングランドの査察がときに恣意的で学校にいかに余計なストレスをかけているかを推測することができる。学校は査察基準の突然の変更、査察官のめぐりあわせなど、あらゆることにふりまわされ、対応をせまられるのだ。ある目標にむかってやってきたとしても、突然ハシゴをはずされたりもするということだ。

しかし、ジョアンたちはこの特別対策の期間に、タワーハムレットの地方当局のたすけもかりながら、また「家族をほうったらかして」深夜まで残業するなどしながらも、学校改善にとりくんだ。そして、2014年には「良」の評価を回復している。イングランドでは16時になると教員はみな帰宅する学校がおおい。しかし、この学校は苦難の時期の名残があるのか、わたしが訪問をはじめた2014年以後でも、管理職たちが放課後に会議をしている場面をしばしみかけた。

たしかにマルメスベリー小学校はタワーハムレットでパフォーマンスが一番たかい学校ではない。平均より上のよい学校である。いわばタワーハムレットの平均像の学校とみていい。ただマルメスベリー小学校を調査対象としたのは、先のいきさつもある。つまり、いわば一旦きびしい状況におかれながらも回復を達成した辛抱づよい学校であり、試練をへた学校ということだ。わたしには、タワーハムレットのいわば底力のようなものをこの学校に感じたのだ。

3. スタッフ

教員の構成は、管理職をふくめた正規の教員数が31名、TAが48名である（フルタイム換算で教員29.5名、TA35.4名）。管理職は校長がジョアン1人。副

校長が2人、アシスタント・ヘッドが4人である。しかし校長以外は介入や促進といったとりだしの授業で、教鞭をとっている。クラス担任は正規の教員たちがつとめる。

写真（**写真11-1**）の下側はサポートスタッフであるが右上の教員にくらべて非常におおいことがわかるだろう。これはイングランドの特徴でもある。いわ

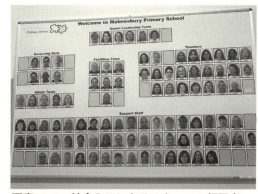

写真11-1　校舎入口にあるスタッフの顔写真
出典：筆者撮影。

ばイングランドの学校は非常勤のTAやその他のスタッフにささえられているのだ。TA（ティーチング・アシスタント）は教員資格をもっていない人びとであるが、各クラスに1名ずつ配置されており、かつ、学年にも配置されている。さらにそれ以外のサポートスタッフが8名いる。

4. スチュワーツクラスの1日

　子どもの学力にもっとも直接に学校がかかわることになるのが授業である。子どもたちの一日を追ってみよう。

　表11-2は1・2年生の混合クラスの時間割だ。すべての学年に共通する時間割として、午前中はすべての曜日が英語と算数だけである。ほかの科目はすべて午後におこなわれる。午前の方が子どもの集中力がたかいからとの理由だそうだ。集中力がひくい時間にまわされる科目はどうでもいいのか、といぶかってしまうが、イングランド全土でこのような時間割が普通であるという。紙にかいた時間割がみいだせたのは実はこのクラスだけだった。午後は曜日によって教科がことなるとはいえ、毎週のことなので子どもは時間割をみる必要もない。イングランドでは鉛筆もマーカーペンもテキストもノートも全部教室においてある。子どもが登下校にもちはこぶのは宿題だけに特化した教材や図書ぐらいのものだ。前日に時間割をみて教科書をカバンにつめこむようなことはし

表11-2 ドーンズクラス2016年時間割

	月	火	水	木	金
9:00-10:00	算数				
10:00-10:30	学年集会／休み時間					
10:30-11:00	発音・文法・スペリング				
11:00-12:00	英語				
12:00-13:00	給食／休み時間				
13:00-14:15	13:00-13:30 ジグソー 13:30-14:15 トピック	トピック	13:00-13:30 手書き 13:30-14:15 体育	トピック 14:00-14:15 休み時間	13:00-13:30 音楽 13:30-14:15 体育／ICT
14:15-14:30	休み時間				
14:30-15:00	ガイド・リーディング				
15:00-15:15	お話の時間				

出典：教室の時間割から作成。

なくともよい。

　3年生のクラスをみてみよう。クラスの担任はジル・スチュワート、TAにはウェンディ・カンバーがついている。クラス名は担任の名をとって「スチュワーツ」とよばれている。ジルは49歳、名門のロンドン大学ゴールドスミスを卒業し、教員となって22年。いわばベテランのそして優秀な女性教員である。2000年よりこのマルメスベリーにつとめはじめたという。

　授業前にジルやウェンディとはなしていると、新カリキュラムにかんする不満がきかれた。2014年からはじまる新しいカリキュラムは小学生に語彙やスペリングでの負担をふやし、算数も高度になった。このカリキュラムのせいで、自分の授業のクリエイティブな部分がますます圧縮されてきたとジルはなげく。カリキュラムが高度すぎ、ジルの学年には進度が1年おくれの子どもが19人もいるとのことだった。自分たちが子どもの頃は毎日歌をうたっていたが、いまの子どもにはうたう機会がほとんどない、なんて今の子どもは可哀想なのだ、と。

4.1　午前の授業前半──英語

　朝、子どもたちは親につれられて学校にやってくる。バングラディッシュのコミュニティにあるため、朝はヒジャブをかぶった母親の姿であふれる。校長

第11章 イングランド

のジョアンは入口にたっていて、親と挨拶したり親からの相談をうけたりする。はやくは8時から朝食クラブに参加する子どもたちもいる（後述）。

8時45分になると校庭でまっている子どもたちをウェンディがむかえにいく。教室にはリズムのよい、子どもむけの音楽がかかっている。はいってきた子どもたちはコートをぬぎ、ジルがなにもいわないのに、各自ノートをとりだしスペリングの練習をはじめている。なかには教室におかれたパンをつまんでいるものもいる。このバターを塗ったパンを子どもたちは自由につまむことができる。マジック・ブレックファストという慈善団体（NPO）から予算がでているそうだ。そのウェブには「お腹がすきすぎて学習に集中できない子どもをなくす」とある[2]。子どもの貧困率が英国一のタワーハムレットにはこのような慈善団体との協働が数おおくある。

このスペリングの練習の間に、ジルは出席をとり、パソコンのリストにチェックをいれていく。データは事務室に共有されて、データベース化されている。連絡もなく欠席している子どもがいれば、事務職員が保護者に電話をいれる。そしてこのデータベースが学校全体の日々の、そして年間の出席率をだす。出席率はイングランドの学校で厳密にモニターされている数値のひとつであり、格差是正に貢献するとかんがえられている。

9時ちかくになると、「ノートをかたづけましょう」と声がかかる。9時から教室をでたところの講堂で学年集会がひらかれるのだ（**写真11-2**）。子どもたちは整列して教室をでて、所定の場所に手ぎわよくならびすわる。今日の学年集会のテーマは、家庭学習の表彰である。家庭学習は、プロジェクト形式でおこなわれる、半期ごとの宿題であり、通常は何かを工作でつくってくることになる。前回

写真11-2　学年集会での「家族の歴史」プロジェクト形式でおもに図画工作が宿題となる

出典：筆者撮影。

219

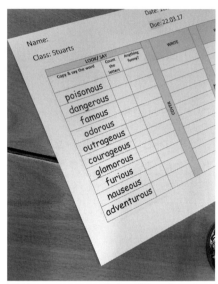

写真11-3　このスペリングを7歳で!?
出典：筆者撮影。

は「ロンドン大火災」が課題であったが、今回は「家族の歴史」が課題となっている。各児童たちはさまざまな木をもした絵や立体をつかって、家系図をつくっている。優秀作品が表彰された。おどろくのは、このような大人数の集会でも、子どもたちはほとんどおしゃべりもせず、教員のことばに耳をかたむけていることだ。授業態度は「とてもいい」とジルはのべていた。校長からは過去の授業態度の改善に力をいれていた時期の説明をきいたが、どの授業をみても子どもがしっかりトレーニングされているとかんじた。

　9時20分、各クラス順番に教室にもどってくる。もどるとさっそくスペリングの小テストがはじまる。ふたつのグループにわかれており、やさしめの問にこたえるグループと、むずかしめの問にこたえるグループがあった。やさしい方は、door, floor, poor など1年生レベルの問題であり、むずかしい方が本来の3年生むけのようだ。poisonous, adventurous, outrageous など、7-8歳にしてはかなり高度ともおもえるスペルをかいていた。これこそ新カリキュラムでメディアが大々的にとりあげた難易度のたかいスペリングであろう。このスペルがかけないとオチコボレというわけだ。ジルに「なぜコンピュータの時代にスペリングがこれほど大事にされるのか」とわたしがたずねると「そのとおり。バカげている」とつよく同意した。さらに「こういうテストは短期記憶にしかのこらないという調査もある」とつけくわえた（**写真11-3**）。

　カリキュラムの速度や高度さといえば、べつの機会には4歳児が分数をまなんでいるところも見学した。イギリスでは5歳から1年生となり、日本より学年では1年はやい。さらに4歳から基礎段階の準備学年がある。その準備学年の授業でおこなわれていたのは、クオーターとハーフを、体を回転させながら

まなぶというものだった。クオーターターンで、右向け右。ハーフターンで後ろ向きといった具合だ。ケーキを分割しておしえることもあるという。おしえかたがうまい先生で子どもも理解していたようだが、「4歳児に分数か」と度肝をぬかれた。

9時52分、スペリング試験のあと作文をしていた子どもたちに、つくえにもどってノートをとじるように指示がなされる。ウェンディがスペリングの得点を発表するが、ひとりだけ10問中9問正解の子どもがいた。家庭事情が複雑であるというアミールであった。アミールはたつようにいわれ、みなが拍手をする。ジルは「よくやったね、アミール」とそっけなくいう。しかし、子どもたちのほとんどが10問中6問～2問の正解にすぎなかった。そのような高水準のテストをほぼ毎日おこなって、子どもの自信や学習の快楽が棄損されはしないかと心配になった。

学習進度ごとのグループにわかれ、さらにべつの作文にとりくんでいたが、10時30分、プリントは回収され、ノートもひきだしにしまわれる。ようやくナカやすみ時間となる。子どもたちはグラウンドにでて、はなしをしたり、はしりまわったり、男子のグループはサッカーもしている。10時45分ごろ笛がならされ、子どもたちははしって校舎の入り口にならぶ。伝統のある校舎は、入り口や階段の幅がちいさくて、いちどにたくさんの子どもがはいると大混乱になってしまう。TAが順番をまちながら、子どもを誘導し、教室にもどっていく。このあたりの秩序にも感心する。ランチや集会、やすみ時間、教室移動時は子どもはいつも整列する。誘導はつねにTAの仕事である。

4.2 午前の授業後半——算数

10時50分、教室にもどると、子どもたちは前のフロアにすわり、BBCの提供する子どもニュースをみていた。学校でよくつかわれる教材のニュースのようだ。トピックはIRAの元指導者で北アイルランドの元副首相、マーティン・マクギネスの死亡にまつわるものと、英語手話をまなぶ子どもたちにかんするものだった。ジルは動画をときおりとめて、北アイルランドの紛争が自分の子どもの頃のことだったこと、ロンドンでも爆破事件がおこっていたこ

写真11-4　演習のあとまとめをするジル先生
出典：筆者撮影。

となどをはなす。また、聴覚障害をもつ親類のはなしや、子どものまわりにいる聴覚障害者についてたずねたりしていた。ジルはできるだけ毎日この子どもニュースをみせるようにしているのだという。

　11時になり、算数の時間となる。算数は学年混合でストリーミングがなされている。ジルのクラスは、もっとも進度がおそいとされている子どもたちがあつまってくる。最初は4の段から7の段のかけ算の復習である。イギリスでは、例えば4の段だと4、8、12、16、20と、4の倍数をおぼえていく。なおかつ3年生の時点で12×12までおぼえるので、4の段だと48まである。ジルがいう。「もし、わからないときは、歌をつかいなさい。あと指でカウントしながらね。ちょっと早口で歌ってみましょう」。ハッピーバースデーの音にあわせて、子どもたちが「フォー、エイト、トゥエルブ、シックスティーン、トゥエンティー♪」とうたう。子どもにも有名な歌にあわせておぼえるのはジルのアイデアなのだそうだ。毎回最初からうたうのは大変そうだが、すくなくとも解まではたどりつけるという。

　15分間で復習がおわると、引き算にはいる。TAのウェンディの机では、ウェンディがもっともきびしそうな子どもの横について、ホワイトボードをつかって計算をてつだっていた。その女の子、エヴァはプロセスの全体があたまにはいっておらず、ウェンディがひとつひとつ指示をださなければうごけない子だった。20問あるがとてもおわらない。わたしがみていても、とにかく反応がうすい。声をめったにださない、しずかな子であった。あとでジルにきくと、エヴァは発話障害がある子なのだという。学力もしんどい。「しかも、第一言語も英語ではないのよ。もうどうしたらいいっていうの」とジルは、わらうしかないといった調子でのべる。

　12時15分になるとジルはふたたび子どもたちをまえにあつめ、2分でまと

める。ようやく昼休みとなる (**写真11-4**)。

4.3 午後の授業——体育

　13時10分、昼やすみからかえってきた子どもたちが教室で着がえ、つぎの体育の準備をする。体育教師はTAであるリサが担当である。リサともうひとりの体育TAのアブドルは、さまざまなスポーツイベントや活動を組織し、学校の教育活動に活力をあたえている。この週はセカンダリーから職業体験でやってきた体育のアシスタントの中学生が3人いた。全員この小学校の卒業生である。しかも、そのうち一人はリサのもとではげみ、陸上走者として200mの年齢別の世界記録を保持する。東京オリンピック選手候補でもあるという。リサたちが企画するスポーツイベントは、さながら日本の運動会のようだ。保護者もたくさんやってくるという。

　体育の授業がはじまって、15分ほどたったころ、3名の子どもたちが名前でよびだされて、別室へと移動した。午前にもおこなわれるが、とくに午後の授業では、このような介入（とりだし）がよくおこなわれる。この時間帯は、あき教室やホールでも、あちこちで少人数のグループがTAについてまなんでいる。このときの介入は、発話と言語をテーマとしていた。つまり、発話障害をもつ子どものための介入であった（後述）。

　介入の時間からかえると、教室では体育がおわり、代替教員のマディアが授業をおこなっていた。内容は学校における危険物について。保健室のクスリや薬品などのあつかいについておしえていた。イングランドの小学校では、専任教員に教室をはなれておこなう教材準備の時間が一定程度保障されている。その間は代替教員が授業をおこなうことがおおい。この準備時間のすくなさはいつもイングランドでは議論になっている。採点や準備をもちかえるTAや教員がおおいことが労働問題となっているのだ。

　15時7分にふたたびジルがもどってくる。わずかな間であるが、絵本のよみきかせをする。子どもたちはつかれもみせず、真剣にきいいている。5分ほどで終了。子どもたちはコートをかぶり整列して、校庭にでていく。帰宅する子ども、放課後クラブに参加する子どもにわかれるが、約半数が保護者にむ

かえられて帰宅していく。放課後クラブは職員とはべつのNPOや地方行政によってになわれているため、16時をすぎると教員も三々五々にかえっていく。

ジルのうまさや工夫、そして子どもたちの規律のたかさには感心するしかない。ただ、わたしのような観察者にはイングランドの小学校はつかれる。チャイムも教科書もなく、先生が学習の内容をすべてコントロールする。イングランドでは、学習内容はかわるものの60〜70分、ときには90分も授業がつづく。そして学年は関係なく毎日15時15分まで授業がある。わたしが日本の小学校1年生のころは週4日は午前授業で帰宅していたのだが……。

5. 介入と促進

体育のクラスがおこなわれている間、エヴァのような発話障害の子どもをあつめた介入のクラスがあった。子どもは合計6人。同学年の別クラスからも声がかかっているようだ。教員は、絵をみせながら、子どもにさまざまな質問をしている。「なぜ夜とわかるのか」「電気がついているから」。子どもにはなさせるのが目的とのことだった。つぎは、物語ルーレットという教材をとりだした。このルーレットでしめされた言葉をつかって、物語をつくるのが課題となる。ルーレットでしめされた要素、場所、時、人、について、さまざまな要素をくみあわせて話をしなければならない。高度なまなびかとおもわれたが、数名はすでに流暢に物語をつくることができる。発話障害といってもさまざまな程度や改善があるのだろう。しかし、エヴァはまったく物語をつくることができないどころか発話もままならなかった。20分ほどの時間がすぎて、最後にお互いをほめあっておわった。

言葉があまりでない発話障害については日本でほとんどきくことがない。もしエヴァが日本にいても、ただ「おとなしい子」という認識しかされないようにもおもう。しかし発話障害はイングランドでは一般的な子どもの障害のひとつであり、発話セラピストも存在する。教材もそれに対応したものがたくさん開発されており、おおくの小学校に同じような教材が購入されている。学習障害であれ知的・精神的障害であれ、テストをうけることができるのであればかれらもテストをうける。特別支援対象の児童とそれ以外の児童の平均スコアの

第11章　イングランド

格差は縮小されるべきものと認識されている。それが特別支援対象の子どもへの手あつい支援へとつながる。

ところで、この別教室にとりだして指導する場合には、2つの場合があり、ひとつが介入 (intervention) とよばれる進度がおくれている子どもを集中しておしえる場合である。もうひ

写真11-5　握力がよわく字がまだかけない4歳
出典：筆者撮影。

とつは、促進 (booster) とよばれ特に高学年で合格点ギリギリより下にある子どもを対象におこなわれる。これはイングランドの学校の評価が、全国試験においてどれだけの割合の子どもが合格点をとっているか（標準点通過率）によって決まるからである。したがって高学年では通過率をたかめるための促進がおおくなってくる。

介入と促進は、イングランドで一般的な低学力の児童への支援策であり、特に低学年での介入に力がいれられている。ジョアンはとりわけ就学前の準備学年、1・2年生の「発音」とリーディングに力をいれていた。

テーブルの写真の右は、準備学年のエドワードが介入のクラスで「発音」のスペル練習をしているところだ。quiz だろうか。まんなかからかきはじめて、下に buzz、fizz とつづけてかいている。このように同発音・同表記をふくむ単語をならべて、発音したり表記したりして、どのスペルをどう発音するのかをアタマにいれていくのが「発音」のまなびの特徴である。4歳のエドワードは、とにかくまだ握力がよわくて、ペンをにぎりきることができない。したがって字もうまくかけないようだ。ホワイトボードも左上からではなく、真ん中からかきはじめ、fizz とかくときにはスペースがたりなくて、はみだしてしまっている。すなわち空間認識の能力にかけるのだろう。だからこそ介入が必要なのだが、そうした学習の基礎や条件のおくれが4歳時点で校長や管理職に把握されていることにおどろきとともに、イングランドらしさをかんじるところである（**写真11-5**）。

225

この個別の介入がどれほど効果があるのかわからないが、教員たちはその効果を実感しているようだ。「すごくのびたりするのよ、例えば○○なんて、3年になってから急に」とジルはいう。またしばしば「介入ははやいほうがよい」ともいわれる。できない子どもがきわめて若年のときから放置しないことが大切だとおもわれているようだ。

6. 学童保育——朝食クラブと放課後クラブ

　授業以外の支援にも目をむけておこう。学童保育や保護者の支援は低所得の地域にひろまった学校の役割のひとつである。例えば、労働党政権の時代に一気にひろまった朝食クラブも本小学校でもおこなわれていた。保護者が朝の通勤で時間がないとき、深夜労働で朝の起床がむずかしいとき、とくにシングルマザーや貧困層への支援として有効だとされてきた。1食2ポンドの有償サービス（2019年4月現在、1ポンド＝145円）。わたしが見学したときは、10人ほどの子どもが朝食の提供をうけていた。学校の登校時間まで2つの部屋で子どもたちはすごす。朝食をたいらげた子どもたちの時間をムダにしないよう、ブロック、つみ木、絵本、ぬり絵などさまざまな教具がある。こうしたわずかな時間の活動にもTAやメンターがついており、大人の目がとどいているのも興味ぶかい。

　朝食クラブの目的とは直接関係ないのだが、わたしが見学中、おもしろい会話があった。はじめはぬり絵であそんでいる子どもたちがいたが、次なにしようかといいかけた男の子が「あ、今日はスペリング・テストだった」といった。そして、すでに勉強している女の子にむかって、範囲をきいたり、時間をきいたりして、みずから勉強をはじめた。女の子はテストがおおすぎると愚痴をこぼし、下級生にむかって警告をはっした。「6年生は大変よ！」と。きくと、その当日にはテストそのものではなく模試をするとのことだった。教員たちは本意ではないようだが、子どもが実力を存分にテストで発揮するためには、模試は不可欠なのだという。高学年の子どもたちがいつもテストのプレッシャーにさらされていることが見てとれる。

　放課後クラブもマルメスベリーでは提供されている。サッカー、スケボー、

ガールズ・フィットネスなど。また体育系だけではなく、絵画等文化系のものもある。「格差是正の観点からどれを見学したらいいとおもうか」とジョアンにたずねたところ、ガールズ・フィットネスをすすめられた。というのもその活動は女子たちの自信を構築するためのものでもあるからだそうだ。ムスリムの家庭では女性の地位がひくくみられがちで、女性の自尊感情がひくいということは、しばしばイングランドできくはなしである。それゆえ、女子の自信獲得が学力格差是正策のひとつとかんがえられるところもあるのだ。

　ある日、サッカーに参加したところ、11歳の子どもたちより、わたしのほうがはるかにうまかったので、ヒーローになった。次の日には、カズはすごくサッカーがうまい、オカザキだ！　と6年生の間で話題になった。

7. コミュニティ・アプローチ

　マルメスベリー小学校には、地域や親のための包摂チームがあり、さまざまな活動がおこなわれている。事務所には、シャヒーダとホザラーナという2人の「家庭連携職員」とよばれるスタッフが常駐する。この包摂チームの活動には、地域行事の運営、保護者ルームの運営、運動会、放課後クラブの一部の運営等々、多岐にわたるものである。保護者ルームの時間割（**表11-3**）には、「朝コーヒー」とよばれるおしゃべりの時間もあれば、英語クラス（**写真11-6**）、会計クラス、子そだてのスキル・自信構築といった成人教育機会もふくまれる。また、よちよち歩きの子どものあつまり、ボクササイズといった運動、社会教育施設への研修、PTAグループの運営、保護者ボランティアの説明会などもある。また、別のスタッフ、学習支援員の活動として、1対1対応、自信構築グループの運営、料理教室、資金調達等の社会的活動などがある。

　実は専従の2人の仕事のほとんどはチルドレンズセンターがおこなっているものとおなじだ。各地でチルドレンズセンターの閉鎖があいつぐなか、マルメスベリーは独自に活動を組織してきた。学校の予算で2人を雇用しているため、チルドレンズセンター閉鎖や統合の余波をうけずにすんでいるのである。このように学校に併設されるチルドレンズセンターもすくなくはないが予算を学校が保証しているところはめずらしい。

表11-3 ペアレントルーム時間割 2016-2017

	午前 9:00-12:00	ランチタイム	午後 13:00-15:00
月曜日	スキル・自信構築 9月19日-10月31日 健康家族 1月16日-2月6日	フレンドシップクラブ	
火曜日	家庭とコミュニティの強化 10月4日-2月7日 3つのP（肯定的態度のすすめ） 2月28日 SRE 2017年5月		
水曜日	英語 コーヒーモーニング 9:00-10:00 （1階ホール）	フレンドシップクラブ	英語
木曜日	家庭アスピレーション 9月22日-10月6日 会話と準備 11月10日-11月24日 家庭会計 11月10日-12月15日 トドラーグループ 9:00-11:00 （1階ホール）		
金曜日	英語		英語

出典：内部資料をもとに作成。

　もっとも大きな活動の1つが、表11-3で火曜日におこなわれている家庭・コミュニティ強化プログラムである。このプログラムは1回3時間で13回、およそ4カ月にわたる。きびしい家庭は無料、そのほかは12ポンドかかる。テーマは5つに分類されており、文化／精神、関係の強化、しつけ、通過儀礼、コミュニティへの参加となっている。基本的に親としての自立を支援し親の教育力をたかめるものといえるだろう。あまりにもコースが長期なので参加者はすくないだろうとおもったが、参加者数は年度によって14〜40名いるそうだ。ターゲットとして受講を推奨されるきびしい家庭の親にも、自分から参加してくる親にも好評であり、その評判が口づたえで長年継続されているという。事後評価のアンケートの親のコメントには、例えばこのようにある。

子どもにたいするふるまい、子どもとの会話の仕方、子どもに対する感情のコントロールに自信がもてるようになった。いまでは、子どもをどのようにそだてるかについてよくしっているし、子どもとどんなことでもはなすことができる。どんなルールや家族のきめごとが家庭を維持するのかわ

写真11-6　保護者の英語クラスも校内の保護者ルームで
出典：筆者撮影。

かってきた。すべてがよかった。このコースは誰でもがうけるべきだとおもう。

家庭連携職員のシャヒーダとホザラーナに、最近の親の傾向をきくと、「近年の親たちは10年前とはことなり、ますます自信をつけてきているようにみえる」という。その理由をたずねると、やはりチルドレンズセンターやそのほかの地域のサービスをあげた。「タワーハムレットでは、ほんとうにたくさんのサービスをうけることができる。しかもそれのほとんどが無料なんですから。」と。長年の蓄積が目にみえてきたというところであろう。

8. 学力格差縮小の成果

イングランドでは学校ごとに学力テストの公表が義務づけられており、現在ではウェブでだれでも各学校の成績をみることができる。なかでも小学校の卒業まぎわに子どもが受験するナショナル・カリキュラム・アセスメント（旧名称から通称SATsといわれる）の結果は、学校の評価にもっともかかわってくる重要な指標となっている。重要視されるのは、学校全体の通過率（標準点以上の割合）である。これが各教科で国の通過率をうわまわっているかどうかで、学校の評価がほぼきまるといっていい。

表11-4　2016年SATsの教科別標準点通過率

	マルメスベリー	国	地方当局
読解	64%	66%	67%
作文	76%	74.10%	77%
算数	51%	70%	74%
文法・句読点・スペリング	77%	72%	76%
読解と算数の合算	43%	53.20%	60.50%

出典：内部資料より作成。

たとえば、2016年のSATsの成果をもっとも代表的に表現したのが表11-4になる。この2016年の場合、マルメスベリー小学校では、読解と算数の通過率がひくいことがわかる。じつはこの2016年卒業の学年は「しんどい学年」として、重点学年として長年にわたって手をかけてきた学年であった。しかし、新しいカリキュラムに移行後はじめてのSATsとぶつかってしまった不運がかさなった。新試験で難化したために、実力の差がおおきくでてしまったのだ。算数にかんしていえば、新試験では計算問題が大量にだされており、かつ、スピードがもとめられていた（36問を30分）。この計算問題のスピードでもマルメスベリーの子どもたちはおそかったのだという。そして、この年からマルメスベリー小学校では算数に力をいれることになる。

さて、SATsで大切なのが、学校全体の平均や子どもの伸長とともに、格差の縮小がどれほどなされているかである。とくに無料給食資格児童とそれ以外の児童との格差がどれほど縮まっているかは、ピューピル・プレミアムの予算の使用の説明責任をとわれる重要な指標である。

表11-5は、2016年のSATsの結果をもとに各グループ別の通過率をしめしたものである。例えばピューピル・プレミアムの対象となる不利な児童の通過率は31%、特別支援をうける子どもの通過率は8%、英語が第一言語ではない子どもの通過率は40%などとしめされている。

すなわち、学校全体の平均をおしあげるために、条件がきびしい層の学力をあげる必要があるということになる。そして各小学校ではターゲットをさだめて、表にあらわれる該当グループのてこいれを幼少期からおこなう。問題は格差を縮めるだけではダメで、学校全体の平均点が国をうわまらなければ「良」の学校とみとめられないことだ。これには学年のバラツキがどうしても発生してしまう。次の2017年の子どもたちは比較的優秀だったが、その当時の4年生はきびしいと予測されている。というのもこの学年には特別支援を必要とす

表11-5 SATsの読解、作文、算数の標準点通過率および高水準通過率
（2016年マルメスベリー小学校）

	人数	比較対象	標準点通過率（%）		高水準通過率（%）	
			マルメスベリー	国	マルメスベリー	国
全生徒	74	全	43	53	4	5
男子	36	同	44	50	8	5
女子	3	同	42	57	0	6
不利な生徒	49	非	31	60	0	7
非-不利な生徒	25	同	68	60	12	7
無料給食資格	49	非	31	60	0	7
特別支援対象（診断書&EHC）	1	全	100	53	0	5
特別支援対象	12	全	8	53	0	5
非-特別支援対象	61	同	49	62	5	6
英語話者	19	全	53	53	11	5
非英語話者	55	全	40	53	2	5
エスニシティ						
ホワイト	11	全	55	53	18	5
ブリティッシュ	8	全	63	53	25	5
ホワイトその他	3	全	33	53	0	5
ミックス	5	全	20	53	0	5
ホワイト＋アジアン	3	全	33	53	0	5
ミックスその他	2	全	0	53	0	5
バングラディッシュ	47	全	47	53	2	5
ブラック	9	全	22	53	0	5
アフリカン	7	全	14	53	0	5
その他のブラック	2	全	50	53	0	5
中国人	1	全	100	53	0	5
その他のエスニシティ	1	全	0	53	0	5
KS1での成績						
全科目-低	14	同	14	6	0	0
全科目-中	48	同	44	47	0	1
全科目-高	8	同	100	91	38	17
読解-低	14	同	14	7	0	0
読解-中	51	同	47	48	0	1
読解-高	5	同	100	91	60	18
作文-低	19	同	16	10	0	0
作文-中	48	同	52	57	0	1
作文-高	3	同	100	95	60	18
算数-低	9	同	0	5	0	0
算数-中	51	同	41	49	0	2
算数-高	10	同	100	91	30	21

出典：内部資料より作成。

表11-6　SATs読み書き算数の期待水準以上の割合2016-2018年

	2016	2017	2018
マルメスベリー小学校	43%	67%	81%
タワーハムレットの公立小学校	62%	68%	72%
イングランドの公立小学校	53%	61%	64%

出典：内部資料より作成。

る子どもの数が特におおいからだ。ちなみに2016年、2017年、2018年の全体の結果は、**表11-6**のようであった。2017年は国の平均を6ポイントうわまわり、2018年は17ポイントうわまわった。マルメスベリーの子どもと教員たちのホッとする顔がうかぶ。実際のところ、2017年も2018年も「この子どもたちはとっても優秀」であり、「ずいぶん前からなんの心配もなかった」とジョアンはつぶやいていた。もちろん学校の条件をかんがえると、これまでの学校のガンバリがかれらの好成績を保障していたのだとかんがえるべきだろう。第一言語が英語でもなく、英国でもっとも子どもが貧困であるタワーハムレットでもこれだけのことができるのだ。ただし、2016年の6年生とおなじぐらいに「もっともしんどい学年」が2019年にSATsをうける。マルメスベリーの正念場はまたやってくる。

9. イングランドの「いいわけゼロポリシー」

　マルメスベリー小学校の教育活動を本章ではみてきた。教育とは算数と英語だけではない。子どもは幸福でなければならない。このような大義にこだわりながらも、試験のスコアで結果をだす。これがマルメスベリーの仕事である。子どものおくれや家庭の問題などをつねにモニターし、管理職のレベルが把握していること。そしてそれらを放置するのではなく、すべてのとりうる対策をとっていること。優秀な教員の獲得と維持、介入や促進の効果的な運用、学童保育、保護者への包括的な支援等々を手あつく、あきらめず、継続しておこなう。これがイングランドの学校であり、マルメスベリーはその好例である。とくに地方行政が予算カットにくるしむなかで、保護者の支援を独自の予算で継続している本校のとりくみは注目にあたいする。

　しばしば「いいわけゼロ（No Excuse）ポリシー」とイングランドでよばれ

● 第11章 イングランド ●

る学校哲学がある。特別支援の児童がおおい、無料給食資格児童がおおい、英語がはなせない子どもがおおい、予算がすくない、どのような困難、どのような条件があってもそれを「いいわけ」にはしてはならない。どのような子どもにも期待をたかくもつ。「いいわけゼロポリシー」という言葉は査察の評価報告書にもしばしば登場するほど重宝されている。それほどこの哲学、あるいは、エートスがイングランドの学校には普及している。学校につとめる教職員の態度をかんがえるなら、一見、この哲学はただしいようにみえる。査察報告ではガンバっている学校をほめたたえる意図でもよくもちいられる。

ではなんの「いいわけ」にしないのか？　それは、テストの結果がわるいことの「いいわけ」にしないということである。教育とはテストの点数ではない。査察で評価されるのはテストの点だけではない。それは誰もがわかっているが、結局はこのテストの点をもとにして、査察も学校の評価報告書の説明をつくることになる。テストの点がすぐれているのに、授業方法がわるいと記述されることはない。テストの点がわるいと査察はその原因をさぐろうとするのだ。テストの結果は学校のウェブでも公表せねばならない。人々が学校をみるときに、教員が就職をきめるときに、保護者が学校をきめるときに、行政がサポートをするときに、（地理などほかの要素もあるにせよ）一番きにするのは、やはりテストの結果なのである。そしてイングランドの学校は、政府への義務として、期待値水準以上の子どもを一人でもふやそうとする。

もちろん、そのいとなみが学力の格差の縮小への努力にもつながっているのは、イングランドの社会的公正のあらわれとみることもできるだろう。イングランドでは、貧困、エスニシティ、第一言語、障害など、学力をあげるのに不利とおもわれる条件をもつ子どもたちをグループとして把握し、それ以外の子どもたちとの比較において、学校の学力向上を評価している。これは、子どもの試験のたんなる平均点で学校を評価するよりは、学校にとっても公平な評価の仕方である。それと同時に、社会の分断をふせぎ、階層の移動の障壁をとりのぞき、公正で平等な社会をもたらす努力だといえる。

しかし、他方でこの哲学は、学校の負担をふやすことをたやすく正当化させてしまう危険性をもつ。カリキュラムが知識基盤になったこと、試験が難化したこと、査察のやり方がコロコロとかわること、チルドレンズセンターが

閉鎖・統合されしんどい家庭がふえていること、これらも一切、弁解にはならない。マルメスベリーでの予算はそれほどおおきくカットされなかったのだが、おおくの学校では予算が減少している。

　この哲学がプレッシャーとなって、子どもや教員をくるしめることがある。ある教頭から、試験のあとに自分の出来がわるかったといって泣いている子どもをなぐさめたエピソードをきいた。どの国でも一部には試験に涙する子どもがいる。日本でもそれはめずらしい話ではないが、この国では、あらゆる小学校のすみからすみまで、子どもが試験をうけるプレッシャーとたたかっていることは、すこし異常にもおもえる。先生が何をいっているかがまったくわかっていなくとも、障害をもっていようと、子どもが勉強をしないという選択がこの国にはのこされていないのだ。

　そして政府は、とくに今の政権は、この哲学のもと、教員や子どもたちを、限界までしぼっているかのようにみえる。どこまで教員や子どもたちはこの学力向上競争にたえられるのだろうか。

　そして、これほどイングランドの教員や子どもはがんばっているのに、イングランドのPISAのスコアはいつまでたってもあがっていない。極端な右派はそれを移民の増加のせいにするかもしれない。しかし、移民の数がおおいロンドンが学力の底あげで成果をだしていることは上にみたとおりだ。わたしには、カリキュラムを難化し、貧困を放置し、世界でもまれだった子そだて家庭へのきめこまかいサービス（チルドレンズセンター）を縮小し、福祉や就労支援や医療を削減し、学校への教育投資を縮小させている現在の政権がPISAスコアの低迷をもたらしたようにみえる。イングランドではこの9年間、新自由主義的な政策のもとで行政サービスの縮小と財政出動を極小化し、私的な経済活動の領域を拡張してきた。そして一定の経済成長のもとにありながら貧困率が不変のままという経済的格差の拡大を是認してきた。さらには保守党政権は、古典的な英国性をおしだすアカデミックなカリキュラムによって国民の統合（と排除）をもたらそうとした。それらの政策によってこそ、学校や子どもの努力を相殺するかのように、学校や子どもがいどむチャレンジが、気づかないうちに年々増大しているのだとかんがえざるをえないのである。

❖注

▶1 ここで学校剥奪指標とは Income Deprivation Affecting Children Index (IDACI) Score (rate) を指している。2015年のスコア 0.39 は、学校全体 3 万 2845 の校中のランクで 3433 位（に貧困）であった（DfE 2015）。
▶2 https://www.magicbreakfast.com/

❖参考文献

DfE（2015）"National Statistics: English indices of deprivation 2015" https://www.gov.uk/government/statistics/english-indices-of-deprivation-2015（最終閲覧日 2019/03/09）

Ofsted（2015）"RAISEonline 2015 Summary Report Malmesbury Primary School"

Tower Hamlets Council（2013）"Ethnicity in Tower Hamlets: Analysis of 2011 Census data," https://www.towerhamlets.gov.uk/lgnl/community_and_living/borough_statistics/census_information.aspx（最終閲覧日 2019/02/26）

Tower Hamlets Council（2018a）"Borough Profile 2018," https://www.towerhamlets.gov.uk/lgnl/community_and_living/borough_statistics/borough_ststatisti.aspx（最終閲覧日 2019/02/26）

Tower Hamlets Council（2018b）"Child Poverty in Tower Hamlets: Borough Statistics," https://www.towerhamlets.gov.uk/lgnl/community_and_living/borough_statistics/lncoln_poverty_and_welfare.aspx（最終閲覧日 2019/02/26）

Tower Hamlets Council（2018c）"Population Estimates Mid 2017 for Tower Hamlets," https://www.towerhamlets.gov.uk/lgnl/community_and_living/borough_statistics/poppopulat.aspx（最終閲覧日 2019/02/26）

第 12 章

フランス

基礎学力と「コンヴィヴィアリティ」の育成をめざして

園山　大祐

1. はじめに

　本章で取り上げるエッフェル小学校（仮名）は、シャルリエブド襲撃事件後の 2015 年 3 月、2016 年 3 月、同年 11 月、フランス大統領選直前の 2017 年 3 月、新政権発足 1 年半後の 2018 年 11 月の計 5 回（23 日間）観察を行った。2015 年のパリ市テロ襲撃事件以来、全国非常事態宣言下にあり、校区内でも事件は起きており、2016 年は、正門の外の雰囲気は緊張感があった。夕方には毎日、警察官が立つようになっていた。しかし校内の雰囲気は、そうしたことを子どもたちに感じさせないよう、教職員は明るく振舞っていた。ただ職員室内はいつも以上に政治話で盛り上がっていた。極右の台頭、メディアに見られる偏見等に対する子どもへの影響を危惧していた。

　2001 年のアメリカで起きた 9.11 テロ事件以来、世界の分断に対する危機感が学校の先生にはみられた。2001 年以降、マドリード、ロンドン、アムステルダム、ノルウェーなどヨーロッパでテロ事件が相次いだ。そのなかでも観光大国フランスは例外的に免れていた。しかし、本調査中についにパリ市内のテロ事件が起きた。その意味で、本校では生きる力が育まれていることや、協力して生活したり、他文化に対する思いやり、寛容さなどコンヴィヴィアルな

社会形成と持続可能な共存共栄に向けた教育の重要性を再認識し、「コンヴィヴィアリティ」という互いに助け合う力の育成を目指し、テロリズム、ラディカリズム（凶悪化）、レイシズム、ポピュリズム、自国第一主義などに対抗する価値観を確実に育て、議論する力、聞く力、協同で調整する力を学校で育むこと、コンヴィヴィアルで自律的な市民の育成の重要性を唱えている。ここで言うコンヴィヴィアルは、イリッチをヒントにしている。つまり、『脱学校の社会』における学び（教育）の制度化に対する批判、学校の装置からサービスを受ける受動的な人間、画一的な消費（労働）者となることへの批判、そしてむしろ自律的な人間と相互親和的（convivial）な社会の形成を目指すための脱学校化のすすめにある。イリッチ（1970=1977）が著書の中で教育の危機としているのは「公的に定められた学習をどんな方法で実施するかということよりも、むしろ個人の学習すべき内容や方法を公が決定できるとする考え方そのものの検討」にある。本校の学校経営と革新的教授法には、そうした批判精神を基底に教師と児童自身が学校生活の規範作りに励んでいる様子が感じとれる。そのために、的確な言葉を使った表現能力やプレゼンテーション能力、あるいは相手の話を聞く力、コミュニケーション力、人間関係形成能力といった力が日々養われていることは間違いない。また本校では、地域に根付いた活動を保護者、住民に開かれた、そしてグローバルに考え活動できる人を育てるよう、後述する難民の問題や、ホームレスの問題など身近な社会問題を学校外の地域の人と一緒に考え、活動することを心掛けた実践がみられた。小学生たちも可能な限り、協力し、参加し、一緒に考え、大人顔負けの考えを述べる様子は、素晴らしい生きた実践である。

　本校がフレネ教育や制度主義教育を実践するのも、こうした教育理念に合致しているからである。ここでは、小学校の訪問観察・インタビュー調査に基づいてまとめることとする。そのうえで全体の展望を試みたい。

2. 本校におけるフレネ教育と制度主義教育の実践の意味とは

　学校教育の自律的経営の根底には、19世紀に始まるフランスの労働運動史にみる、労働者自身による自主管理の闘争がある。階級社会にあって、抑圧的

な社会組織に対する闘争は、権力の階層化を廃棄することを目的とした社会革命として、労働、余暇、私的生活などにおける人間同士の関係の根本的な捉え直しにあった。そのうえで、学校教育も例外ではなく、自主管理の思想の実践の場であり、将来の労働者の育成を担う場として位置づけられ、自主管理社会主義の構築に欠かせない教育改革運動であった（前平 1978）。筆者は、ゴブロ、ブルデュー、ブードンを始めとした先行研究に従って、フランスの教育制度がもつ学校エリート主義的なグランゼコールを頂点とするピラミッド構造による官僚養成モデルを批判してきた。そのため、こうした支配階級の再生産構造を学校教育制度が産み出してきたことに抗する教育実践として教育思想家のフレネやウリーらに関心があった。かれらは、学校教育の自律的経営（La pédagogie autogérée／L'autogestion administrative et pédagogique）という新しい教育論の構築を目指した。

　フレネ教育の特徴は、新しい関係性にあり、教師・児童と教育的素材、児童と環境、児童相互間の関係様式を築きあげようとしたことにある。学校共同体の構成員が中心となって教育方法や内容を決めるところに特徴がある。協働を鍵概念とし、授業計画を共同管理、自己評価し、自らの手で教育を行うことを目指すのである。こうしたフレネ教育の中の一派に教育学と精神分析を融合させようとしたグループがいた。それがウリーとヴァスケスによる制度主義教育（La pédagogie institutionnelle）である。制度主義教育を端的にまとめれば、教える者と教えられる者という恩恵主義的・権威主義的関係を廃棄し、「如何に教えるか」から「何故教えるか」に転換し、教室では教師が教えるのではなく、教育が何でなければならないかを決定し、それを管理するのは「教えられる者」とする（前平 1978）。学校の自律的経営は、本調査地のような庶民地区の学校でこそ重要な意味をなし、被支配層出身家庭が資本主義社会体制における学校の機能を教師と一緒に問うことによって教育的意味があるとしている。以下、エッフェル小学校の実践には、校長の強いリーダーシップの下、制度主義教育の理念が応用されている。

3. 調査地とエッフェル小学校の特徴

　本観察を行うエッフェル小学校は、社会背景が厳しい校区にあるため、優先教育地域の指定にある。いわゆる経済的に厳しい区域であり、庶民階層（労働者）が多く、また新規移民の多い地区である。小学校近くは、主にマグレブ・アフリカ諸国出身者と同じくらいに、中国、インド、パキスタン、ネパールというアジア系移民が多い。ただし、この地区は再開発の対象となりジェントリフィケーションによる新たな中間層以上の流入もみられる。本校は革新的な教授法を実践している幼小一貫校であるため、フランス人の保護者で新聞社など知的職業に従事する保護者も一部みられる。エッフェル小学校は、再開発地区のため2004年に創設された新設校である。2018年現在、保育学校に3学級、小学校に7学級あり、特別支援学級が1つある。2018年度、保育学校に70名の3歳から5歳の児童がおり、小学校に6歳から12歳の児童が127名在籍している。うち、60名ほどが非フランス語圏出身者、加えて50名ほどの国際結婚児童が在籍している。

　社会階層としては、給食費を払っている8割の児童のうち9割が月給約17万円（1370ユーロ）以下であるが近隣の小学校と比べて、それでも社会混成は恵まれている。それは、本校が新設時に市と特別な契約にあり、革新的な教育実践（フレネ教育と制度主義教育）を講じている学校であり、一部中間層の親に支持されているからである。

　同校区の中学校も2010年に開校となった市内でも新しい学校である。観察の対象となるエッフェル小学校は隣接する3つの小学校とは異なり、独自の教育方針の下、保育学校（幼稚園）と併設された幼小一貫の初等学校である。校長は、制度主義教育の推進者で知られた教育者で、大学区（教育委員会）がこの地区の新しい研究実践校として配置した。女性校長は2018年度に退職予定のベテランであり、ウリーとヴァスケスの「制度主義教育」の推進者である。制度主義教育とは、「フレネ教育による教育的概念や技術を用いつつ、より心理学的・精神分析的視点を加え、特に都市の学級にそれらを適応させるためのもの」とされている。

写真12-1　低学年の学級で保護者が児童と一緒に活動している様子（左）と４年間観察した高学年の学級の様子（右）
出典：学校提供。

　本校の特徴は、まず児童に対してであるが、異年齢学級を実施し、児童同士の協力を基盤とした学級生活を重んじている。児童の多様性、多文化性を受入れ、寛容性を伸ばす教育が目指されている。また児童一人ひとりの個性を相互に尊重し、それぞれの成長の速度を敬い、各児童の創造性を重視し、相互に促進させるよう仕向けることが目指されている。「学校の市民」としての自律性が育つよう学校生活を相互に楽しむこととされている。

　つぎに保護者に対しても、児童同士の関係構築のための協力、協同を基盤とすること、保護者は全校児童を信頼し、かれらの成長を促進するよう支援するために努力を惜しまないこと、堅実に学業成功に導く努力に協力すること、児童と一緒に学校生活を保護者自身も楽しむこと、何を、どのように学ぶか、児童と一緒に学ぶことを求めている（**写真 12-1**）。

　そして最後に教職員に対しては、学習期と学年の区分を乗り越えた学級経営、教員と職員の協働体制、教員同士の実践の交流促進、教員同士のつながりや連帯の形成、相互に授業実践における苦労や難題を分かち合いながら協力して問題に立ち向かうこと、教育実践における価値観を共有しながら、児童にとっての継続性を重視する、「学年と学習期」間に学ぶ内容の調整をはかることを求めている。

　2018年度は、1名の校長、11名の教員（2016年度には2名の実習生）がそれぞれに学級担任を務めていた。くわえて、1名の学校心理士（20時間／週）、学習困難児童生徒専門員（RASED）が2名（24時間／週）いる。また音楽教員、

体育教員と美術教員の3名がそれぞれの教科の専任教員として配置されている（特例事情）。これ以外に職員として、4人の保育学校用の補助員（39時間分）、2名の小学校用の補助員（39時間分）がいる。毎日午後のみ担当の職員が1名と、給食時間から勤務している職員が1名いる。給食係は3名雇われている。看護師は他の3校を兼任している。学校医は他の8校を兼任している。このほか管理人が1名常駐している。

　課外授業担当教員が1名と、12名が給食、休憩、保育担当として、図書室担当者が保育学校と小学校に1名ずつ、昼休み、放課後と水曜日午後に雇用されている。またこれ以外にも火曜日と金曜日に開かれる課外授業のために担当者12名が放課後の4時半から6時まで勤務している。そして同曜日の3時から4時半までは別の8名の担当者が市に雇われていて、2013年から希望する児童には無償の補習授業が実践されている。

　なお2016年9月からは、新人の二人の若手教員（30代前半）と実習生2名によって校内に活気も感じられた。特に新任の男性教員は本校の唯一の男性で、本校の革新的教授法（フレネ教育や制度主義教育）に熟知した教員で、フランスに定期異動はなく、本人が希望して異動したため、期待を浴びていた。とはいえ、中堅の教員たちが若手新任教員を支援している姿が印象的である反面、この学校の特徴的な独自教材に対する新任と実習生の戸惑いも垣間見られた。事実、実習生の一人は、担当学級を高学年から保育学校の学級に変更していた。その主な理由は、本校の教授法によるところが大きい。

4. エッフェル小学校の授業実践の特徴

　本校の特徴は、異年齢（混合）学級にあり、児童の自主性を重んじた学びが実践されている。約200名程度の規模の学校である。

　筆者は、一年目は低学年の学級から、中学年、そして高学年と保育の学級まで6学級をそれぞれ半日ずつ訪問した。二年目は高学年の二学級をそれぞれ2日間ずつ見学し、1日は特別支援（ULIS）学級を見学した。二年目の秋の調査からは、高学年の一学級のみを5日間見学することにした。いずれも朝8時20分の登校から夕方16時の下校まで観察した。

教員は若手からベテランまで分散していてバランスのとれた学校と言える。2015年度は、教員はすべて女性であったが、2016年度から男性教員が1名入った。また制度主義教育の教授法、学級経営について充分な研修がされているため若手も本校に対する理解もあり、やりがいもあると口をそろえて述べていた。職員室における休憩時間および昼食時間においてもお互いの実践に対し意見交換が頻繁に行われ、若手は中堅・ベテラン教員からのアドバイスを受けるのが日常となっていた。またフランスでは珍しく、登下校あるいはお昼休みに、保護者が気軽に校長や担任教員と意見交換をしているのも印象的であった。簡単な挨拶や情報交換だけではなく、より学習や生活面における相談も受けることがしばしばみられ、20分から30分程度話しこむ場面もみられた。

　本校には保育学校も併設されていて、校庭や食堂等が共有スペースとなっている。また幼児と児童が一緒に授業を受けることもしばしばあり、職員室も共有なため、様々な情報や実践を交流している。子どもたちもきょうだいも多いこともあり、名前などよく覚えていて一緒に学んだり、遊んだりしている。フレネ教育の特徴でもある上級生が下級生の世話をしたり、リードすることが自然と行われている。また朝の会、哲学アトリエなどは保育学校から学び、小学校に入学するころには自然と理解している。幼小の連携が教員、児童、保護者ともに共有されているところも特徴である。

　5回の訪問ともに授業期間ではあったが、主にドリル学習の時期に当たっていたため、授業のほとんどをフランス語と算数の問題集に取り組んでいることが多かった。フランスでは2006年からコンピテンシー型の成績評価が導入されたが、本校でも各学習期に応じたコンピテンシーが明記され、それに応じたドリル問題を児童が取り組んでいた。これは、制度主義教育の特徴でもあるが、創立者のウリーが柔道愛好家であったことから、柔道の帯（階級）にちなんで「学力の帯（Les ceintures de niveau）」と呼ぶ、獲得すべき学力が色分けされており、ドリル問題集の各レベルを修了するごとに帯の色が変わる仕組みになっている（**写真 12-2**）。フランスは三学期制ではあるが、修学リズムは7週間の授業期間ごとに1ないし2週間の休暇が挟まれる。そのためこの7週間を一つのサイクルと考え、その間に学んだ内容の確認をドリル週間において各児童はフランス語と算数の習得の確認を行う。**写真 12-4**のドリル問題をクラスメー

第 12 章　フランス

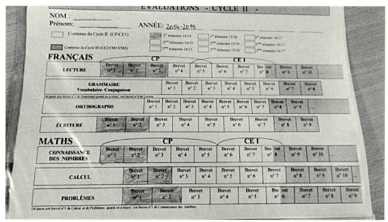

写真12-2　学力の帯
第Ⅱ学習期1－2年のブルベ（練習問題集）の到達段階（9ないし10段階）を色付けして表したもの。フランス語では、読解、文法、綴り字、作文、算数では、数の概念、計算、応用問題に分けて階級別ブルベを各児童のリズムで解く。

出典：筆者撮影。

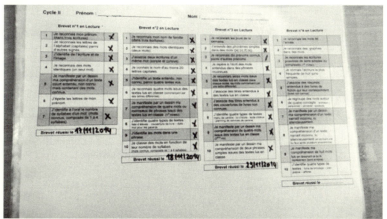

写真12-3　コンピテンシー別自己評価チェックシート
第Ⅱ学習期：フランス語読解力、ブルベ1～4段階。到達日が記されている。

出典：筆者撮影。

トに採点してもらい、**写真 12-3** のシートを使って自己評価を行う。

　最上級生の学級は、20数人で一学級が構成されているが、その半分が10歳でもう半分は11歳である。11歳の児童は9月から近くの中学校に進学する児童である。訪問した時期は一学期ないし二学期の後半にあたるため、4月の春休み前までに学習状況を把握し、三学期の前半には進学か留年かの選択を迫られる重要な時期とも言える。2018年11月の訪問時に校長に尋ねたところ、隣の校区内の中学校に進学した卒業生は元気に溶け込んでいると同時に、一年生のすべての学級の学級委員をエッフェル小学校の卒業生が担っていると嬉しそうに語ってくれた。これは、本校の先生たちが目標とする自主的な責任ある行動や児童の対話能力がクラスメイトからも支持されている証左として誇りにしていて、制度主義教育の特徴でもある係活動（フランスの学校では一般的ではない）による学級運営、学校運営の成果でもある。

5. 授業観察からみえてきたこと

　本校では児童の自主性が重んじられ、日直、係活動（les métiers）などフランスにはない習慣がある。児童は自律していて、自分で考えて行動することが求められる。学級内外の行動について「行動の帯（Les ceintures de comportement）」と呼ばれる児童同士が監視して、行動に問題があるときには、毎回記録をとり、夕方のホームルームの時間帯に一日のポイントを確認し、反省会が行われる（**写真 12-5**）。これらも、行動が良くなると帯の色による昇級が示され、学級全体から評価される仕組みとなっている。授業中などに特に注意がされた児童は、教室の端におかれている「考える椅子（Point rouge）」に座らされる。本人が冷静になり、反省したら自分の席に戻ることが許されている。また毎週学級会も催され、学級委員が議長を務めながら、学級の運営について話し合いで議論がされていく。学級の学習計画に向けた準備などが話し合われ、そこで何を目的に、どのような経費で、どのくらいの時間をかけるかなど具体的、計画的に翌週以降の学習について自主的に決められている姿がみられた。日々の授業においても、児童同士がお互い助け合い、尊重し合うことが規則となって「協同（La coopérative）」が重んじられている。

第 12 章 フランス

写真12-4　フランス語のドリル問題
出典：筆者撮影。

写真12-5　学級委員会の記録簿と生活態度帳
出典：筆者撮影。

　一般的な小学校よりも、言葉づかいには注意が払われ、行動、参加、協同、責任、尊敬という言葉は、校内の掲示物や大人からの注意が頻繁にみられた。他方で、より教師や児童同士における褒めることや評価することと、叱ること、注意することも多く、規則と罰則を細かく決め、終始相互に話し合う様子がみられた。協同学習・作業・制作の基底にこうした規則を身体化させ、自主管理的制度主義が日常実践される点に本校の特徴がある。

　フランス語および算数の学びについては、ネイティブなフランス人児童においてもやはり困難はみられ、家庭の背景による文化資本の違いが明らかに感じられた。自主性および相互の助け合いが基本とされているため、先生が助言をしたり介入することは稀である。その時々に、できる児童がわからない児童に教えることが基本である。とはいえ、常にうまく教えあう状況を毎回作れているわけではなく、学び合いの難しさも感じられた。

　算数のドリルでは、計算などにおいても日本とは異なり、児童一人ひとりの個性的な問題解決がみられ、暗算ではない方法でそれぞれが個性的な解き方を

していておもしろかった。効率的に計算するというより、各自やり方は任され、ユニークな方法が評価される。しかしこうしたじっくり考えるやり方は、中学校に進学すると授業の進め方は効率が重視されるため、エッフェル小学校からの児童は多少戸惑うと思うが、児童の創造（想像）性はとても豊かである[2]。

　新規移民の児童においては、フランス語におけるつまずきは多数みられた。一部、フランス語の補習、あるいは学習困難対策チーム（RASED）による支援が用意されていた。必要に応じて精神科医による補助もみられる。また、特別支援学級の教員が、様々な場面において直接的支援や、担任教員へのアドバイスがみられた。本校には外国人のための特設学級はない。他方、保護者に対するフランス語教育の支援は実施されているため数人ではあるが登録し無償で毎週授業を受けられる。

6. 校長先生および教員のインタビューから

　校長先生は、本校開設時に着任し、最初からこの学校の基本方針や、教員スタッフの中核を担っている。もうすぐ定年を迎えるベテラン教員であり、制度主義教育やフレネ教育について大学で講義をされたり、教員研修を担っている。フランスの小学校には校長職は法規上はなく、校区の中学校長がその担い手となる。通常小学校は、一人担任が1日免除され兼任校長職として校務分掌の作成を担うことになっている。本校は、例外的に専任校長が赴任していることになる。2016年度は2名の新任教員に加えて2名の実習生を迎えたため、とても負担になっていたという。新任は、十分な教授法の経験があるので心配はしていないという。ただ、9月から迎い入れた実習生のひとりが半年たっても適応できず、次学期4月から保育学校の学級に異動させる予定で、そのためいろいろなことが混乱している様子であった。本大学区教職大学院では、実習生を7週ごとに入れ替え、A実習生とB実習生が交互に休みを挟んで最上級生の5年2組を担当していた。このペアのひとりを保育学校のどこかの学級に異動させないといけないため校長は苦慮しているということであった。本校が制度主義教育という特殊な教育実践をしているため、実習生にとっては決して馴染みやすい環境ではないことも関連しているようだ。

● 第12章　フランス ●

　5日間みせてもらった学級は5年1組のアメリ先生であった。彼女は40代の中堅の教員であり、本校に勤務して5年目（調査開始時）である。フランスの学校では、校長に教員の人事権がないため、着任後に校内の勉強会等で本校独自の革新的教授法を学んでもらう。この学校では、毎週水曜日の午後に1時間程度の職員会議を開催し、お互いの教育実践上の相談を行っている。アメリ先生も最後に訪問した2018年11月には、学校の中堅リーダーとして、会議を先導し、休憩時間に若手教員にアドバイスをする様子が多くみられた。また職員会議では幼小、小中連携のプロジェクトなどについて話し合われているのも本校の特徴である。2017年3月訪問時は、中学校の数学教員との教材開発に関する報告と、次学期の理科の実験週間の取り組みについて新任教員に情報を提供するなど、幼児期から中学生までを見通した教育実践、目標が議論されていた。

　本校の独自教材の特徴であるブルベ（練習問題集）について尋ねると、改善の余地はあるが、基礎学力の維持向上には必須と考え、定期的にブルベ週間を設け、その週はフランス語（国語）と算数を中心に児童が自身のコンピテンシーに応じた練習問題集に取り組んでいた。練習問題のレベルは、先生や上級生のアドバイスを受けつつも自主性が重んじられる。採点も児童同士が互いに行い、正解をひとりで見出すまで解く。教員はあくまでも学習の補助的な役割を担っていて、わからないときは児童同士で相談している。各ブルベを終えると、コンピテンシー別の評価を児童自身で行い、その結果をみて次のレベルのブルベへと進むことができる。したがって、学級内にブルベの上級段階に達している児童もいれば中級段階の児童もいる。また異年齢学級でもあるため、わからないことはわかる人（上級生）に確認する習慣が身についている。そして教員は、ヒントは与えるが、正解は伝えない。全体の授業においても、担任は、複数の児童の回答を黒板に示しながら、それぞれの回答を児童に発表させ、それについて何が、どのように正しいのか、あるいは間違っているのか述べさせる。そのため一つの回答に15分から20分かけることは普通である。

　担任のアメリ先生に、気になったことを最終日の昼休みにインタビューを行った。ひとつは、知識の暗記を基本、毎日宿題としていて、ほとんど授業では行わない点である。フランスの小学校で宿題はほとんどないため、この学校

は多いように感じたからである。先生いわく、4～5年生ということで中学に向けた習慣づけという目的と、授業において解説に時間をかける関係で、授業中に暗記させる時間がとれないためということであった。

　つぎに、異年齢学級について確認した。この点は、最初慣れるまでは苦労したそうだが、現在は児童同士の人間形成にはとてもプラスに働くと考えている。児童同士が相手を思いやること、相互親和的な関係が形成されやすいということであった。また授業中に説明をするときに、前の学年で習ったことを伝えることで復習ができることや、児童自身が内容の理解度を知る機会になっているということであった。確かに、5日間の観察期間にも4年生に5年生の児童が動詞の活用を教えたり、歴史の知識を伝えたり、算数の概念を説明してみせたり、また逆に4年生で習ったことを忘れている5年生に4年生が伝えるということもあり、学び合い、助け合い、また異なった視点が交差する場面がみられたりと、寛容さや、相手の考えを理解しようする精神が育っている。

　こうした互助的な関係の育成に一役買っていると思われるのが座席表である。21名の児童を5つの班に分けていた。各班は3名から5名である。1名のみ教卓の横にいる児童は落ち着きのない児童のため分離されている。そのほかは、毎日つけられている児童の生活態度帳（Le cahier de remarques）（写真12-5）をもとにして各班の平均が同じになるように席替えが行われている。この生活態度は、授業における態度、発言はもちろん、休憩時間等においても評価されている。例えば、授業中の発言で誰かを褒めたりすると係の児童がポイントをつける。その逆に他の児童や教員の発言を妨げたりした場合はマイナスポイントがつけられる。このマイナスポイントが1日5個貯まると、教室の一角にある「考える椅子」に自主的に座り反省することになっている。こうしたことも、週の最後の日のホームルームにて各係が一週間の集計結果を報告し、学級で反省会を行う。教員も同様に児童から評価され、批判の対象となっていて、対等な関係である。

　なお、学校生活態度票（Le brevet de comportement）があり、最終段階では、「1．暴力せずに他者の問題行動を止めることができる、2．大人がいないときも学校の規則を守ることができる、3．誰か助けを必要とする人を見つけることができ、助けることができる、4．学校生活のすべての状況で正しい言葉

づかいを使用できる、5．常に努力することができる（宿題をお願いする、説明を聞く、反復学習する）、6．複数の児童と一緒に作業をすることができる、7．学校の機能を改善するための提案をすることができる、8．学校のすべての職員を理解し、彼等の役割を理解できる」といった内容を理解し行動できることが目指される。

　授業態度に特に問題がある児童に対しては、RASEDの心理担当教員が個別に週1回（計10回）対応している。RASEDの別の教科担当教員は、フランス語と算数の個別支援にも応じている。

　他方で、教員の授業実践の中で気になったのが、教科書をほとんど使用していない点である。この点は、保護者にとって家庭における教育支援を難しくしていないか聞いてみた。校長先生によると、この点については自分たちも心配している点で課題としている。自ら教材を作成しているためフランス語や算数の教科書はほとんど使用していないわけだが、練習帳の宿題はほぼ毎日あり、子どもがわからないときに何を参考にしているのか不明である。ただ、そのヒントになる内容は児童のノートや配布プリントに書かれているということであった。年度の始めに、この学校の特徴を説明しているということであるが、日本人の感覚からすると、教科書に沿わないのは不安になるような気がするが、習慣・文化の違いだろうか。この学校にはアジア系やアフリカ系移民の児童も少なくない。また保護者が家庭ではフランス語を読めない、話さないケースも約半数と少なくないはずである。その意味においても学校の教育実践への理解は重要と思われるが、校長先生もそうした保護者への伝達の機会が十分でない点を悔やんでいる様子であった。ただ、パポテック（Papothèque）という定期的に中国語、タムール語とアラビア語による保護者向けの説明会を異文化間臨床心理士とともに開催したり、週2回外国人の保護者用のフランス語の授業なども開講している。

　最後に、ひとり気になる児童についてアメリ先生に尋ねてみた。アフリカ系の女子児童である。彼女は留年していてすでに12歳である。体も大きく視覚的に目立つ児童である。ただ、授業にはほとんどついていけていない。そのため、他の児童の邪魔をしたり、授業とは関係のない作業をしていて授業に集中できていない。先生も、一コマの授業中にたびたび注意をし、彼女の質問に答

えようと努めている。しかし、根本的な考える作業ができていない。先生いわく、3年生くらいまでに特別な学習支援が施されていれば、基礎基本が身に着いたと考えているが、現時点では学級内で彼女に対してできることは限られていると諦めていた。おそらく来年度は中学に進学し、1年間様子を見たのちに、特別な教育課程（SEGPA）にクラス替えされるだろうということだった。第5章でみた典型的なフランス教育制度の「内部からの排除」となるリスクの高い事例といえ、こうした制度の周縁に追いやられていく児童への対策が充分に施されているとは言い難く、彼女が将来、学校から早期に離学していく可能性も高まるだけに残念な事例である。

7. 求められる学力と学力向上の難しさ

　学校計画の目標では、表現能力を第一課題として取り組むとしている。抽象的な概念などが学習困難の原因と考え、言葉の重要性、語彙力を大事に丁寧な指導を心掛けるよう指示している。また児童に自分の不得意な内容を認識させることが大事だとされている。そのためコンピテンシー表を基に、すべての教科におけるできることとできないことを恥ずかしがらずに自ら言えるようにすることが目指されている。また小学校高学年（小学4－5年生の学習期）への進級に困難が生じるため、学習リズムおよび学習方法の学びを確実に習得させることが目指される。

　本校の児童における評価する点は、表現能力、プレゼンテーション能力、読解や読書への愛着とされている。また集団活動内における交流の豊かさとされている。他方、課題として、問題解決、文法、抽象的な言語能力、間違いに気づく能力などがあげられている。なお小学校高学年では、文法や語彙力、難題への挑戦、深い学習、反転学習となっている。学校全体として科学、世界の発見（地歴）の授業の深まり、文章表現（統語論、文法のミスの修正、綴り字のミスの修正能力など）が大きな課題とされている。

　本校は、旧来の一斉授業形式を廃して、革新的な教授実践を行っているため、学習困難な対策に力を入れているというよりは、コンピテンシー型の「深い学び」を追求した学校と言える。この点は、学力上位層の児童においては、とて

第 12 章　フランス

もユニークな発想をもとに、豊かな発言、作文、作品がみられた。他の児童への相乗効果も一部にはみられる。しかし、低学力層においてどの程度効果がみられるかは疑問が残された。人材の豊富さも考えれば、もう少し基礎学力の向上が可能なように感じた。先生たちで作成している教材がカギとなるが、教科法（Didactique）に裏付けられた独自教材とはいえ、何か理屈に拘りすぎていて、低学力層にとってはもっと単純な反復練習のほうが効果的にみえた。むろん、これら教科法は中学に上がってから必要とされる、例えば数学的思考回路の育成の基盤であるため、中学以降の数学の伸びしろをもたせるという意味で重要だということは理解できる（日本と違って、一般的に計算機を試験中に使用して良いため、暗算能力より計算式の説明に力点を置いた評価をするためである）。

　もう一方で感心したのは、複文化性、多様性に対する理解が児童一人ひとりに育っている点である。社会階層、エスニシティ、言語、宗教、障碍など様々な家庭の子どもたちであるが、そうした違いを共有しあい、保護者同士も寛容に見守っている姿が印象に残った。校内の注意を呼びかけたポスターは、多くが多言語対応のため送り迎えをする非フランス語話者の保護者にも目に留まりやすい工夫がされている。

　こうした助け合い、学び合いは、通常の授業中はもちろん、授業の始まりや終わりなどにおける係活動による学級運営、ホームルームにおける日直のリーダーシップおよび週1回開催される反省会のときに重視されている。みんなで協議して、より快適な学校生活を営むために一人ひとりに何ができて、その助けを当人はどこまで必要とするのか、徹底して討論する姿は印象的であった。

　調査者が滞在した週には、クレープ祭りを開催した。先生たちが焼いたクレープを夕方迎えに来た親と児童たちが一緒に買って、その利益で修学旅行代を一部の非富裕層の家庭にカンパするという目的ということであった。またほかにも各家庭でいらなくなったおもちゃを持ち合わせ、それを校内バザーに出品し、売り上げを経済的に困難な児童のために使うという。こうした事業は、生徒会で決められていて児童の自発性が重んじられている。

　このような助け合い精神と行動は、この学校のどの先生にもみられ、社会的な分断が叫ばれている今日、もっとも大事な価値観を児童と保護者に伝えているように感じた。事実、2017年3月の訪問最終日には映画上映会が催されて

写真12-6　保護者との交流会
出典：学校提供。

いたが、これは保護者のイニシアチブによる提案で難民問題をテーマに開かれていた。この上映会の開催の経緯は、学校近くのホームレスのなかに難民がいることを聞きつけた教師から、保護者たちが上映会を開催し、その場で参加者にカンパしてもらったお金で生活支援をするということであった。こうした活動に児童、教師、保護者が参画するのは日常的な教育活動とされている点が、本校の校風であり、重要な教育理念の実践の場とされている。このようなコンヴィヴィアルな学校文化が児童の成長に少なくない影響を与えている点は、高く評価できる。

8. おわりに

　以上みてきたように、学力の向上という点では、全児童の読み書き算に限定した基礎学力を保障できているかは一部疑問は残る。2018年度に入って現国民教育大臣は、小学校における学力調査を導入した。これに対し、エッフェル小学校ではボイコットしている。校長に聞くと、国の学力調査は、授業の改善に役立たないこと、点数主義であること、授業時間に行われるため、学びの時間を奪っているということをあげた。教育委員会には、自前の学習評価書を提示し、児童の学力状況は十分把握できていると答え、自前の学力論を述べたそうだ。
　他方、非常に残念な現実もある。小学校と同一校区の中学校の校長いわく、エッフェル小学校の卒業生のうち、半数程度しか地元の中学に進学しないとい

う。そのほか半数以上がより「文化資本」の恵まれた公立中学（校区の回避）か、私立中学に進学するということであった。特に校区を回避しない（できない）、教育戦略の無い家庭の児童が地元に残るという話であった。このことは、エッフェル小学校の実践による児童の成長を地元の公立中学校では保障できないという、保護者の中学校への信頼の問題でもある。またこうした制度主義教育による教育効果を中学校段階ではかる機会を失うため、小中学校の連携協議会においても疑問視されている。特に、エッフェル小学校で高成績であった児童が地元の中学校に進学しない点は、エッフェル小学校に対する教育評価も同校区中学校の教員ならびに保護者からも疑問視される危険があり、残念な点である。

❖注

▶ 1　日本語で読めるものとしては、前平泰志（1978）；岡田敬司（1988）；瓦林亜希子（2015）などに詳しい。Oury, F. et Vasquez, A.（1971）; Meirieu, P.（2001）。
▶ 2　日本でも『「％」が分からない大学生』などで知られている芳沢光雄が指摘するように式の暗記を重視する日本の数学（算数）教育の問題は顕在化しており、フランスのように論述プロセスを大切にすることは、（数学的な）考え方を育むうえでは重要な時間であるため、エッフェル小学校の教育理念には強く賛同できる。定理や公式の証明におけるプロセスを生徒自ら説明させる授業風景が印象的であった。

❖参考文献

イリッチ, イヴァン（1970-1977）東洋・小澤周三訳『脱学校の社会』東京創元社。
瓦林亜希子（2015）「パリにおける制度主義教育の実践」『フランス教育学会紀要』第 27 号, pp.77-86.
前平泰志（1978）「フランス自主管理社会主義と教育」『教育政策研究』第 2 号, 明治図書, pp.49-62.
Meirieu, P.（2001）*Fernand Oury Y a-t-il une autre loi possible dans la classe ?*, Pemf.
岡田敬司（1988）「フランス制度主義分析運動」『教育社会学研究』第 43 集, pp.123-135.
Oury, F. et Vasquez, A.（1971）*De la classe coopérative à la pédagogie institutionnelle*, Maspero.
芳沢光雄（2019）『「％」が分からない大学生 ── 日本の数学教育の致命的欠陥』光文社新書。

第 13 章

ドイツ

健康な教員が担うインクルーシブな教育実践
ノルトライン・ヴェストファーレン州 イグナチオ基礎学校の場合

濱谷 佳奈

1. はじめに

　ドイツでは、2009年の国連障害者権利条約の批准が契機となり、インクルーシブ教育のあり方が論議を呼んできた。筆者がノルトライン・ヴェストファーレン（Nordrhein-Westfalen：NRW）州で現地調査を開始したのは、ちょうど同州が2014年に、障がいの有無にかかわらず人間が出会う場としての学校でのインクルーシブ教育を、「学校の教育使命」（第2条）としてはっきりと規定した改正学校法を施行し、その考え方と実践とが広がりを見せている最中であった。一方、同州には移民がドイツ全16州の内最大の約1791万人（2017年）も居住し、移民人口もドイツ最多を数える。ルール工業地帯が連なる同州では、産業構造の変化に伴い地域再生と再開発が進められてきたが、2015年までの10年間の貧困率がドイツ全州の内、最大の拡大幅（21.5%）を記録し、貧困リスクの高まりという問題を抱えている[1]。

　この州の大都市ドルトムント郊外に位置するのが、公立のイグナチオ基礎学校（仮称、日本の小学校に相当）である。カトリック学校でもある同校は、どのように学力の底上げと向上に向けた教育実践上の工夫を重ねているのだろうか[2]。障がいのある子どもだけでなく、移民家庭や貧困など困難な状況下

にある児童を多く抱えながらも優れた取り組みを具現化している同校にめぐり合ったのは、州立学校質保証研究所の担当官 A 氏（当時、現ハウプトシューレ校長）からの紹介があったからである。本プロジェクトの「定点観測地点」として許可を受け、2016 年度から 2018 年度にかけ 3 度の現地調査を実施した。訪問の際は、授業と教員会議、保護者会等の参与観察を中心に、校長と教職員をはじめ、前期中等教育への進学を控えた 4 年生のうち、特に学力を向上させる上での困難を抱える児童へのインタビューを実施し、卒業後の状況もたずねた。

以下では、まず、同校の特徴に注目し、基礎学校 3 年生を対象とした州間学力比較調査 VERA（Vergleichsarbeiten in Jahrgangsstufe 3：VERA3）での同校の結果を簡単に振り返っておくことにしよう。その上で、カリキュラムと教育実践上のとりくみを紹介し、児童の成長の姿と分岐型中等教育への進路勧告の実態を描いてみたい。

2. ノルトライン・ヴェストファーレン州イグナチオ基礎学校の特徴

イグナチオ基礎学校は、人口約 1 万 7000 人の B 町にある全校児童約 180 名の公立小学校である[3]。各学年 2 クラスずつの 1 年生から 4 年生がこの学校で学んでいる。本校については、次の三つの特徴に注目したい。

第一に、どのような子どもたちが通学しているかを、「移民」と「貧困」の背景から確認してみよう。本校は、第Ⅰ部のドイツの章で紹介した、移民の背景と求職者基礎保障の受給率によって決定される経済社会的条件の極めて厳しい「立地条件 5」よりは、1 段階条件が緩和される「立地条件 4」（移民の背景平均 46%、求職者基礎保障の受給率 13% 等）[4]に該当する学校である。とはいえ、通ってくる子どもたちの家庭環境はなかなか厳しい。

まず、「移民の背景を持つ児童」[5]は全児童の 56％に上り、出身国は 28 カ国を数える。「移民の背景」の状況は多岐にわたるが、家庭では全くドイツ語を使用しない子どもが数多く在籍している。内訳は、ポーランドとモロッコが最も多く、次いで、カザフスタン、ロシア出身の児童が多い。トルコにルーツ

を持つ児童も在籍しているが、ドイツの他の地域ほど多くない。西にルール工業地帯を代表する大都市ドルトムントやボッフムがあり、同じくルール工業地帯に連なるB町は、鉱業労働者として、伝統的にポーランドやイタリアからの移民が多い地域であった。近年は、シリア等からの難民の児童も受け入れている。ドイツ語が全く話せなかった子どもたちが、筆者の半年後の再訪時にはあっという間にドイツ語を習得している様子も観察された。郡のインテグレーション（統合）局移民難民担当官によれば、「年齢が低いほどインテグレーションが早いということははっきりしている」（2018年2月19日　インタビュー）。ところが、調査を継続した2年間だけでも、せっかく学校生活に馴染み友だちもできたのに、居住許可が下りず国外退去となり消息のわからない児童も数名いる[6]。

次に、子どもの貧困を示す指標となる「教育と機会のためのパケット」（Bildungs- und Teilhabepaket）[7]を受給している家庭（住居保護を受ける世帯、子ども手当の加算を受ける世帯、失業保険第2種を受ける世帯、難民申請をしている世帯）の児童は35名程度で、全体の約二割を占めている[8]。イグナチオ基礎学校のスクール・ソーシャルワーカー（Schulsozialarbeiter）C氏は、居心地のよい学校の屋根裏部屋で、親や子どものための相談所を毎週水曜日に開いている[9]。筆者がC氏にインタビューしている30分程の間にも、相談に訪れる両親の姿や、転校してきたばかりの児童の遠足費支援の手続きをたずねて来室する教員の姿があった。C氏によれば、B町の別の基礎学校の家庭の状況も、イグナチオ基礎学校と同等かそれ以上に厳しい。

第二に注目したいのは、児童の一日から窺える同校をとりまく環境である。まず、イグナチオ基礎学校の朝には、7時30分に出勤する解錠当番の担当教員と登校する親子の姿だけでなく、ボランティアの母親たちの姿が見られる[10]。母親たちは3人組で、週3日教員室の横にあるキッチンで人参やパプリカ、リンゴなどをカットし、クラスごとのタッパーに手際よくセッティングしている。2時間目の後の「朝食」の時間にヘルシーなフルーツと野菜を提供するため、下ごしらえに来ているのだ。同校は「EUフルーツプログラム」に参加し、無償でフルーツ等の提供を受けている。

それ以外にも、近年教育予算が削減されるなかで、同校では、積極的に様々

な賞金獲得の機会に応募し、受賞を果たしてきている。遡れば、2005年より、連邦政府薬物委員会や各州の文部省も後援する健康プログラムに参加し、講師の派遣を通した「社会的コンピテンシーの発達と喫煙、アルコール等に関わる健康教育」への支援を受けている。2010年と2011年には、ドイツサッカー協会とメルセデスベンツ社より移民の子どもの「インテグレーション賞」を受賞した他、2015年に郡インクルーシブ学校開発促進賞を受賞している。そこでは、聴覚障がい、身体障がい、才能児、学習障がいを排除せず、また異文化や移民の背景の有無にかかわらず、「私たちは共に学ぶ」という意識を涵養してきた同校の長年にわたるインクルーシブな教育実践の試みが評価された。さらに、NRW州学校開発賞「良い健康な学校」には2010年以降3度選出され、賞金として2018年は約6680ユーロ（2019年4月現在、1ユーロ＝125円）を獲得している。そうした資金を元手に、インクルーシブ教育や健康・栄養教育の充実が図られているが、冬でもスイミングを取り入れるなど、スポーツを専門とする校長のD氏がリーダーシップを発揮している。賞金は、例えば、無償朝食の準備に使われるキッチン設備の新調や、スポーツ設備としてのスケートボードの新規購入等に使われたようである。なおかつ、賞金の用途を決めるプロセスにクラスの児童代表が集まる「子ども会議」が関与する仕組みがあり、合議的な意思決定に子どもが直接参加することも、学習の一環として重視されている。

その一方で、賞や資金を獲得しようと競合する学校が増える中、継続的に資金を得るために、校長を始め教職員は努力を重ねている。「普通の家庭では問題なくできる『ちょっとした贅沢』がこの賞金によってようやく実現できるのです」と校長D氏は捉えている（2018年11月14日インタビュー）。外部への説明を果たすためにも、校長は学校の理念やカリキュラムを図式化し、より精緻なものにしている。州学校開発賞の選考過程では、査察者が学校内の観察調査と教員会議での2時間の質疑を繰り広げる場面に筆者も出くわした。学校の特色がまとめ上げられた資料『良い健康なイグナチオ基礎学校』は9ページにわたり、同校の重視する学習内容や方法が、コンピテンシー概念を交えて可視化されている。

ここで、イグナチオ基礎学校の教育理念を2008年から校長を務めるD氏へ

のインタビューから確認しておこう。約100年前の創立当時、外国人労働者や移民家庭のカトリックの子どもたちのための学校がなく、教会のあった場所にイグナチオ基礎学校が建てられた。B町の中心に位置する同校は、伝統的にはカトリック学校であるが、現在は教育方針に賛同する他の宗教、宗派の家庭の子どもも受け入れている。その教育方針は、NRW州の指導要領及び創立以来の伝統に則ると同時に、地域のカトリック教会共同体との緊密な連繋に基づくとされている。「子どもが中心に位置づく」という教育理念を最も重視しており、それを体現するため、教員、児童、両親らが共にチームとして協働で関与・参加している。

そうした子ども中心の理念をよく表すのが、校長室と教員室の間に掲げられた、木の板で手づくりされたドア1枚分程の大きな看板である。「子どもの耳が求めている言葉。きみはなんてすばらしいの！　大好きだよ！　きみはスペシャル！　信頼しているよ！　役に立てることはあるかな！　がんばったね！　誇りに思うよ！　その調子！」とある。子どもの一人ひとりの存在を特別と捉え、ポジティブに肯定し励ますこれらのフレーズは、授業中にもたびたび聴こえてきたし、教職員同士の間でもよく使われている。

学校の向かいにはカトリック教会があり、ミサに参加する際は子どもがミサの次第を作ったりもする。もちろんイスラームやプロテスタント、無宗教、ギリシア正教、ロシア正教など、カトリック以外の児童も多数在籍しており、公立学校としてそうした児童の信仰や世界観も尊重されている。給食の調理は二人の調理士が担当しているが、イスラームを信仰する児童のためのハラル食等の区別はしていない。調理士のDさんにたずねると、自身の息子も同校に通うトルコ系移民だが、「全員が同じ物を食べられるように用意している」という回答であった。「教育と機会のためのパケット」を利用している児童は、給食費月額50ユーロが35ユーロに減額されている。

第三に、最も注目すべきは、子どもたちばかりでなく、教員も健康な学校であるという事実であろう。3度目の受賞となった2018年のNRW州学校開発賞「良い健康な学校」受賞の根拠とされたのは、まさに「教員が」健康な学校であるという点であった。

ここで、「チーム・イグナチオ基礎学校」（同校ウェブサイト）を支える総

勢45名の教職員の構成を紹介しよう。まず、校長1名、副校長2名とは別に、終日学校コーディネーター長と同副コーディネーターが配置され、主に午後からの学習を支えている[11]。次に、副校長を含めたクラス担任は10名で、2名が産休と育休中のため代替教員がいる。「インクルーシブ教員」と呼ばれる加配教員は各学年に1名ずつで、内1名は午後の小グループ支援にも携わっている。加えて、終日学校部門長が各学年に1名ずつと、特別支援教育教員（Sonderpädagoge）、就学段階を専門とする福祉教育士（Sozialpädagoge）[12]が配置されている。さらに、就学前段階と初等教育とをつなぐ児童教育士（Erzieherin）3名を含め、その他の教員は10名（アラビア語・ギリシア語の非常勤教員を含む）を数える。この他に教職の第1次国家試験を終え1年半の見習い期間にある試補[13]、大学の教職課程に在籍中の実習生、スクール・ソーシャルワーカー、学校秘書、調理士、清掃員、プロジェクト・アシスタント、ハウスマイスターらが各々の立場から「チーム・イグナチオ基礎学校」を作り上げている。これらのうち、移民の背景を持つ教員は5名であり、多様な移民の背景を持つ児童を支えている。同校では1年生から4年生までの4年間、原則として担任が持ち上がる制度を採っており、個々の児童の特徴を把握した担任が継続的に児童を支援し、保護者とも良好な信頼関係を築いている。勤続年数が長いベテランの教員と中堅の教員、そして若手の教員がバランスよく勤務しており、校内研修や教材の共有、「ファミリー」としてつながる学校文化の醸成に寄与している印象である。

　実は、これらのイグナチオ基礎学校の教員が「どのくらい」健康かは、データ面から検証されている。NRW州の学校では2017年にデンマークの国立労働衛生研究所が開発したCOPSOQ（Copenhagen Psychosocial Questionnaire）という職場でのメンタルヘルス調査が実施され、約5540校が参加した[14]。イグナチオ基礎学校が属する郡からは4511人の基礎学校教員が参加し、37項目の質問に回答している。その結果、同校教員による回答が、NRW州の他の基礎学校教員や同州の教員全体と比べ良好であることが判明し、他校のモデルとなると期待され、2018年州学校開発賞受賞への後押しとなった。例えば、「教育上の考え」に関わる設問（学校理念への同僚の共通理解、難しさを抱えた生徒への対応方法が同僚間で共有されている等）ではイグナチオ基礎学校の79％の教

員が肯定的に評価した。これは、NRW州基礎学校教員全体の71%、NRW州全体の教員の58%と比して高い割合であった。続いて、「関与し開発に携わる機会」をたずねた設問（所属先を誇りに思う、好んで職場のことを人に話す、職場が個人的に大きな意味を持つ等）の回答では、イグナチオ基礎学校の教員の80%が肯定的に評価し、この割合は基礎学校教員すべての66%、NRW州教員すべての61%と比べ非常に高い値を示した。加えて、「学校組織」についてたずねた項目（時間割や勤務時間の調和がとれている、代替計画がきちんと組織されている等）では同校の教員の91%が肯定した（基礎学校教員すべては76%、NRW州教員すべては67%が肯定）。一方、「個人に課せられる要求」（急いで仕事をする必要性、職務の配分が不公平で自分の職務が山積している、すべての課題を解決するための時間が不十分等）の項目では、イグナチオ基礎学校の教員では71%であり、基礎学校教員すべてでは59%、NRW州すべての教員では61%という結果と比べれば、同校の教員の多忙感が比較的強いこともわかる。

では、実際の労働環境はどうなのか。NRW州では、教員の義務授業時間は週最大28時間であるが、14時間まで緩和されうる。育児中の場合、4、5時間のみのパートタイムも可能である。イグナチオ基礎学校では、授業の他の学校内外での委員会、会議、継続教育等の時間も考慮し、ワーク・ライフ・バランスの取れた勤務ができるよう配慮しているという[15]。たしかに、ドイツの学校は基本的には半日制であったが、終日学校制に移行した現在も、同校では担任が中心となる昼食前の学習指導と、終日学校担当教員が中心となる午後から夕方にかけての学習指導とでは役割がはっきりと分業化されている。定められた勤務時間を守っているわけで、午前の部の授業が終わった直後に担任らの姿はすでにない。ただし、終業後の教員室では、試補が担任らに助言を求め、一緒に教材研究を行っている場面や、若手と中堅の教員が教員研修の打ち合わせをしている場面も観察された。児童の学力を底上げするため、勘所をおさえて協働で実践に取り組むけれども、教員が心身ともに健康に働けることが大前提なのである。

● 第13章　ドイツ ●

3. イグナチオ基礎学校でのVERA 3の結果とその評価

　図13-1をごらんいただきたい。これは、州間比較調査の問題を出題する教育の質的開発研究所（Institut zur Qualitätsentwicklung im Bildungswesen: IQB）というベルリンのフンボルト大学内に設置された研究所が公開している算数の例題である。「空間と形」という領域からはこのような問題が出題されうると、公開されている。イグナチオ基礎学校における2018年のVERA3での同領域の結果には、同校の教育実践の成果がどのように表れているだろうか。

　先に、若干の注釈をつけておくと、「コンピテンシー段階」とは、KMK（常設各州文部大臣会議）による各州に共通する「教育スタンダード」及びNRW州の「レーアプラン」（日本の学習指導要領に相当）で、到達目標として掲げられたコンピテンシーに関連づけられている▶16。このコンピテンシー段階は、第1段階（KS Ⅰ）から第5段階（KS Ⅴ）までに区分されており、初歩の第1段階から難易度の高い発展の第5段階へと進んでいくという具合である。**図13-2**は算数「空間と形」の領域の結果を、州、学校、クラスごとに表したも

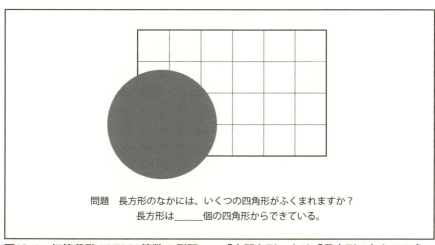

図13-1　初等段階のVERA3算数の例題——「空間と形」より「長方形のなかの四角形の数」

出典：IQB出題例ウェブサイト https://www.iqb.hu-berlin.de/vera/aufgaben/map （最終閲覧日 2018/12/8）

261

ので、**図 13-3** も同じ領域について、フェアな指標を用いた同等の「立地条件4」に分類される学校とクラスとの比較を表したものである。

　図 13-2 で見ていただきたいのは、イグナチオ基礎学校の 3 年生が全員「第3段階以上」の良好な結果を修めている点である。州では 43％の児童が第 1 段階と第 2 段階に留まっていることと比較すると、校長の S 氏が「できるだけ第 3 段階以上の到達を目指している」という目標が、当領域では実現している。

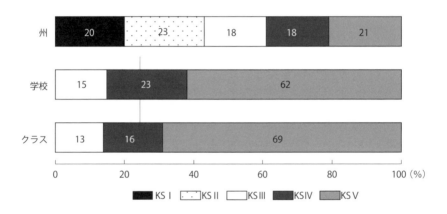

図13-2　VERA3 算数「空間と形」の結果（州、学校、クラスの比較）
出典：学校提供。

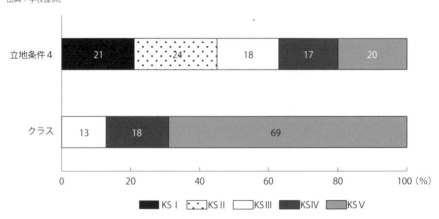

図13-3　VERA3 算数「空間と形」の結果（同等の立地条件における比較）
出典：学校提供。

一方、学校周辺の児童の移民の比率と失業保険Ⅱの受給者の割合から「立地条件」を割り出し、同等の「立地条件4」に該当する他の学校との「フェアな」比較を施した結果が、図13-3に示されている。同じくらいの困難な状況下の学校と比べても、イグナチオ基礎学校の3bクラスが総じて良好な結果を修めていることがわかる。同様の傾向は、「空間と形」の領域に限らず、同じ算数の「大きさと長さ」や、ドイツ語の「読み」、「正しいつづり方」の領域でも見受けられる。このような「良い」学習成果を修められる秘密はどこにあるのだろうか？

そこで、**表13-1**をごらんいただきたい。この表は、2017/2018年度の3年生のVERA3の結果とその分析を受けて作成された学校監督（Schulaufsicht）への報告である[17]。毎年、VERA3の結果は学校会議と教員会議で提示され、学校での自己評価が行われている。例えば、ドイツ語の「聴く」力について、思っていたほどよい結果が出なかったので、そこを強化したいという結論が導かれたとする。中堅のE先生（40代前半）は、「そんなときは、絵本の読み聞かせを増やしたり、「聴く」トレーニングをしてみたり、対策を強化すればいいのよ！」と言う。すでにVERA3への参加も10年目に入り、筆者による

表13-1 学習状況調査結果を受けた学校監督への報告（2017/2018年度3年生：抜粋）
［算数］

領域	考えられる要因	結論
1.1　大きさと長さ		
3aクラス（現4a） 州内での比較—基本的に良好 3bクラス（現4b） 州内での比較—基本的に良好	—最初から算数用語を使用 —教員2名によるインテグレーション —「大きさと長さ」を1年生から繰り返しテーマ化 —1年生からの行為志向の授業	—その調子で！ —算数の授業を系統的に発展させる（学校内カリキュラム）

領域	考えられる要因	結論
1.2　立体と形		
3aクラス（現4a） 州内での比較—基本的に良好 3bクラス（現4b） 州内での比較—基本的に良好	1.1と同様 —質の高い継続的な算数授業 —質の高い差異化した課題と発展的課題の提供	—その調子で！

出典：学校提供。

2年前の調査開始時には「テストの結果と実際の能力とは別だから」という割り切った声も聞かれたが、今や先生たちも VERA3 とのつきあい方に慣れてきた様子である。表13-1の「考えられる要因」には、イグナチオ基礎学校での学力の底上げに向けた教育実践上、ポイントとなる内容がいくつか挙げられている。「結論」には、いずれも「その調子で！」とあり、現状を肯定し励ましている。こうした自己評価にも表れているとおり、同校の教育実践においてとくに注目すべき観点を三つにまとめれば、①1つの教室に常に「2人以上」の教員（多い時は4人）が配置され、②行為志向の教授学習方法を重視している点、さらに、③発展的課題を含めた児童の個々の差異化された学習を支援している点、であろう。それでは、具体的にどのような教育実践がなされているのか、これらの①から③の授業実践について、以下、授業観察から探ってみよう。

4. イグナチオ基礎学校にみる学力底上げに向けたカリキュラムと教育実践

4.1 カリキュラムと教授学習方法

　学習風景の描写に先立って、同校のカリキュラムの特徴をいくつかおさえておきたい。イグナチオ基礎学校では、州の学習指導要領に基づく学校内カリキュラムを、教員だけでなく保護者とも合意を形成しながら、多様な背景を持つ子どもに対応するプログラムとして開発してきた。2年生修了時（就学段階、飛び級と原級留置を含め1年間～3年間）と、4年生修了時に獲得していることが望ましいコンピテンシーが、教科ごとに設定されている。

　写真13-1は、4bクラス（2017/2018年度）の時間割表である。1時間目の冒頭に「朝の会」が日直の子どもの司会によって行われるが、2018/2019年度の4年生クラス観察時にはすべて英語で行う方式に変更されていた。4年生を含め、どの学年でもドイツ語と算数はほぼ3時間目までの集中力が維持できる午前中の早い時間に設定されている。この2科目と「促進授業」（Fördern）は、もう一方のクラスと同様の時間帯に設定され、クラスを越えた習熟度別小グループ編成のために互いに行き来できるよう工夫されている。その他、英語、事実教授（日本の生活科のような科目）、スポーツ、宗教、芸術、水泳またはメ

第13章 ドイツ

写真13-1　4bクラスの時間割表
出典：筆者撮影。

写真13-2　聴覚認知トレーニング
出典：筆者撮影。

ディア学習の時間がある。6時間目は13:20に終了し、半日学校（午前の部）の子どもは13:30で帰宅する[18]。その後、ほとんどの子どもたちは給食をとってから終日学校（午後の部）ですごすことになる。終日学校コーディネーター長F氏によれば、16:30までの終日学校終了時刻（途中の迎えはフレキシブル）まですごすことを希望する親が、2018/2019年度は増加したそうだ[19]。「カリキュラムが充実したからでは？」とたずねると、「そうだといいのだけれど、年々子どもたちが増えてきているのでね」とカリキュラム開発への自負が見受けられた。終日学校では、各クラスでの課題や宿題を終えると、外部講師を招いた手芸、ダンス、レゴなどのコースが選べ、子どもたちは迎えがあるまで各々の時間をすごしている。

　教授学習方法としては、児童が各々異なるレベルに到達することを前提としているため、個別化と協同的な学習方法が融合した方法が授業の基本である。後述するが、授業時には、「ステーション」ごとに小グループを作り、グループ内で互いに学び合い、深め合うという場面が多く見られた[20]。いずれにしても、学習中はさまざまな学習形態をとるため、じっと座ったまま一時間すごすことはない。日本であれば発達支援センターの放課後デイサービスなどで実施されているソーシャル・スキル・トレーニングに類する活動が、授業の最中や合間にもちりばめられている。**写真13-2**は1bクラスが合同で歌の練習をする1aクラスを待っている間に行われた聴覚認知トレーニングの風景である。3人の先生の誰かが音を鳴らし、顔を伏せた子どもがどこから音が鳴ったかを即座に当てる、というゲーム感覚の活動であった。

　活動を通した学習を支えるため、教室の環境もしっかりと整えられている。例えば、各教室には防音イヤーマフが多数設置され、児童が必要に応じて装着し、学習に集中できるように利用している。加えて、多動など着席しつづけることに困難のある児童をはじめ、子どもたちがいつでも利用できるように、高さ調整可能なスタンディングデスクとマットが置かれ、個別学習の際に活用されている（**写真13-3**）。薄手のバランスクッションも各教室に4個ずつ設置されていて、使用したい児童が棚から取り出して思い思いの場所で使用している。

　片や各教室の壁面には、そうした子どもの学習成果の基準を示す掲示物が各種掲げられていて、児童が学習を振り返り次の段階へと努力するよう方向

付けが徹底されていることがわかる。すなわち、単刀直入に「良い成績」（Gute Noten）とは何を示すのか、評価の手引きがオープンに張り出されている。例えば、「協働的な学習態度」「宿題を期日までに提出」等の項目で、どのような場合が最高点の1（優秀）から4（可）までの評点に相当するか、あるいは「ドイツ語正書法でのまちがいがいくつあれば1から最低点の6（不充分）までのどの評点になるか」、等である。同時に、次の学年に向けた1年間の学習プロセスのなかで、現時点でどこまで到達しているのかが後方の壁面を大きく使って示され、学習状況の可視化と意識づけが行われている。教室前方の壁面を

写真13-3　スタンティングデスクで学習する児童

出典：筆者撮影。

見ると、クラスのルールが掲げられている。4年生クラスでは次の五つである。「1. やめましょう！というときは、やりません！」「2. クラスの友だちと先生に対していつもフレンドリーに接し尊重します！」「3. だれのことも決して嘲笑しません！」「4. その人をそのまま尊重します！」「互いに助け合います！」。いろいろな背景や特性を持つ児童が一つのクラスに集まっているからこそ、だれもが排除されることのない「インクルーシブ」な学級文化を育むために必要なルールということだろう。児童のサインがしてあり、これらのルールが全員の合意のもとで形成されたことがうかがえる。

　では、成績評価は、どのように通知されるのだろうか。1年生と2年生には通知表はない。ただし、半年ごとに、保護者へ手紙が渡される。3年生になると、通知表の内容は文章と点数で記される。最終学年である4年生の上半期の成績表になると、教科に関する「優秀」から「不充分」までの成績評価とともに、前期中等教育段階の学校種のうち、どの学校種を勧めるかが記される。4

年生の児童についての前期中等教育段階へのいわゆる移行プロトコルは、コンピテンシーと連動した内容となっている。この移行プロトコルは、就学前から連携する幼稚園からイグナチオ基礎学校への移行の際にも用いられており、学習レディネスの獲得状況を把握する手だてとなっている。

4.2 教育実践

4.2.1 担任とインクルーシブ教員らによる連携授業
―― ドイツ語（国語）の場合

まず、1時間目（8:00-8:45）に観察した1bクラスのドイツ語（国語）の時間（2018年11月）を紹介しよう。冒頭は、23人の子どもたちの手拍子と共にいつも歌っている「アルファベットの歌」で始まった。絵とともに描かれたアルファベット表を子どもたちが交代で指差しながら、繰り返して歌っている。「今日のアルファベットは？」という先生の問いに、「I」と返事をする子どもたち。IgelとIgorという単語が黒板に書かれ、Iだけでなく語尾のlとrの発音の違いにも注意が促されている。

ここから、アルファベットの「I」を頭文字とする「小さなハリネズミ、イーゴルの物語」（Igor, der kleine Igel）の読み聞かせが始まった。子ウサギや子猫に「遊ぼうよ」と誘っては、針で「傷つけないでよ」と断られてしまい、ひとりぼっちのハリネズミの話だが、最後は同じように針のあるサボテンと友だちになる。暗記している子も多く、先生と声を合わせる場面も見られた。大文字のIと小文字のiの書き方を黒板で丁寧に確認してから、立ち上がるよう促された子どもたちが、両手の指を出し、しゃがみながら伸び上がり、全身をつかってIとiを書く練習が始まった。手のひらや椅子の背もたれ、座面にも書いてみる。聴覚と視覚だけでなく、触覚による認知と身体性に基づく学習が基本とされている。良くできた人、難しかった人、にそれぞれ挙手させる先生。ここでようやく練習ノートを取り出すよう指示が出された。少しざわざわしたけれども静かになったところで、イヤーマフをかごから出して6人に配る先生。イヤーマフをした子どもたちは、雑音が遮断され、即座に練習ノートに意識が向いている。

写真 13-4 は、担任 E 先生のほか、インクルーシブ教員と実習生が合わせて 3 人で個々の児童を見て回っている一場面である。担任の E 先生は、個々の鉛筆の持ち方を確認しながら見回って、到達度を紙にチェックしている。インクルーシブ教員の先生と実習生も、注意欠如多動性障がい（ADHD）の診断を受けている児童と、発達障がいの傾向があるとされる担当の子

写真13-4　インクルーシブ教員を交えたドイツ語の学習風景
出典：筆者撮影。

どもを中心に確認しながら、教室全体の他の子どもたちにも目を配っている。授業も終盤になると、確認してもらうため先生を呼びに立ち上がったり、うろうろしたりする子どもも出始めた。出入り口付近にはトイレの絵が書かれたプレートが掛けられていて、「トイレに行ってきます！」のマークへと自分でひっくり返した子どもがそっと退室している。ここで、「チーン」という音が響いた。仏具の鈴のようなものを E 先生が手にしている。チャイムは鳴らない学校なので、その代わりのようなものだろう。「とっても集中して学習できました」。とても静かな、穏やかな声で先生が言い、ここで 5 分間の休憩へ入り、ドイツ語の時間は終了した。

4.2.2 行為志向の学習方法──算数の場合

　次に、活動的な学習方法を用いた行為志向の授業（Handlungsorientierter Unterricht）の方法は、各学年のどの科目でも重要な要素と見なされている。ここでは、1 年生と 3 年生の算数の時間を例に見てみよう。

　一つ目の例は、上で見てきたドイツ語に続く 2 時間目（8:50-9:35）の 1 b クラスの授業である。試補 G さんを加えた 4 人の教員で「数直線」を学ぶ算数授業が始まった。「外にでるときの注意は？」と担任の E 先生にたずねられ、児童 H さんが「ゆっくり、しずかに」と答えている。校庭で算数の学習をする

ようだ。連絡事項があり、すでに9:10である。E先生から指されたクラスの約半数の子どもが、試補と実習生と共に上着を着て校庭へと向かう。「われ先に」と出口へ走る子どもは一人もいない。

　さて、教室の内部には約半数の12人の子どもが残った。発達障がいのある児童に、インクルーシブ教員が時計を指差して、「いまここまできたから、ここまで授業ですよ」と示している。再び皆が集中できるまで待って、教室前方の黒板に10までの数直線が描かれた。前回までに、数直線についてはある程度学習した様子だ。E先生が「この図のことを何と呼ぶのでしたか？」とたずねると、子どもたちから口々に「数直線！」と返って来た。続いて「どこが5だかわかる人？」と問われ、児童Iさんが5のメモリを指しに席を立つ。「なぜそこが5だとわかりましたか？」との先生からの質問に答えるIさん。10のメモリ、0のメモリと続け、それぞれの答えに「すばらしい！」「ありがとう！」と声をかけている。次は「6のメモリを書く」という課題が出され、児童Jくんが席を立った。「どうしてそんなに早く見つけられたの？」と驚いた風にJくんにたずねる先生。Jくんからは「5の次が6だから」という答えがあり、「0からひとつずつ数えなくても、5からひとつ後ろの数を指せばいいわけね！」という説明が先生から加えられる。ここで、「一つ前の数」と「一つ後の数」という概念と用語について確認があった。それぞれの用語を理解できたか繰り返し確認している。体がぐらぐらし始めた子どもたちには、姿勢のポイントや「筆箱の駐車場は机の角でしたね」などの声を掛け、再び集中できるよう促した。今日の重点に入るようだ。

　「実は、数直線のなかでは歩き回ることができるのです」とワクワクさせる様子で言う先生。先生の指し示すメモリに合わせ、子どもたちが「1、2、3……」と声を揃える。次に、2ずつの数についても、声を揃えて数直線上で進め、「3で始めると？」という問いには、「5、7」と答えている。「次はもっとむずかしいわよ」と言う先生。「9からはじめます。小さい数の方向へ下がるとどうなるでしょうか？」。すると子どもたちは「9、8、7……」と答える。「もっと、もっと、難しくなるわよ！」と先生。2つずつ下がる数を子どもたちが答えている。「7、5、3……」。ここで、校庭から試補と実習生が戻って来た。「外でやりたい人は？」と問われて、4人が嬉しそうに出かけていく。

この間、校庭での学習グループは、何をしていたのだろうか。写真13-5は上述の「数直線」についての学習を、試補と実習生が5名ずつの子どもたちと一緒に進めている場面である。アスファルトの地面には、チョークで0から10までの数直線が2本描かれている。一人ずつ、「10まで進んで！」「2進んで1下がりましょう！」のように、先生の合図に合わせて数直線上を実際に行ったり来たりするのだ。繰り返すうちに、とまどっていた子どもも、直感的に移動できるようになっている。「5下がる」の場面では、幅がある目盛りの間を目一杯ジャンプしている。数直線上の数の動きを、教室から離れ楽しみながら体でまるごと覚えてみる、ということなのだろう。

写真13-5　校庭での算数の学習
出典：筆者撮影。

　校庭からいったん教室へ戻って来た試補らに対して、担任が「外では誰がよくできて来たか」を確認している。子どもも一人戻って来た。担任は、すぐに、「10、8、6ときたら、次はなにかしら？」と続けている。「Jくん、一緒にやらないなんて残念だわ」と、集中しにくい子どもに声をかける担任。「次は4」と答えるJくんに、その理由を先生がたずねると、「同じだけ下がるから」という答え。等間隔に並んでいる点と数の対応が、はっきりと理解できている様子だ。学習の終盤では、外から戻って来た子どもたちも合流し、ワークブックをとり出して課題にとりかかった。今後の学習で、数の概念を使いこなすことができるよう、数直線をモデルにした数についての理解を最初の段階で徹底している様子がうかがえた。

　二つ目の例は、2018年2月に観察した、3bクラスの算数の授業（2時間目）である。産休間近の担任と一緒に、ここでも試補が、学習障がいや発達性読み書き障がいのある児童、難民の児童を含む23人の子どもたちの授業の中核を担っていた。試補は週のうち4日は学校で授業を担当するが、1日は教員ゼミ

● 第Ⅱ部　各国のしんどい小学校はどのようにガンバっているのか？ ●

写真13-6　算数の学習「重さ」
出典：筆者撮影。

ナールに出かけて研究している。授業の冒頭は、どの科目でも、教室の一角に配置されたベンチに車座になり、導入が行われることが多い。この日は、「重さ」の学習のため、毛糸やチョコレート、コップなどをはかりにかけて、「100グラムとはどのくらいか」を推測するところから始まった（**写真13-6**）。「100グラムより重い」「軽い」「同じ」と書かれた用紙に、自分のおはじきを置いて予想を立てている。この後、小グループに分かれ、九つのステーションごとに実験が進められた。キッチンスケールや分銅などの様々な種類のはかりを用いて、小麦粉やノート、ポテトチップスの袋菓子といった身近な物から白クマの重さに至るまでが課題になっている。子どもの興味を引き出す仕掛けが随所に施されている。動物の重さを調べるステーションでは、インターネットを使うことになっていて、教室の後方で「雄の白クマ450kg」のウェブサイトにたどりついたグループが歓声をあげている。取り組む課題は異なっているが、どのグループも黙々と実験をしながらステーションごとのプリントを埋めていく。試補のKさんが鈴を鳴らして一区切りとなり、別々のステーションで学習したプリントを互いに見せ合うところで朝食のための休憩時間となった。課題が途中の児童も見られたが、算数の学習の成果を掲示するスペースが教室後方に十分にとられており、視覚的に学習内容を振り返ることができる工夫がうかがえた。

4.2.3　個々の児童に応じた学習支援──促進授業、取り出し学習、飛び級

　様々な特性のある児童の学習をどのように支援しているのか、同校の促進授業と取り出し学習、それから飛び級の試みから確認してみよう。
　まず、ドイツ語や算数では、学年ごとに習熟度別の小グループが編成され、「促進授業」でよりシステマチックな支援が展開されている。例えば、4年生

の算数では、aとbの双方のクラスを一緒にし、6名の教員ごと（試補を含む）に2人から12人ずつの児童が段階別に振り分けられ、その一覧表は教室に掲示されている。振り分けは、「立方体」「図形」「1000までの数の定着と100万までの数」「基礎」の4つとその他の2つのグループから成る。それまでの学習領域「1000までの数」での学習目標に到達し、反復や復習の必要のない子どもから、個別課題ではその先へと進んでいる。

一方、2年生のドイツ語（国語）の時間（2018年2月）では、aクラスとbクラスから7名の児童が図書室へ集められた。担当のL先生は昨年まで担任をしていたが、定年を迎え、今年からインクルーシブ教員としての業務を担っている。「右」と「左」の理解を、腕を大きく右や左に出しながら円を描いて、右や左に移動しながら学んでいる。この方法は、L先生自身が独自に考案したそうだ。

以上の促進授業や取り出し学習という「学力の底上げと学力保障」へのとりくみだけでは、優秀な子どもは逆に取り残されているのではないかとの疑問も浮かぶかもしれない。しかし、イグナチオ基礎学校では、原級留置もあるが飛び級もある。じっさい、筆者が卒業前後の2回インタビューを行った児童Mさんは、厳しい家庭環境下にもかかわらず、学習の進捗が早く能力が高いと認められ、飛び級を経て通常より1年早く基礎学校を卒業した。現在、ギムナジウムに通っており、充実した学習環境にあると語ってくれた（2018年11月13日　フィールドノーツ）。

4.2.4 プロジェクト週間

さいごに、先述した行為志向の授業のなかでも「理想的な形態」[21]とされる「プロジェクト週間」での子どもたちの活躍ぶりを見ておこう。2018年2月の1週間は、この「プロジェクト週間」が実施され、伝統行事となった「多文化フェスタ」での発表会に向けた準備が進められた。発表内容は、レバノン、トルコ、ナイジェリア、アフガニスタン、モロッコ、ポーランド等、15カ国のチームに分かれ、政治や社会、文化の側面から児童が考案し、発表の練習も周到に重ねている姿が印象的であった。

発表当日は、国別に六カ所で発表を行い、それを見に来る他の学年の児童の

写真13-7　プロジェクト週間の発表
出典：筆者撮影。

ために繰り返す、という方式で行われた（**写真13-7**）。その国にルーツのある子どもたちが発表チームに含まれている場合がほとんどであり、当地の名物や言葉などを紹介し、ホールでは親たちの力作の郷土料理がふるまわれた。自信をもって母語を他の子どもたちに伝えようとする姿を目にすると、確かなドイツ語力を身につける重要性が強調される毎日の学校生活のなかで、教師や保護者のサポートを受けつつルーツのある言葉や文化について深く学ぶ機会となるこのプロジェクトが、とても貴重な一週間に感じられた。

5. 児童の成長と分岐型中等教育への進路勧告

　2018年2月の調査時には、前期中等教育段階への学校からの勧告後初の4年生の保護者会にたまたま参加させていただく機会を得た。この保護者会は、「両親の夕べ」（Eltern Abend）と呼ばれ、働く親も参加できるよう、平日夜の8時から約1時間半をかけて行われた。この日の内容は、①算数等の現在の学習内容と家庭学習、②自転車試験のボランティア募集、③先生への謝恩の贈り物と卒業遠足、についてであった。①や②については担任からの丁寧な説明とそれへの親からの質問が繰り返されたが、親たちが中心となって話し合われた③の贈り物と卒業遠足については、「どのくらいの金銭的負担が求められるのか」、また、「兄弟の多い家庭がいったいそれらを賄えるのか」といった話し合いにかなりの時間が割かれた。月10ユーロを積み立てで集金すれば卒業までの5カ月で50ユーロになり、オリジナルTシャツも作成できる見積もりだが、そんなにも負担できない家庭があり、配慮が必要という実情が共通理解になっているように見受けられた。

一方、保護者会の開始前と終了後に、親たちの間で持ち切りだったのは、「どの学校種への進路勧告を受けたか」であった。筆者が3年生時から重点的に観察してきた4bクラスの22名の児童に対する分岐型中等教育への進路勧告の内訳をみてみよう。大学入学資格であるアビトゥアが得られる8年制[22]のギムナジウムへは6名（約27％）、職業教育へ接続する6年制の実科学校へは7名（約32％）、卒業後たいていが就職する5年制または6年制のハウプトシューレへは9名（約41％）である[23]。NRW州の「基礎学校での教育課程に関する条令」第8条では、「子どもの進路についてクラスの担任が両親と個別面談を行う」と規定していて、同校ではすでに11月中旬から進路に関わる面談が開始されている。では、誰が進路について最終決定権を持つかというと、親である[24]。2010年に学校法改正が州議会で承認されて以来、学校からの進路勧告は拘束力を持たないこととなったのである[25]。ただし、状況は州ごとに異なり、NRW州での進路勧告のあり方も再び覆るかもしれない。というのも、進路勧告制度のあり方は、州政権を担う政党の政策に左右されるからである。

「両親の夕べ」が終わり、ギムナジウムへの勧告を受け、実際にもギムナジウムへ進学したMくんの母親にインタビューすることができた。Mくんの父親はトルコ生まれであり、母方の祖父母もトルコからドイツへ来た移民である。父親はトルコ語しか話せないため、イグナチオ基礎学校へ入学前、家庭での使用言語は完全にトルコ語であったという。しかし、ドイツ語の力をつけるため、学校以外でも母親とできるだけドイツ語を話すように努力し、現在はコーランを読むためアラビア語も学習中である。「Mは学校で学ぶのが楽しいといつも言っていました。（週ごとのドイツ語の課題を繰り返し練習する）週プランの仕組みがとても励みになりました。宿題も、Mは自分で見直していました。学校から本をたくさん借りて来て、家で読むことができたので、いろいろな単語を覚えることができました。学校にはとても満足しています。授業も先生もとてもフレンドリーで、何かあればいつでもたずねることができましたから。B町に来たのは、とてもよい選択だったと思っています」（2018年2月19日　インタビュー）。「なぜよい成績を修める必要があると思う？」という筆者の問いに、Mくんは、「ギムナジウムに進学すれば、医者でもプロフェッサーでも何

にでもなれるし」と答え、「前は医者になりたかったけど、今は技術者になりたい」と話してくれた（2018年2月20日　インタビュー）。9歳の時点で、分岐型学校体系のどの学校種に進むかで左右される将来の可能性についてシビアに理解し、自分で道を切り拓く最初の一歩を踏み出すという自負が垣間見られた。

6. おわりに

　以上見てきたように、イグナチオ基礎学校では、子どもたちの障がいの程度や移民背景、家庭環境等、困難な状況も多様ななかで、子ども一人ひとりの特性を尊重したインクルーシブな学習への支援体制を構築し、各々の学力を伸ばす仕組みを発展させてきている。その背後には、「子ども・親・教職員によるチーム」▶26 という考え方に基づく協働・協力を重視するイグナチオ基礎学校の取り組みと、これを支える健康な教員の存在があり、子どもが安心して自分を成長させていく拠り所となっている。健康を保つ努力もなされている。ある日の教員会議では、いつものように脳機能を向上させる軽い運動「ライフキネティック」の研修が2人の担当教員の主導で行われた後、オープン・スクールの振り返りが行われた。振り返りでは、色別のカードを使うグループワークの後、保護者間の噂への対応や次回への改善策に至るまでが入念に話し合われ、限られた時間の中で困りごとや状況を全員で共有し解決を模索していた。

　終わりに、この学校の「良さ」は、「教員になったらここで働きたい」と願うある試補の言葉が端的に表しているだろう。「ここは同僚がチームとして働いているし、校長を含め何かあれば必ず助けてくれる人がいて、気遣ってくれる。それから学べる環境があります。小規模の学校だから全体が見通せて、子ども全員の顔がわかるということも、経験のないわたしにとってはとても重要なことなのです」（2018年11月13日　フィールドノーツ）。

❖注

- 1　Der Paritätische Gesamtverband（edt.）（2017 p.15ff.）参照。
- 2　ドイツ全 16 州のうち、宗派学校を公立学校として保持しているのが、ノルトライン・ヴェストファーレン州とニーダーザクセン州の二州である。
- 3　B 町の基礎学校は全 4 校を数えるが、1887 年創立で最古のカトリックのイグナチオ基礎学校の他、プロテスタントの基礎学校 1 校と共同体基礎学校 2 校がある。
- 4　「立地条件 4」の学校では、多くの児童生徒の家庭が居住する地域の特徴として、「州平均より収入が低い」、「三分の一が戸建または二世帯タイプ住居に居住」、「州平均より高い移民比率」、という条件がある（QUA-LiS 2016）。
- 5　「移民の背景」は多岐にわたり定義が困難であるため、KMK では次の 3 つのうち少なくとも 1 つに該当する場合に「移民の背景を持つ児童生徒」としている（KMK 2015: 32）。1. ドイツ国籍を持たないもの、2. 出生国がドイツ国外にあること、3. 児童生徒にドイツ語能力があるとしても、家庭（もしくはそれに相当する環境）での使用言語がドイツ語以外であること。
- 6　そのうちの一人 N さんは、放課後に「予防的措置と社会的コンピテンシーの獲得」を通した子どもと家族への支援と自立支援を目的とした施設にも通い、「学校が楽しい」と話していたが、国外退去に伴い卒業間近に退学を余儀なくされた。
- 7　イグナチオ基礎学校のスクール・ソーシャルワーカーの C 氏へのインタビュー（2018 年 2 月 21 日、11 月 14 日の各フィールドノーツ）より。
- 8　イグナチオ基礎学校スクール・ソーシャルワーカー C 氏へのインタビュー（2018 年 2 月 21 日フィールドノーツ）より。なお、前年度（2017/2018 年度）の調査でも同程度の規模であった。
- 9　C 氏は通常の授業の一貫である「促進授業」のほか、ソーシャル・スキル・トレーニングの要素を含む「社会学習」（Soziales Lernen）の授業等も担当している。他の曜日は B 町の別の小学校 3 校でも働いている。
- 10　終日学校では 7 時から 8 時まで児童の預かりをしている。
- 11　社団法人「終日学校イニシアチブ」による雇用。
- 12　「福祉教育士」のほか「社会的教育士」などと訳される。ここでは、スクール・ソーシャルワーカーとの職務内容の違いを明確にするため、「福祉教育士」の訳語を当てる。福祉教育士は「子ども」を主な支援対象とし、スクール・ソーシャルワーカーは「親」を主な支援対象とする（2018 年 2 月の C 氏へのインタビューより）。なお、「福祉教育士」の称号は、福祉教育高等専門学校の 4 年間の教育課程（1 年間の実習期間を含む）の後、国家試験での修了によって得られる（坂野 2017）。
- 13　ドイツの教員養成は、大学での教員養成課程と、1 年半から 2 年の試補勤務の大きく 2 段階で行われる。NRW 州の現行の制度では、6 セメスターの学士課程と、4 セメスターの修士課程（2 セメスター目の実習期間を含む）を修了後、18 カ月の試補の期間が設けられており、試補修了時に国家試験が受けられる。試補には給与も支払われるが、イン

● 第Ⅱ部　各国のしんどい小学校はどのようにガンバっているのか？ ●

タビューした試補の方で月額 1470 ユーロ（税引後は 1300 ユーロ程度）とのことである。
▶ 14　Nübling M. et al.(2018) より算出。
▶ 15　公務員としては、授業の準備等も含めて週 41.5 時間勤務が必要とされる。同校では、校長自身の教員としての過去の経験から、特に長時間労働の防止・抑制に配慮しており、同僚性を高め、働き易い職場環境を維持し、発展させようと工夫されていることが窺えた（2017 年 2 月 15 日イグナチオ基礎学校での校長インタビューおよび、同年 2 月 17 日教員会議でのレクリエーションについてのやりとりより）。
▶ 16　QUA-LiS（2018）参照。
▶ 17　学校監督の担い手は、専門的に養成され、専任で勤務する官吏（視学）であるが、実際には、教員がこの職に就くケースがほとんどである（南部 2012）。その権限等は州ごとに異なるが、VERA が導入されて以降の学校監督には、監査官（Kontrolleuer）としてよりも、学校の質開発に向け、学校を支援する役割が期待されていると指摘されている（Muslic, Ramsteck, & Kuper 2013）。
▶ 18　2018/2019 年度の 4 年生の時間割には、月曜の 7 時間目と木曜 5、6 時間目、金曜 6 時間目に「学習共同体」（AG: Arbeitsgemeinschaft）と明記されている。11:45 からの 5 時間目にはすでに終日学校教員も教室に入り、午前担当の担任や他の教員と共に学習指導に当たることで午後の学習につなげている。
▶ 19　2018/2019 年度の終日学校の利用は 14:30 までが 33 人、16:30 までが 112 人であり、2017/2018 年度の各 23 人、93 人より増加している（2001 年より当校の終日学校コーディネーター長を務める F 氏へのインタビュー 2018 年 11 月 13 日より）。利用月額は収入によって異なる。
▶ 20　学習の個別化と協同学習とを両立させる教授学習方法上の実践は、NRW 州の他の基礎学校でも浸透している（濱谷 2017）。
▶ 21　H. マイヤー（2005）は、行為志向の授業の基準や原則を満たす理想的な形態が、プロジェクト週間の理念にあると位置づけている。
▶ 22　2019 年 8 月 1 日より 9 年制へと回帰することが 2018 年 7 月の州議会で決定している（NRW 州教育ポータル「ギムナジウム」参照。https://www.schulministerium.nrw.de/docs/Schulsystem/Schulformen/Gymnasium/index.html. 最終閲覧日 2018/12/08）
▶ 23　このうち、実科学校への勧告を受けた 7 名のうち 1 名は、「制約付きでギムナジウム」へ、また、ハウプトシューレへの勧告を受けた児童のうち 1 名を除く 8 名は、「制約付きで実科学校」にも可能性が開かれた勧告を受けた。
▶ 24　NRW 州教育ポータル「進路勧告」（Grundschulempfehlung）参照。（https://www.schulministerium.nrw.de/docs/Schulsystem/Schulformen/Grundschule/Von-A-bis-Z/Grundschulempfehlung/Grundschulempfehlung/index.html. 最終閲覧日 2018/12/08）
▶ 25　*Ibid.* 栗原（2017）は、多くの州で行われる進路勧告制度改革（進路決定の主導権を学校から保護者に移譲する改革と、教師による進路判断基準を客観化する改革の二種類）の内容と背景を検討し、効果の検証にはまだ時間が必要だと結論している。
▶ 26　イグナチオ基礎学校の「健康カリキュラム　2017」p.5（2018 年 2 月校長より入手）。

❖参考文献

Der Paritätische Gesamtverband (edt.) (2017), *Bericht zur Armutsentwicklung in Deutschland 2017*, p.15ff. https://www.armutskongress.de/fileadmin/files/Dokumente/AK_Dokumente/armutsbericht-2017.pdf.（最終閲覧日 2018/12/08）

Kultusministerkonferenz (KMK) (2018) *Definitionenkatalog zur Schulstatistik 2018.* https://www.kmk.org/fileadmin/Dateien/pdf/Statistik/Defkat2018.pdf.（最終閲覧日 2018/12/08）

濱谷佳奈（2017）「学力格差是正に向けたドイツの取り組み ──ノルトライン・ヴェストファーレン州の事例に注目して」日本比較教育学会編『比較教育研究』第 54 号, pp.147-160.

栗原麗羅（2017）「ドイツにおけるギムナジウム進学機会の公平に向けた取り組み：2000 年以降の進路勧告制度改革に着目して」『上智大学教育学論集』第 51 号, pp.79-93.

マックス・プランク教育研究所研究者グループ（2006）『ドイツの教育のすべて』天野正治、木戸裕、長島啓記完訳、東信堂 .

マイヤー , H.（2005）『授業方法・技術と実践理念』原田信之編訳、北大路書房。

Muslic, Ramsteck und Kuper (2013) Das Verhältnis von Schulleitung und Schulaufsicht im Kontext testbasierter Schulreform. In: *Die Deutsche Schule,* Beiheft 12, pp.97-120.

南部初世（2012）「ドイツにおける教育行政の基本構造と新たな役割──恊働して担う専門性」『教育行財政研究』第 39 号, pp.46-50.

Nübling M.; Vomstein M.; Haug A.; Nolle I.; Lindner A.; Lincke H.-J. (2018) *Erhebung psychosozialer Belastungen bei Lehrkräften im Rahmen von Gefährdungsbeurteilungen mit dem COPSOQ Gesamtergebnis Regierungsbezirk Arnsberg (T8).* https://www.bezreg-arnsberg.nrw.de/themen/c/copsoq/COPSOQ-Gesamtergebnis-Regierungsbezirk-Arnsberg.pdf.（最終閲覧日 2018/12/08）

坂野慎二（2017）「ドイツの幼稚園教諭・保育士養成政策に関する研究──養成の高度化・専門化に着目して」『論叢　玉川大学教育学部紀要』第 16 号, pp. 1-23.

Qualitäts- und Unterstützungs Agentur - Landesinstitut für Schule (QUA-LiS) (2016) *Deskriptive Beschreibung der Standorttypen 2016 für die Grundschulen.* https://www.schulentwicklung.nrw.de/e/upload /vera3/mat_2017/Beschreibung-Standorttypen_170308_RUB_ang.pdf.（最終閲覧日 2018/12/08）

QUA-LiS NRW (2018) *Vergleichsarbeiten in Klasse 3: Allgemeine Informationen und Ergebnisse des Durchgangs 2018 in Nordrhein-Westfalen.* https://www.schulentwicklung.nrw.de/e/vera3/allgemeine-informationen/index.html.（最終閲覧日 2018/12/08）

第14章

オランダ

ロッテルダムの未来を担う子どもたち
移民・難民集住地区の小学校の取り組み

末岡 加奈子

1. はじめに

　本章の舞台となるのはオランダの四大都市の一つ、ロッテルダムである（**写真 14-1**）。世界でも最大級の貿易量を誇る港街として古くから知られてきた。スキポール国際空港からも直通電車が開通し、これに乗れば約30分でロッテルダム中央駅に到着する。人口は約64万人（CBS 2018）と、首都アムステルダムについで2番目に多い。港湾都市であるが故に、第二次世界大戦時にはドイツ軍の爆撃によって壊滅状態に陥った歴史がある。このため、歴史的建造物は一部を除いてほとんど残っておらず、近代的な建築物が立ち並んでいる。近年はとくに、芸術・文化・スポーツを大々的にアピールし、世界中から人々を惹き付けるべくさまざまな取り組みが行われている活気溢れる街である。

　上述のような地理的・歴史的要因と関連して、アムステルダムを凌駕するほどの移民・難民の背景をもつ人口を有することは、第7章で述べた（詳細は、第7章第2節を参照のこと）。戦後復興期の労働者不足に伴い政府間協定にもとづいて受け入れられた、トルコとモロッコからの「ゲストワーカー」（本制度は1973年終了）とその子孫は、今もなお多くが、市南部の港湾エリアに集住する。近年では、この地域にアフリカ・中東・東欧など多様な地域からの新規移

住者も加わり、移民の集住地区として国内でも有数の大きな社会経済的不利を抱える地域として知られている。

市教育委員会のハイネケン氏（仮名）が、「ロッテルダム港の貿易額がついに上海に抜かれた！」と残念がっておられたことがあった。そのことが一市民にとってそんなに重要なことなのか、とその時は不思議に思っ

写真14-1 市内中心部側から望むエラスムス大橋
出典：筆者撮影。

たが、ロッテルダムの学校に日参するなかでその理由が徐々に明らかになってきた。端的に言えば、街の経済の行方が学校経営に直接大きな影響を与えているのである。

2. 調査対象と方法

本章で取り上げるマースハーフェン小学校（仮名）は、ロッテルダム中央駅からメトロと徒歩で約 20 分の、市南部の港湾エリアにある。「オランダ国内で最高レベルの"しんどい"地域や学校はどこか」と依頼し、2011 年に国内の大学関係者から勧められたのがロッテルダムである。そのロッテルダム市教育委員会の担当者から紹介して頂いたのが、マースハーフェン小学校を含むこの地域のいくつかの小学校であった。厳しい環境におかれながらも一定程度のパフォーマンスを上げている学校ということで、当時より調査をさせて頂いている学校のひとつである。本プロジェクトに関わって数年ぶりにあらためて調査の快諾を得ることができた。このような経緯で選定された学校である（**写真14-2**）。

ここで描かれる観察記録は、本プロジェクトのため 2017 年 9 月および 2018 年 9 月に実施した参与観察および教員へのインタビューを中心に、筆者の別途調査にて得られた情報を必要に応じて補足した。

写真14-2　校舎の正面玄関
私たちの学校はLekkerFit!（より良い食生活と運動で、健康でより良い生活を！）プログラムに参加しています、と書かれてある（第3章第1節参照）。
出典：筆者撮影。

マースハーフェン小学校が立地する市南部は、オランダがかつて経験したことのない規模の社会経済的困難が集中しているとされる。したがって現在、「ロッテルダム南部国家プログラム（Nationaal Programma Rotterdam Zuid）」として、国、市、教育委員会、学校、ケア機関、警察、企業、その他様々なビジネスパートナーが協働し、地域住民の生活水準の向上を目的に大規模なリソースが投入されている。

さらにその中でもいくつかの地区が指定され、その地区に立地する小中学校を「子ども重点地域（Children's Zone）」とし、先述したような多様なステイクホルダーが協働して、負の再生産の断絶を目指した取り組みが行われている。具体的には、地域住民の教育レベルと雇用状況の改善である。マースハーフェン小学校もそのうちの一校であるため、学校の自律性が高いとはいうものの、日々の教育実践はこのような国家プログラムの一環となっている。

2.1 学校概要

マースハーフェン小学校は教職員30名（うち男性教員4名）、児童数334名（2017/10/1時点）とオランダでは標準的な学校規模で、校長（校長・副校長あわせて3人）はオランダ剣道連盟会長を務める62歳男性（2018年9月時点）である。欧州剣道協会の役員、審判員等も務めておられるため公私ともに大変多忙で、筆者の直近の訪問時には、世界剣道選手権大会に遠征中のため不在であった。

在籍児童はほぼ100％が移民の背景をもち、保護者の失業、貧困、低学歴等

に関わる課題が今日においても顕著である。このため教育実践上の重点課題は、「読み・書き」「計算」「社会的ふるまい」の向上に焦点があてられる。校舎の同じ建物内には、特別支援学校と就学前施設が「同居」しており、2019/20年度よりこの特別支援学校はマースハーフェン小学校に統合されるそうだ。障がい等のあらゆる背景を抱える子どもがともに学ぶインクルージョンの推進に向けて、校内の階段には車椅子用リフトがあらたに設置された。

表14-1　学級数一覧（2017/18年度）

	児童のおもな年齢（歳）	学級数
1/2年	4-6	5
3年	7	2
4年	8	2
5年	9	2
6年	10	1
7年	11	2
8年	12	2
		18

出典：学校から提供を受けた資料をもとに筆者作成（2017/9/19時点）。

　オランダの小学校の教育予算システムに基づけば（詳細は、第7章第5節を参照のこと）、低学歴の保護者が多いため基本予算（日本でいうところの、学校管理費や教育振興費）が多い。また、2012/13年度には就学前教育と小学校の間に「0年生」が新設され、就学前幼児への半義務的な学校教育への試みがなされたが、2017/18年度時点ではこの「0年生」制度はもはや導入されていない（**表14-1**）。諸策が実に速いように感じられる。

2.2　年間スケジュール

　オランダの学校は、新年度の開始や各学期の日程が地域によって異なる。こ

表14-2　2018/19年度の学校スケジュール

	夏休み（前年度末）	新年度開始	秋休み	クリスマス休暇	春休み	5月休み	夏休み（今年度末）
北部	2018/7/21-9/2	2018/9/3	10/20-10/28	2018/12/22-2019/1/6 全土で同じ	2019/2/16-24	2019/4/27-5/5	2019/7/13-8/25
中部	2018/7/14-8/26	2018/8/27	北部と同じ	全土で同じ	2019/2/23-3/3	全土で同じ	2019/7/20-9/1
南部	2018/7/7-8/19	2018/8/20	10/13-10/21		中部と同じ		2019/7/6-8/18

出典：オランダ政府ウェブサイト　https://www.government.nl/topics/school-holidays/question-and-answer/school-holidays-2018?2019 から筆者作成（最終閲覧日 2019/2/15）。

れによって、長期休暇中の人の移動や交通量が調節される。北部・中部・南部と3ブロックに分けられ、輪番制でスケジュールされており、ロッテルダムは中部にあたる (**表14-2**)。通常は8月〜9月にかけて順次新年度が始まり、「今年は私たちが一番だね！」等といった会話が先生たちの間で交わされる。ムスリムの子どもたちが多数在籍するマースハーフェン小学校のような学校では、ラマダンの日程によって臨機応変に時期を調整することもある。2017/18年度は、ラマダン明けに子どもたちがそれぞれの故国へ帰ってしまうため、年度始めを2日遅らせて開始するという措置を講じた。

2.3 子どもたちの家庭背景

子どもたちの家庭背景の文化的側面を概観しておこう。先述の予算取りのため、入学時には保護者の出生地や学歴を含めたプロフィールが必要となる。この書類は22カ国向けに準備されており、該当しない場合は「その他」として23番目の英語書類が提供される。**表14-3**は、この書類をもとに保護者の出生地をまとめた一覧である。オランダにおける移民の定義と関わって、保護者の出生地情報は、子どものルーツやその抱える教育的不利の度合いを推定する

表14-3　保護者の出生地一覧（「オランダ」は一覧から省いている）

移民・難民の分類	マースハーフェン小学校（2017/18年度）保護者の出生地（Geboorteland）
旧植民地からの移住者	スリナム，旧オランダ領アンティル諸島（アルバ，ボナイレ，キュラソー，シント・マールテン）
「ゲストワーカー」	モロッコ，トルコ
その他非西洋系（難民・庇護申請者含む）：アフリカ地域	ソマリア，カーボベルデ，ガーナ，コンゴ共和国，コンゴ民主共和国
その他非西洋系（難民・庇護申請者含む）：中東，アジア地域	アフガニスタン，サウジアラビア，シリア，パキスタン，フィリピン，中国
その他非西洋系（難民・庇護申請者含む）：中南米地域	ドミニカ共和国
西洋系：旧ソ連・東欧圏	ロシア，アルメニア，ルーマニア，ポーランド，ボスニア・ヘルツェゴビナ，ブルガリア，ハンガリー，スロバキア，スロベニア
その他西洋系	フランス，デンマーク，スペイン，ポルトガル，ドイツ，ベルギー，ギリシャ

出典：学校から提供を受けた資料をもとに筆者作成（2017/09/19時点）。

ための重要な指標となる。この学校では35カ国・地域にのぼる。しかしこのデータには、保護者自身が移民1世である情報しか含まれないため、実際には教室内は、これよりもはるかに多様な背景の子どもが在籍する。

　表14-3に示した2017/18年度分は、保護者から提出された書類を学校事務の担当者が既にタイプ打ちしたものをいただくことができた。以前に保護者の手書き書類の原本を自分で整理したことがあったが、この時は大変な苦労をした。明らかに字を書きなれていないと思われる書類が散見され、判読には骨を折ったものの、それは子どもたちのさまざまな家庭背景に想いを巡らすことを促す貴重な情報であった。

3. 教師と子どもたちの一日

　登下校時には、保護者またはそれに代わる者による送迎が義務付けられていることから、朝と放課後の学校の周りは大変賑やかなひとときとなる。保護者は徒歩か自転車で送迎することが多いが、なかには車の家庭もある。この時間を利用して、保護者同士、あるいは教師と保護者のコミュニケーションが図られることが多く、また送迎があることによって必然的に親子の会話も生まれる。筆者のような観察者にとっても、この時間は子どもの顔と保護者の顔を一致させることができ、親子の会話や、時には喧嘩を垣間見ることのできる有意義な時間となる。

　一日の学校生活では、日本のような授業時間毎のチャイムや、授業間の休み時間もないことから、朝の始業時のチャイム以降は、子どもたちは自ら時計を見て行動する。授業中にトイレへ行く際も、タイミングを自分で判断することができるよう、入学直後の4歳時点から訓練される。基本的にはよほどのことがない限り、教師が大事な話をしている時のトイレはNGだ。各自で練習問題に取り組んだり、次の作業への移行のタイミングを見計らって席を立つように子どもたちは指導されている。加えて、電子黒板が普及していることから、**写真14-4**や**写真14-7**のスクリーンに映し出されているような、教師がパソコン上で操作するツールが多用される。写真14-4は3分間でアイスクリームが溶けていくようなアニメーションで、「さあ！おやつの時間はあと3分よ！」

● 第Ⅱ部　各国のしんどい小学校はどのようにガンバっているのか？ ●

写真14-3　移動から校舎に戻ってきた子どもたち
ともにペトラン先生の学級1/2年。
出典：筆者撮影。

写真14-4　おやつタイムの様子
ともにペトラン先生の学級1/2年。
出典：筆者撮影。

等といったように活用される。

　また、少なくとも筆者のこれまでのロッテルダムの特定地域での調査においては、学級の時間割表というものは確認できなかった。通常は、写真14-7のようにホワイトボードの右端に毎朝教師が書いて示すことが多く、移動教室が多い都合上、とくに年度初めは途中で変更が生じることもあるようだ。

　日本と異なる点をさらに挙げると、水泳や柔道などの授業では近隣の学校と施設を共有することが多い。そのたびに、校舎から出て一般道を歩いて移動することになる。マースハーフェン小学校では次節で述べるような特別科目もあるため、この移動は一層多い。安全上、一般道へ出る際は1列または2列に整列し、私語なく移動するよう厳しく指導されている（**写真14-3**）。

　次に、学級担任制について見てみよう。日本と大きく異なる点として、すべての学級で担任が2人いることが挙げられる。各クラス担任2人体制というよりも、曜日によって担任が変わるのである。ワークシェアリングにより1週間に5日間労働する人はほとんどなく、教員も例外ではない。したがって、〇年△組担任は、月曜〜木曜はA先生、金曜はB先生という具合になる。また場合によっては、毎日ではないがアシスタント（教員免許なし）が入る場合もあり、担任の右腕となる。上の写真で見る1/2年の学級は、低学年にしては学級規模が大きいため、アシスタントが配置されている。

　ここには、オランダの教員養成の特徴もかかわっている。教員養成機関に入

学直後の1回生から4回生まで、継続して教育実習が行われており、学校には通常、年間を通して教育実習生が出入りしていることが多い。4回生ともなれば、実習指導を受けながらも堂々と授業を担当していることが多く、筆者のような外部の者には教員との区別がつきにくい。授業をしている若い先生をみるたび、「あなたは実習生？　それとも若い先生？」と聞くことになる。このように、一つの学級には二人の担任のみならず、場合によってアシスタント、教師をめざす教育実習生、アシスタントをめざす教育実習生など、多くの大人が関わりながら、とくに低学年においては個々のニーズに応じたケアや指導がめざされている。

4. 是正策の一つとしての食生活への介入

　子どもの学校生活において、昼休みは何よりもリラックスできる楽しい時間であろう。これまでオランダの小学校では昼休みには子どもたちは帰宅し、家庭で食事をとり午後の授業開始時に学校に戻ってくるというシステムであった。しかしながら近年、とくに社会経済的に厳しい環境にある子どもの多く在籍する学校では、昼食を持参させるケースが増えている。子どもが毎日昼休みに帰宅するとなれば、保護者の就労が妨げられ、負担が大きい。保護者の毎日の負担を軽減するとともに、子どもたちの食生活に学校が関与することも目的に、マースハーフェン小学校も2015/16年度から登校時に昼食とおやつを持参させている。この移行期間は希望制とし、希望する家庭の子どもだけが昼休みを学校で過ごすという措置が採られた。この頃は、昼休みの子どもの見守りを有償ボランティアの保護者に担当してもらうため、各家庭は少額の費用を負担する必要があった。現在では、全員義務的に学校に滞在させるため家庭からは徴収せず、したがってボランティアの保護者へ支払う予算が確保できないという。

　おやつは通常、手で簡単に食べられる果物か野菜、または多めに持参した昼食のパン等を食べることになっている。菓子類は禁止されている。子どもたちのおやつは概ね、バナナ、りんご、ぶどう、人参、パプリカ、きゅうりが多いようだ。**写真14-4**は、1/2年生の学級のおやつタイムの様子である。このおやつ時間は、インターネット配信されている子ども向けニュースや子ども向け

● 第Ⅱ部　各国のしんどい小学校はどのようにガンバっているのか？　●

写真14-5　パンの間にジャム等をはさんだ一般的な昼食
出典：筆者撮影。

写真14-6　教室にある2台のホットサンドメーカー
出典：筆者撮影。

映画がスクリーンに投影され、テレビを見ながら食べることが多いようだ。

　このような時代の変化に伴う対応も、ベテランの教師からは様々な意見が聞かれる。1/2年担任のペトラン先生は、とくに低学年の子どもたちが、寒い冬でも「冷たい食事」だけの昼食になることを懸念されている。これへの対応として、週の最終日である金曜日に限り、子どもたちの持参したパンを順番に一枚ずつトーストし、ホットサンドにして子どもたちに食べさせる工夫をされている（**写真 14-5、14-6**）。しかしこれも自分一人では困難で、アシスタントの存在があるからこそできる、とのことである。

　昨今では、日本においても子どもの「朝ごはん」に関わる話題が、学校教育の文脈で取り上げられることが多くなった。オランダにおいても同様に様々な変化がみられ、マースハーフェン小学校でも、毎日ではないがおやつの時間等に市から「学校牛乳」と「学校果物」が配布される。

　次に、LekkerFit!（より良い食生活と運動で、健康でより良い生活を！）プログラムを簡単に紹介しておこう。これは、0〜12歳を対象に2005年から市が取り組んでいるプログラムで、より良い食生活と適度な運動をすることで健康的なより良い生活をめざすことを目的とし、就学前と小学校のカリキュラムに追加で様々なアクティビティを導入している。背景には、ロッテルダムの子どもの肥満の状況がある。国内でも子どもの肥満度が高く、心身への悪影響が子どもの段階から既にみられることが指摘される。校舎の入り口には、このプログラムに加盟している事を示すステッカーが貼られている（写真14-2）。

マースハーフェン小学校に限らず、「トルコの子どもたちは、砂糖をたくさん使った甘いものを食べ過ぎだ」という語りが、教員から異口同音に聞かれることが多い。筆者も常々、「小学生なのに肥満気味の子どもが多いのは、何故だろう」と感じていた。このような教育活動の変遷は、社会の文化的多様性に伴って「学校文化」が変容していく過程の、一つの事例と捉えられるかもしれない。

5. 授業実践

5.1 文化の違いと「読み・書き」「計算」の基礎の習得

以下の2枚の写真をみて、皆さんは何を思うだろうか。

まず、**写真14-7** は教師のPCからスクリーンに映し出されたタイマー。各自で練習問題を解く際などに、教室でよく活用されるものである。0～60秒や0～60分までを測ることができるが、よく見ると0～60までの数字は、右回りではなく左回りで刻まれている。針は右回りで進んでいくため、つまり残り時間が表示されることにな

写真14-7　スクリーンに投影されたタイマー
出典：筆者撮影。

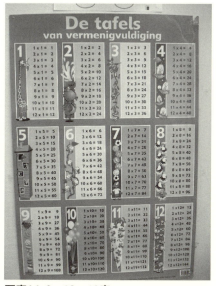

写真14-8　12×12表
出典：筆者撮影。

● 第Ⅱ部　各国のしんどい小学校はどのようにガンバっているのか？ ●

写真14-9　二重母音
出典：筆者撮影。

るのだが、筆者の頭が固いのか、慣れるまでは「時計の数字の表記が逆だ！」に捕らわれてしまった。

　次に、**写真14-8**は日本風にいうなら九九表だが、オランダでは12 × 12である。低学年に12 × 12=144までを暗記させるのは、並大抵のことではないだろう。またオランダ語の特性上、3桁の数字を読む際には、百の位、一の位、十の位の順番で読む。例えば「258」を読む場合、二百、八、そして五十、となる。このような言語の特性は、筆算の仕方にも影響している。日本流の筆算の仕方しか知らない筆者にとっては、単純な四則計算であっても、子どもたちのノートからその方法を理解するのには、随分と時間がかかった。

　また国語でいうなら、3年生で読み書き学習が開始される際の子音や母音の発音練習が、教師と子ども双方にとって大変そうだ。**写真14-9**は、二重母音を学ぶ際に活用される教室の掲示物の一部である。家庭言語がオランダ語でない子どもの場合、保護者自身がオランダ語学習を必要とするケースも多く、子どもたちにとっては学校だけが唯一の学習の場となる。

　このように、算数や国語を学ぶ上での初歩の段階において「文化のちがい」が介在することは、同質性の高い日本社会においてはなかなか気づきにくい点であろう。ホスト国の「学校文化」と子どもの「家庭文化」が大きく乖離する場合、日々の学習活動は子どもにとって大きな負担となる。保護者にとっても、「家庭で子どもの宿題をみる」ことは困難をきわめるであろう。こういった背景をふまえると、格差是正策は小学校に入学した4歳からでは遅い。よって近年では、第7章第6節でも述べたとおり、0〜7歳に対策の焦点があてられているのである。

5.2 子ども重点地域での切り札「Vakmanstad（職人技の街）」プログラム導入

　マースハーフェン小学校の教育実践において特徴的なものは、第2節で述べた「子ども重点地域」の一部の学校で導入されているVakmanstad（職人技の街）プログラムの導入である。Education（教育）– Participation（参加）– Integration（統合）を軸とし、移民背景の有無にかかわらず社会への十全な参加によって社会に包摂されることを目指す一連のプログラムである。このうち小学校はEducation（教育）段階に相当し、柔道（または合気道）、哲学、ガーデニング、料理の実技科目群が、通常のカリキュラムに追加で組み込まれる。

　本プログラムは、エラスムス大学のオーステリング氏によって主導され、プログラムの運営（講師の派遣や授業）を専属の組織が運営する。この地域における切り札的存在として、各学校長の判断によりいくつかの学校では既に導入されていたが、マースハーフェン小学校でも2015/16年度から導入された。本プログラムの導入によって目指されているものは、社会経済的に厳しい環境におかれる子どもの「社会情緒的スキル」の発達であるとされており、その効果検証については、これから年月をかけて実施される。アムステルダム大学の研究者チームが委託を受け、ロッテルダム市内の小学校4校（導入校2校および対照校2校）を対象とし、今後データ収集を行い、実証研究を行っていくようである。本プログラムは将来的には「子ども重点地域」の中等学校にも導入される予定だが、現時点では小学校のみで実施されている。

　なお、オランダの小学校では従来は水曜日は半日授業であった。しかし、本プログラムやその他の追加アクティビティによって、マースハーフェン小学校では水曜午後も授業を行わざるを得ない状況になった。ムスリム家庭の子どもが多いため、水曜日の午後は3年生以降はすべてイスラム教とイスラム文化を学ぶ時間にあてている。この地域では他の小学校も、水曜午後に授業を行ったり、あるいは毎日の1時間目の開始時間を早める等して、授業時間の確保に努めている。

5.2.1 規律と「間」の取り方を学ぶ柔道

　ロッテルダムの学校や教育委員会で「日本では、小学校では柔道を教えない

写真14-10 「NIHON」の文字を見せてくれる5年生女子

出典：筆者撮影。

写真14-11 授業開始時のようす

出典：筆者撮影。

のか？」という質問を何度受けたことだろうか。よく見てみると、子どもたちの柔道着や柔道カバンには「日本」「NIHON」などという文字が必ず入っている（**写真14-10**）。

　柔道の授業は、子どもたちのいきいきとした頼もしい姿が見られる楽しい授業の一つである。講師陣は武道のプロであり、規律が厳しい。全員が一列に正座し、「礼！」という挨拶とともにウオーミングアップから始まり、さまざまな技を練習する（**写真14-11**）。1/2年生、つまりまだ幼い4〜6歳児が柔道着を着て柔道の（ような）技をかけ合う様子は、見ていて楽しく実に微笑ましい。このプログラム開発の中心的人物であるオーステリング教授によれば、柔道を学ぶ意義はさまざまあるが、そのうちの一つが人と人との「間」の取り方を学ぶことにあるという。本プログラムが導入される小学校は、ムスリムの子どもたちが多い。男女がともに学び、異性とのコミュニケーションの取り方を学ぶことはとりわけ重要な観点であるとされることから、柔道の授業では、高学年であっても男女混合で行われる。ムスリム家庭の保護者からも、これまでに苦情等は確認されていないという。

5.2.2 料理

　日本のカリキュラムでいえば技術家庭科に相当するが、本プログラムでの「料理」の科目は、ガーデニングとあわせて「いのち」「食」「からだ」を学ぶための一連の流れに位置付いている。また、第4節で述べたLekkerFit!（より

良い食生活と運動で、健康でより良い生活を！）プログラムとも関連している。ある日の7年生の授業では「うま味」成分について説明がなされ、日本食ではこれがとても大事にされる、と説明された。果たして、子どもたちは理解できただろうか。オランダの小学校は一般に校舎が狭い場合が多いが、マースハーフェン小学校も例外ではなく、調理室が足りない。従って、スタッフルーム（いわゆる「職員室」であるが、

写真14-12　協力して作業を行っている5年生の班
出典：筆者撮影。

日本のそれとは趣が随分異なる）の一部を仕切り、オーブンを設置して授業を行うケースが見られた。

　このような料理やガーデニングの授業等は、子どもたちにとってはとても楽しいひとときのようである。しかしその反面、「移動が多すぎて子どもたちが落ち着かない」「子どもたちは、教師以外のおとなが担当する授業は集中力を欠き、コントロールがききにくい」の二点が、複数の教員から聞かれた。換言すれば、やんちゃな子どもたちにも各学級の教師の指導ならば比較的通りやすいということになる。その理由について多くの教師が異口同音に語るのは、「教師は、教師になるべくトレーニングを受けた上で子どもたちの前に立っているが、外部講師は教師ではないから」ということであった。4年間にわたる教育実習の意義と成果を感じ取れる一つの側面であろう。

6. 学力テストと中等学校への進学

　最後に、マースハーフェン小学校の子どもたちの学力テストの結果と中等学校への進学先について見ておこう。
　オランダではこれまで、全国的な学力テストCITOの学校毎のスコアは、加重予算システムにもとづく社会経済的ステイタス（SES）が考慮された「補正値」のみ公表されていた。つまり補正値では、低SESの学校は実際の素

点よりも相対的にスコアが高くなる。しかしながら、市民からの情報開示要求が高まりまた 2011/12 年度からは学校監査による評価対象も「補正前」スコアになったことから、近年では「補正なし」のスコアが開示されているケースも多い。マースハーフェン小学校も例外でなく、**表 14-4** は「補正なし」スコアである。全国平均点と比較してどうだろうか。国内で有数の大きな社会経済的不利を抱える学校のひとつであるが、2016 年、2018 年はわずか 2 ポイント差、2017 年の 8 ポイント差をふまえても、「大変良く頑張っているしんどい学校」である。

表14-4　3年間のCITOスコア

	マースハーフェン小学校平均点	全国平均点
2018年	532.9	534.9
2017年	527	535.1
2016年	532	534.5

出典：2018/19 年度学校便覧より筆者作成。

また、先の第 7 章で掲げた学校体系を参照しながら、**表 14-5** を見ていただきたい。2016/17 年度と 2017/18 年度の子どもたちの中等学校への進学先を示したものである。まず、最も高い学力が要求される VWO（大学準備中等教育）への進学は、直近の 2 年間で 8.7% から 12.8% へと増加しており、さらに

表14-5　2016/17年度および2017/18年度の中等学校進学先

中等学校進学先	2016/17 年度 人数	%	2017/18 年度 人数	%
VWO（大学準備中等教育）	4	8.7%	5	12.8%
VWO（大学準備中等教育）／HAVO（一般中等教育）	1	2.2%	4	10.3%
HAVO（一般中等教育）	4	8.7%	2	5.1%
HAVO（一般中等教育）／VMBO（職業訓練中等教育）―理論	2	4.3%	2	5.1%
VMBO（職業訓練中等教育）〈理論〉	5	10.9%	3	7.7%
VMBO（職業訓練中等教育）〈理論〉／VMBO（職業訓練中等教育）〈混合〉	2	4.3%	0	0.0%
VMBO（職業訓練中等教育）〈混合〉	0	0.0%	1	2.6%
VMBO（職業訓練中等教育）〈混合〉／VMBO（職業訓練中等教育）〈中等〉	7	15.2%	9	23.1%
VMBO（職業訓練中等教育）〈中等〉	6	13.0%	0	0.0%
VMBO（職業訓練中等教育）〈中等〉／VMBO（職業訓練中等教育）〈基礎〉	7	15.3%	4	10.3%
VMBO（職業訓練中等教育）〈基礎〉	4	8.7%	6	15.4%
PRO（職業訓練プログラム）	4	8.7%	3	7.7%
8年生合計	46	100.0%	39	100.0%

出典：2018/19 年度学校便覧より筆者作成。

VWO（大学準備中等教育）と HAVO（一般中等教育）との中間に位置する移行クラスと、HAVO（一般中等教育）をあわせた3つのコース（すなわち、「高等教育」への進学が想定される層）を見てみても、19.6%から28.2%へと増加していることがわかる。より学力水準の高い中等教育への進学者が、全体の約3割に増加している。

　他方で、実用的なスキルと職業訓練をカリキュラムの中心に据えるPRO（職業訓練プログラム）には、2016/17年度は4名、2017/18年度は3名が進学しており、全体の約8%を占めている。全体として先のCITOスコアとあわせて見ると、社会経済的に不利な状況にもかかわらず、子どもたちのパフォーマンスは、多くの大人に支えられながら一定の水準を維持しているといって差し支えない。2011年に筆者がはじめて訪れる際に市教育委員会からこの学校を紹介して頂けたのも、これが理由であった。「"しんどい"環境におかれながらも頑張っている学校」の一つであったが、8年後の今もなおその水準を維持していると言ってよいだろう。

7. おわりに

　いま、1960〜70年代に港湾労働者として大規模に受け入れられた、おもにトルコとモロッコからの人々が順次定年を迎える世代となった。それに伴って、港湾労働者の大規模な不足が懸念されている。オランダにおいては、今まさにわが国が実施しようとしている大規模な政策的「ゲストワーカー」の受け入れはもはやない。教育委員会のハイネケン氏の台詞が脳裏に浮かぶ。「直近で、1万人以上不足する。今ここにいる子どもたちが、それを担わなければならない」

　ロッテルダム市民として数世代にわたり地域に居住している子どもたちは、「次世代の労働者」である。すなわちここで求められる力は、EUの動向と同様に「エンプロイアビリティ（就労する力）」の育成であり、前期中等教育から分岐型学校体系を今も採用している文脈においては、その矛先が移民の集住地区にある小学校に向けられる危険性を潜在的に孕んでいると思われる。先に述べたような実技科目を通して目指されているものは「社会情緒的スキル」であ

るが、元来の重点課題である徹底的な「読み・書き」「計算」のスキルとあわせて、学校卒業後はすべての子どもを「社会参加」させなければならない、そのような熱意が日々の教育実践に濃密に詰め込まれている。すでに移民の背景をもつ市民が50％を超える街では、そうでなければ社会が成立しない。

　ここ数年の間に、学校がおかれる状況は随分と厳しくなった。マースハーフェン小学校の職員室には毎朝、地域の生活保護受給者がボランティアワークとして市から「派遣」されている。教員の補助が目的だそうだが、しかし筆者の観察の限りにおいては、教員の手を余計に煩わせていた。学校は、アシスタントや生活保護受給者のボランティアではなく、教員増を要求している。全体的に教員の業務量が増加しており、ここ数年間で教員の帰宅時間も随分と遅くなった。

　オランダ全土での小学校教員によるストライキは2016/17年度は平日の1時間ストライキであったが、その翌年は全日、さらに2018/19年度は筆者が訪問している時に全土で持ち回るリレーストライキが行われていた。中等学校教員との賃金格差、近隣の欧州諸国の小学校教員との賃金格差などが課題である。

　校長から聞かれたのは、次のような言葉である。「転入してきた女子が頭にスカーフを巻いていて、はじめて見たのでとても驚いたよ」。およそ35年前の話である。中年世代の先生方からは、異口同音に同様の語りが聞かれる。今日のオランダ社会からは想像しえない過去の話である。ここ数年の筆者の滞在期間中は、運悪く（あるいは運良く）トライアスロンの世界大会決勝戦や、人気バンドのコンサート、ダライ・ラマのロッテルダム講演と重なるなど、市内は世界中からの人々で活気に満ち溢れていた。マースハーフェン小学校の子どもたちは、地域でも学校でもネイティブオランダ人の同級生と出会う機会がほとんどないにもかかわらず、このような街づくりを主体的に担っていくことが求められているのである。あらゆる教育活動の先に目指されているものは、職業を問わず、すべての人がそのもてる能力を最大限に発揮し、ワーク・ライフのバランスのとれた文化的な生活を営むこと。マースハーフェン小学校の子どもたちは、教室での学習活動に加えて、水泳、柔道、エレクトーン、料理、イスラーム文化の学習……とたいへん忙しい毎日を送る「移民の社会統合」の主人公なのである。

❖参考文献

Centraal Bureau voor de Statistiek https://www.cbs.nl/ (最終閲覧日 2019/05/01)
Entzinger, H. and Engberson, G. (2014) "Rotterdam: A-Long-Time port of Call and Home to Immigrants", Transatlantic Council on Migration: Migration Policy Institute.
Gemeente Rotterdam https://www.rotterdam.nl/ (最終閲覧日 2019/05/01)
Nationaal Programma Rotterdam Zuid https://www.nprz.nl/ (最終閲覧日 2019/05/01)
OECD http://www.oecd.org/netherlands/ (最終閲覧日 2019/05/01)
Port of Rotterdam https://www.portofrotterdam.com/nl (最終閲覧日 2019/05/01)
Rotterdam Lekker Fit http://www.rotterdamlekkerfit.nl/ (最終閲覧日 2019/05/01)
Rotterdam Onderwijsstad https://onderwijs010.nl/ (最終閲覧日 2019/05/01)
Rotterdam Vakmanstad https://www.vakmanstad.nl/ (最終閲覧日 2019/05/01)
Stichting BOOR (Schoolbestuur van het openbaar onderwijs in Rotterdam) http://www.stichtingboor.nl/ (最終閲覧日 2019/05/01)

終章

世界を通してみるがんばる教師たち

園山 大祐

1. はじめに

　本章は、第Ⅰ部の各国の教育事情と学力是正策比較について、第Ⅱ部の数年間の小学校調査を基にした学校の取り組みを受けて若干の比較を試みたい。筆者は、これまでフランスを中心に欧州連合加盟国を訪問する機会はあったが、アジア諸国に関しては素人であることをお断りしたい。したがって、ここでは各国の専門家による分析を手がかりに、日本の欧州研究者の視点から日本への示唆について述べることでまとめに代えたい。

　最初に、7カ国と日本を比較する上で、長い年月をかけて進展してきた学校制度史を端的に表す学校系統図（体系図）について話したい。いわゆる単線型、複線型、分岐型教育制度と呼ばれるものである。第二次世界大戦前後までは多くのヨーロッパ諸国で男女別、階級別複線型の教育制度が実施されていた点は、特に見逃すことができない。

　第1にラテン・地中海地域に特徴的でその代表国は、「百科事典型」と呼ばれるフランスにある。フランスは、約二百年前に中国の科挙制度にならって大学入学資格として全国統一の国家試験「バカロレア」を導入し、その試験に向けて下構型の高校3年生（最終級）から小学校1年生（11年生）までの12年

の教育課程を逆算してエリート支配階級（ブルデュー「国家貴族」）育成のため、留年飛び級によって自己選抜される制度を設けた。一部の中産階級の優秀な生徒には開かれるものの庶民階級には閉ざされた制度で、男性労働者の子孫には専用の高等小学校までしか進学できない男性中心（のちに女性にも開放）の社会階級別複線型制度となっていた。そのフランスも1960年代半ばに技術高校、80年代半ばに職業高校を設置することで後期中等教育段階の大衆化が図られるが、学校（教師）文化としては暗記型の記述重視によるテスト選抜による普通教育が主流の百科事典型が維持されている。

第2にドイツを代表とする「分岐型」であるが、中学校から早期に分岐し、伝統的には普通教育より職業教育を重んじる。本書の対象国オランダやシンガポールもこの分岐型に含める。基本的に社会階級というよりは、才能の違いを前提とした早期選抜制度であり、進路選択を早期に決定するメリトクラシーな社会である。

第3に北欧のように中学校（義務教育）まで選抜を行わない年齢主義の単線型普通教育を中心とする制度で、機会の平等を重んじてきた中間層を厚くした社会を目指すのが、「単線型」教育制度である。アジアにおける単線型の典型は日本、韓国である。

第4はイギリスを代表とする「英米型」と呼ぶ。百科事典型及び単線型同様に後期中等教育から分岐するイギリスであるが、元々階級社会であり、階級別のパブリック・スクールなど伝統校が一部の支配階級維持に依然支持され機能しているなかで、被支配階級向けの総合制中等学校の導入をいち早く開始し、基本的に自動進級制の上構型教育制度である。ここにアメリカを含めるのは、教育の市場化政策が浸透している国のためである。香港は、2009年以降日本の教育制度に移行したが、それまでイギリスをモデルとしていたことと、私立学校の存在が大きく、富裕層に対しては英国のパブリック・スクール同様のエリート養成が現存していること、また自律的な学校経営が公立学校においても重んじられているなど英米型の学校文化が残っていると考えたからである。

以上の4つの型を基に以下では、一部国際学力調査のデータを使って近似した諸国との比較から本書で取り上げた7カ国と日本の違いを考察してみたい。以下に類型別の国名を記す。

百科事典型：フランス、イタリア、スペイン
分岐型：ドイツ、オランダ、チェコ、スロヴァキア、シンガポール
単線型：フィンランド、スウェーデン、日本、韓国
英米型：イギリス、オーストラリア、ニュージーランド、アメリカ、香港

2. 政策にみる共通点、各国の特徴

　第Ⅰ部の各国の教育事情では、7カ国に共通して学力への関心がみられ、2000年から開始されたOECD・PISA調査の結果に対する対応がみられる。その代表はカリキュラム改革である。各国の学習指導要領および教科書は、OECDのコンピテンシーに対応した学力観へと変遷している。ドイツのように州毎の教育行政を布いてきた国でもPISAショック後全国スタンダードを設け、州毎の調整を図った。OECD非加盟国がこぞってPISA調査に参加するのも同様の政策意図が感じられる。

　またPISA調査は、基礎知識の把握以外に知識の応用力を問い、各国のカリキュラムおよび教科教育法の改革に影響を与えたことも事実である。みんなで考え、創造し、表現する力、あるいは対人コミュニケーション力なども将来の労働者に必要な力として提示された。いわゆる雇用可能性（エンプロイアビリティ）の保障も学校教育の重要な側面となった。その証左としてキャリア教育、総合的（教科横断型学習）時間などが、導入・拡大された。

　他方で、PISA同様の学習到達度調査を国内調査として実施するところもある。そうした国内調査の内容がPISAの調査に近似しているという点も興味深い。ただし、日本同様に国内学力調査結果は、イギリスなど英米型を除くと、学校間の競争を煽るため、学校ごとの点数の公表はされていない。あくまでも生徒の実態把握であり、カリキュラム改革への参考にするなど活用には制限がある国が多い。単線型の国では、そうしたテスト導入は抵抗がみられ、日常から通知表に点数を用いない文化が根強い。百科事典型でも、国内調査は行っても学校間の競争を煽ることがないように調査結果の学校別の通知は、点数による学校評価や教師評価には活用していない。韓国も過度の受験競争を緩和する

目的でテスト主義から革新学校の設置へという移行がみられる。ドイツとオランダは、社会経済文化的背景に考慮した政策を打ち出し始め、特にこの20年ほどの間に急激に増えた外国人・移民・難民の背景を持つ児童生徒への学力是正が問われ始めた。特にオランダは小国ということもあり、移民・難民の集中度が高い4大都市を中心に「包摂」型の社会に向けた取り組みを模索している。オランダに似た状況は香港にある。香港においても移民の流入は避けて通れない課題で、移民の言語能力の改善が死活問題とされている。今回小学校調査でみたパキスタン移民など宗教文化的な背景も異なる非漢字圏の受け入れは、欧州同様の困難さがみられるが、積極的な学校経営が窺えた。欧州にはないタイプが、シンガポールである。シンガポールは最も教育投資に積極的であり、人材が唯一の資源であるため、どんな困難な社会背景も有効に活用する意気込みが強く感じられる。落ちこぼれは国家の無駄であり、自給自足が困難なため、社会保障でセーフティネットを用意することは考えない文化が国民に浸透している。全ての人が努力をして、都市国家のどこかに居場所を獲得し、身の丈にあった仕事を見つける。その獲得競争が小学校段階から始まり、社会的に不利とされる地区の学校には積極的差別是正策として優秀な人材（校長および教師）を派遣し、メリットペイによって評価され、与えられた職場で実績評価され、昇進による成功を用意するという市場原理が徹底している。イギリスも似た原理のはずだが、アジアと欧州のマインドの違いだろうか。経済成長の勢いの違いによるのか。おそらく、今回充分に扱えなかった教育政策が成功に導かれるためにはその地域の文化、歴史、思想など複数要因が背景として絡み合っている。

　第Ⅰ部の7カ国の政策を比較すると、共通しているのが、学力向上のために教科法の改善以上に、社会経済文化的に恵まれない階層への集団・個別支援があげられる。授業時間内の支援体制もあれば、取り出しや課外指導もみられた。また担任の教師に限らず、特別支援教師が採用されている場合もある。こうした支援体制は、おそらくは特別ニーズ教育やインクルーシブ教育の普及によるところが大きいと解釈できる。障害の有無にかかわらず、教師が一斉授業のなかでこれまで無意図的に気付けなかった学習困難な児童生徒に気付けるようになり、保護者が自分の子どものニーズを積極的に申し出ることが可能となった

と言える。積極的なグループ学習や個別指導の導入は、こうした学習遅滞児童生徒には助けになることがある。移民・難民の生徒も、これまでのように外国人学級に隔離してホスト言語（教授言語）の指導に集中させるというやり方から、原学級に籍を置き、一部取り出しや放課後に語学の集中コースを受けるようになり始めている。こうした児童生徒の多様性に応じた一人ひとりの特徴を引き出す教育実践能力が教師に問われている点も共通している。そのうえで、ペーパーテストで測れる学力なのか、ペーパー以外の表現方法にみられる学力を身に着けさせようとするのかが、問われている。

3. 欧米にみるポピュリズム化と国際教育調査の与える政策影響への懸念

　ここでは、オランダ政治を専門とする水島（2019）の分析を参考にしたい。オランダや北欧諸国に代表される福祉国家は、これまで外国人・移民・難民に寛容な政策をとり、一定の評価の下、多文化社会のモデルとされてきた。ところが、水島によれば、オランダは「包摂的」福祉国家においてマイノリティや移民が排除されているとする。具体的には、社会に参加するか、できるかどうかが試験されることで、包摂されるか、排除されるかの境界を厳格にすることに利用されていることを危惧している。元々オーストラリアやカナダなどで行われていた選抜移民政策が欧州諸国にも導入され、入国時に選抜（学歴、職歴、言語能力などが基準）が行われ、さらに入国後も滞在許可証の更新時までに市民化試験（帰化テスト）によってホスト言語能力と公民の知識や道徳的統合が図られるようになっている。とくに後者の入国後の市民化教育は、無償であったりするものの、言語と文化の共有を強いる移民の統合契約であり、ホスト社会に参加できる素養があるのかを試すものであり、契約が結べないものは排除するという選抜の機能を強めている。市民として包摂できる、社会参加する意思がある人には福祉の恩恵を与えるが、そうでない外国人・移民・難民は国外に追放する権利がホスト国にはあることを「包摂的」福祉国家は意味している。オランダは1999年のフレキシキュリティ法によって雇用の流動（flexibility）と労働者の安定（security）を保障する福祉国家モデルとされていたが、ここでも福祉サービスの給付には、一定の就労が必要であり、就労しない、できな

い者は福祉の対象外へと社会から排除される就労強化型福祉国家が誕生したとする。つまり市民として義務を果たした人とは国家と契約を結ぶことができ、「包摂」されることで道徳的義務の一つである学校教育を受け、コミュニティ（社会）への貢献、参加意思を表示した人として受け入れられ、差別や排除の対象外とされ保護される。特に外国人・移民・難民は「部外者」（エリアスほか2009）としてラベリングがされていて、言語や文化的統合と社会参加が義務付けられている。治安対策上、この部外者の定住には、これまでのように「福祉国家が移民を守る」のではなく、「移民から福祉国家を守る」装置として「包摂的」福祉国家が厳しく管理する対象となっている。少なくとも厳しく管理していることを国民にアピールすることで政党の支持率を獲得できる状況が生まれている。

こうした外国人・移民・難民に対して厳格な政策をとっているのは7カ国及び2019年4月に新たな入国管理法を施行した日本にも共通している。

ここで先のOECDが推奨する雇用可能性を高めるコンピテンシーとは何かということが重要となる。「部外者」に対する統合契約は、言語能力と市民として法の遵守という社会参加能力が指標となる。そのため学校でも道徳・公民・シチズンシップ教育が1990年代以降普及拡大している。もう一つが、対人関係形成、コミュニケーション能力にある。日本でも「人間力」と呼ばれるように、大量生産時代からポスト近代社会においては新しいモノづくりが目指され、新しい価値観、発想、創造力が決め手となる。そこで多様な文化背景を持った人が交じり合いながら、コミュニケーションをとりながら、付加価値の高い新しいモノ（非物質を含む）を創造する必要がある。そのときに言語能力、表現力、協調力、対人関係能力、社会関係資本などネットワーク力が求められるとされている。

本書でみた7カ国は、こうした新しいコンピテンシーに親和的な革新的教育実践を目指そうとしている。学校の裁量権を拡大し、自律的な学校経営によって目指しているシンガポール、香港や、イギリス（イングランド）とオランダなどがある。国レベルで学力をスタンダード化し固定化しないで、学力困難校ごとの革新教育に、より明示的な実践がみられたのは、韓国やフランス、ドイツとオランダであろう。

そうしたなか、学校の役割には人材配分機能があり、国家ないし学校が決めたコンピテンシーを獲得できないと希望する進学が閉ざされるのも事実である。その意味で早期分岐型のシンガポールやドイツは、エスニック・マイノリティや貧困層にとって厳しい結果となっている。これも一見すると「包摂的」教育から吹きこぼれる低学力層にとっては、自己責任の結果と解釈できるか、教育制度や教授法により工夫ができないか検討の余地はまだあるだろう。どこまで教育機会をすべての児童生徒に保障するのが、公正な教育結果となるかは、それぞれの国の歴史背景もあり、一概には言えない。7カ国の学校調査では、「しんどい学校」と教師らの独自の工夫に希望を見出そうと試みた。

　EUでは、こうした吹きこぼれ（中退）対策を2000年以前から取り組んでいる。それはメインストリームから離学した若者を26歳くらいまでに教育・訓練の機会保障をしようというものである。生涯学習の考えに基づいて、12年前後の教育年限をすべての市民に無償で提供し、生涯のどの時点で利用してもよいという考えにある。つまり就学前から高等教育までを連続して学ぶ人もいれば、義務教育後に就職してから、再度必要な資格をとりに来る人もいるだろうし、出産育児によって中断する人にも学び直しの時期を選択できるようにするなど、学業、就労、子育てのタイミングを自由に選択できるメリットがある。

　教育機関を選抜・人材配分機能以外に、一般教養（読み書き算＋複文化主義的諸価値）を市民の育成機能として再構成しようという試みがみられる。これは、先に紹介した水島の政治政策にみるような選抜をした結果、包摂できない人を排除する危険がなくはない。教育政策で一端メインストリームから外れた人に、再度学び直す機会を保障するものの、それでも、資格を獲得できなかったり、教育課程を修了しようとしない努力や意思がみられない者に対して次の対策が用意されているわけではない。むしろ、それら2度目の機会保障から吹きこぼれた人々の社会保障資格も奪いかねない政策とも言える。特に国外エスニック・マイノリティである外国人・移民・難民に対しては部外者であるため、国外に追放する（滞在許可証の更新をできなくする）可能性はある。国内のナショナル・マイノリティに対しても波及する危険はある。事実、ヨーロッパではユダヤ系に対する迫害が近年顕在化している。あるいは、障がい者、病弱な人、ひきこもりなど社会的弱者への寛容性が弱まりかねない。すでにかれらの

社会的紐帯が喪失(カステル 2012)していることによるリスク社会化(ベック 1997)や、(身分、権利、生活などの)不安定化(カステル 2012; バウマン 2001)を指摘する社会学者は多い。

この意味でも、国際学力調査にみられる雇用可能性に依拠したコンピテンシーのスタンダード化にはリスクがあることを熟慮したうえで、各国の、各学校、各教師、各児童の個性を尊重した教育には、これからも注目していきたい。

4. 国際調査(PISA, TIMSS)の結果と7カ国の教育制度との連動性

PISA 調査は、調査時に 15 歳 3 カ月以上、16 歳 2 カ月以下の生徒を対象とする。**表 15-1** にみられるように、その年齢時に一学年に収まるのは日本のみであり、90% 以上の国(韓国、イギリス、スウェーデン)を含めても少ない。むしろ大多数は、90% 以上が二学年にも満たない国である。ここで注意したいのは、調査年齢時に第1集団以外で下学年に属する生徒の成績が低いのは、一般的には一年分の遅れがあることである。例えば、オランダは第 10 学年と第 9 学年に半々所属し、平均得点も 575 対 507 点と差が開いている。教育課程の習得を基本に原級留置や飛び級を認める国の場合、各生徒の修学リズムが尊重された結果である(なお、小学校入学時に一年遅らせる場合もあり、必ずしも低学力による留年とは限らない)。表 15-1 では、第1集団が 9 学年のドイツ(59.8%; 505)、スウェーデン(93%; 509)、フィンランド(87.3%; 551)という結果だが、第2集団は、それぞれ + 61 点、+ 54 点なのに対しフィンランドのみ第 8 学年のためマイナス 52 点である。なお、イギリスの第1集団は 11 学年(98.4%; 495)で第2集団と 24 点差である。つまり、9 年間の教育課程でも高得点のフィンランドと 11 年の長期間の教育課程を経ているイギリスの 15 歳児の平均値を、どう考えたらよいか。またフィンランドは、短期間の教育課程で高い学習到達度を達成していることが改めて理解できる。第1集団と第2集団との得点差が 20 点未満の国(韓国、イギリス、スロヴァキア)、40 点未満の国(香港、アメリカ、チェコ)と 40 点以上の大差があるその他多数国と言える。

そこで、単純に第1集団の平均得点別に並べてみたのが**表 15-2** である。第

表15-1　PISA2003数学リテラシー・学年別にみた生徒の割合と平均得点

	第1集団の学年（%）	第2集団の学年（%）	第1（第2）集団の点
日本	10学年　100.0	0	534
韓国	10学年　98.3	9学年　1.6	542（532）
香港	10学年　58.4	9学年　25.7	575（538）
イギリス（2006）	11学年　98.4	10学年　0.9	495（471）
アメリカ	10学年　60.6	9学年　29.7	497（458）
オーストラリア	10学年　72.3	9学年　8.3	522（466）
ニュージーランド	10学年　89.2	9学年　6.8	575（507）
イタリア	10学年　80.0	9学年　14.2	478（407）
スペイン	10学年　60.9	9学年　37.1	513（428）
フランス	10学年　57.3	9学年　34.9	553（454）
ドイツ	9学年　59.8	10学年　23.2	505（566）
オランダ	10学年　49.3	9学年　45.6	575（507）
チェコ	10学年　52.4	9学年　44.7	535（502）
スロヴァキア	10学年　60.9	9学年　37.1	507（489）
フィンランド	9学年　87.3	8学年　12.4	551（499）
スウェーデン	9学年　93.0	10学年　4.6	509（563）

出典：国立教育政策研究所編（2004）『生きるための知識と技能②』ぎょうせい, pp.298-299. 国立教育政策研究所編（2007）『生きるための知識と技能③』ぎょうせい, pp.277-278.

1集団の得点が高い香港（575）から日本（534）までのなかには、国平均と大きな格差が見られる国も含まれている。国の平均と第1集団との間に得点差が大きく、かつ複数の学年に分散している国としてフランス、オランダがある。これらの国は、格差がみられても「卓越したエリート」養成という意味では成功しているとも言える。しかし香港、スロヴァキア、アメリカ、チェコ、スペイン、ドイツのように学年の分散がみられても得点差が小さい国もある。つまり、格差を最小限にとどめる工夫や教育目標があるかもしれない。これまでOECDの分析では、原級留置には学習到達を向上する効果はみられないとしている。より一般的には、習熟度の違いは社会経済文化的背景と、学校（環境、教師）の違いによるとする。ただ、修学リズムの文化が根付いていた高校入学試験のないラテン・ゲルマン系の国においては、原級留置せずに進級している生徒集団は、卓越したエリートとみることができる。他方で、半数近くの一年程度の遅れている国では、「普通の生徒」という評価もできる。少なくとも普通の生徒の一部は、決して落ちこぼれではなく、単純にマイペースな生徒であり、教育課程を一年分学んでいないため、その分点差が開いているとも解釈できる。第1集団が第2集団より下学年の該当国はドイツとスウェーデンで

表15-2　PISA2003数学リテラシー・国平均と第1集団得点

	国平均	第1集団	第1集団の学年	（％）
香港	550	575	10学年	58.4
ニュージーランド	523	575	10学年	89.2
オランダ	538	575	10学年	49.3
フランス	511	553	10学年	57.3
フィンランド	544	551	9学年	87.3
韓国	542	542	10学年	98.3
チェコ	516	535	10学年	52.4
日本	534	534	10学年	100.0
オーストラリア	524	522	10学年	72.3
スペイン	485	513	10学年	60.9
スウェーデン	509	509	9学年	93.0
スロヴァキア	498	507	10学年	60.9
ドイツ	503	505	9学年	59.8
アメリカ	498	497	10学年	60.6
イギリス（2006）	495	495	11学年	98.4
イタリア	466	478	10学年	80.0

出典：国立教育政策研究所編（2004）『生きるための知識と技能②』ぎょうせい, p.52,pp.298-299.

表15-3　2015年PISA調査でレベル2未満の割合がどれくらい増減しているか

	数学			読解			科学		
		2015	2003		2015	2000		2015	2006
日本	減	10.7	13.3	増	12.9	10.0	減	9.6	12.1
シンガポール	減	7.6	9.8 (2009)	減	11.1	12.5 (2009)		9.6	n.d.
韓国	増	15.5	9.5	増	13.7	5.7	増	14.4	11.2
香港	減	9.0	10.4	増	9.3	8.3 (2009)	増	9.4	8.7
イギリス	増	21.9	19.8 (2006)	増	17.9	12.8 (2006)	増	17.4	16.7
フランス	増	23.5	16.6	増	21.5	15.2	増	22.1	21.2
ドイツ	減	17.2	21.6	減	16.2	22.6	増	17.5	15.4
オランダ	増	16.7	10.9	増	18.1	14.3	増	18.5	13.0

注1：（2006年数値）
2015（2003）https://ec.europa.eu/eurostat/tgm/refreshTableAction.do?tab=table&plugin=1&pcode=sdg_04_40&language=en
注2：（読解 2000年数値）
国立教育政策研究所編（2002）『生きるための知識と技能』ぎょうせい。
出典：Résultats du PISA 2015（Volume I）L'excellence et l'équité dans l'éducation DOI:https://dx.doi.org/10.1787/9789264267534-fr
　　　（2003,2009,2015年数値）

あるが（表15-1）、スウェーデンは単線型のほぼ自動進級制であるため4.6％はほとんど早生まれによる現象と推測する。他方ドイツは2割を超えていて、かなりの確率で卓越したエリートであり、大学進学希望者を受け入れるギムナジウムに進学している可能性が高く、早期分岐型の選抜システムによる効果と考えられる。

もう一つPISA調査において学力差が深刻とされているのは、レベル2未満の生徒の占める率の増減にある。次の**表15-3**は、2000年から2015年までの数学、読解、科学の経年変化を表している。日本、シンガポール、ドイツを除く5カ国では、ほぼ増大している。つまり低学力層が増加している。その増加の幅には差があり、全科目で3ポイント以上低学力者が増えている韓国、オランダ（網かけ部分）は、ドイツをモデルに教育政策を再検討する価値はありそうだ。イギリスとフランスの読解とフランスの数学の増加（網かけ部分）にも対策が必要だろう。

図15-1では、PISAとTIMSSの2015年の数学結果を表している。明らかにアジア諸国と欧米諸国に分かれていることがよくわかる。そしてPISAとTIMSSの結果に相関が強いこともわかる。ここで、先述した教育制度の類型毎に分類をしてみた。百科事典型（▼）のフランス、イタリア、スペインは近いところに固まっている。単線型（■）は、フィンランドとスウェーデンと、日本、韓国で分かれている。同じように分岐型（▲）も、ドイツ、オランダ、チェコ、スロヴァキアと、シンガポールでは異なった結果となった。英米型（●）も香港が大きく離れてしまっているが、それ以外は、イギリス、オーストラリア、ニュージーランドはPISAの結果に大きな違いが見られない中、TIMSSでは分離していて、アメリカは欧州諸国とも異なった結果となった。

つまり、教育制度の類型による違いをヨーロッパ研究者は国際学力調査の結果の説明要因とすることがあるが、アジア諸国には当てはまらない。また英米型の教育政策は近似しているというが、TIMSSの数学では、異なった結果がみられるため、特にイギリスとアメリカのようにPISAでは平均値にありながらもTIMSSでは高得点なのはなぜなのか検討する価値はある。同様に、ヨーロッパの百科事典型、単線型と分岐型にはPISAとTIMSSの結果には差異がみられ、どのような説明ができるか検討の余地はありそうである。

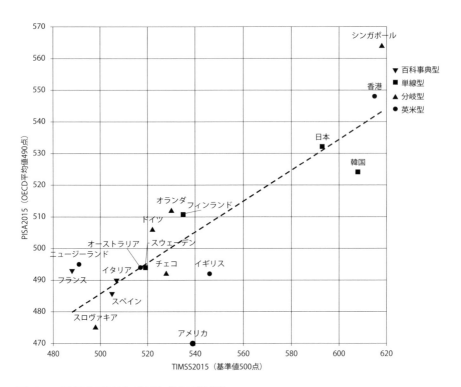

図15-1　PISAとTIMSSの結果（2015数学）
出典：OECD *Résultats du PISA 2015 (Volume I) L'excellence et l'équité dans l'éducation*
　　　TIMSS　http://timss2015.org/timss-2015/mathematics/student-achievement　（最終閲覧日 2019/02/07）

　最後に、PISAの数学の得点と社会格差を2003年から15年までにどのくらい変化したかを示したのが**図15-2**である。これをみると、シンガポール、日本、香港、イギリス、フランスはほとんど変化がないことになる。韓国は、格差に大きな違いはみられないが、得点が2012年から15年で25点以上下がっている。オランダは格差を縮小しつつ得点が下がっている。ドイツは、得点は変わらないが格差が縮小している。
　この図の評価について各国の執筆者は次のように述べている。シムは、「分岐型教育制度を基本として、できる子の能力を最大限に引き出し、そうでない子にはそれなりに頑張ってもらうシンガポールでは、学力格差は問題というよりは前提なのである。各社会経済階層に応じたきめ細かな支援策が強化されて

● 終章　世界を通してみるがんばる教師たち ●

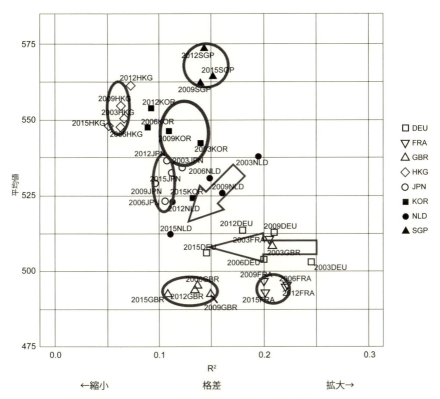

図15-2　PISA数学の得点の変化と社会格差（2003-2015年）
出典：川口俊明『日本と世界の学力格差』明石書店、近刊より。

きた所以である。それよりも、第Ⅰ部でも触れたように、シンガポールにおいてより問題になっているのが民族間の学力格差である。そこに文化、宗教や価値観などが絡んでくるゆえに、問題はさらに深刻である。これは、TIMSSやPISAのデータでは見えない課題」だとする。

　朴は、PISAの結果に対する韓国内の様々な分析結果をまとめると次のようなことが言えるという。「まず、2015年に数学の点数が大幅に下がった理由はPISA2015で男子生徒の成績が女子生徒の成績より大きく悪化し、全体的にも成績下位圏の男子生徒が増えたことによるものだと指摘されている。これまで男子生徒が女子生徒より数学と科学で良い成績を収めてきたが、PISA2015で

311

はその差がほとんどなくなった。また、PISA 2015 で問題を解くのにかかった所要時間を国毎に見ると、韓国が参加国全体で一番短く、特に下位グループの生徒は、もっと短いことがわかる。PISA の受験者がほとんど高校生の韓国の場合、大学入試や学校の成績と関連のない PISA に誠意のない対応をした可能性が提起される。

　しかし、PISA の結果を長期的に見ると、社会経済文化的背景による達成度の差が大きくなっているとの分析もある。その原因はやはりこの 10 年間、保守政権（2007 ～ 2016）が秀越性中心の教育政策を展開したためである。特に、PISA 受験者の多くが高校生であることを考慮すれば、高校教育を多様化するという理由から、学校の自律権（生徒の選抜、教育時数の調整、授業料など）を強化した私立高校を増やしてきたこと——結果としてはいわゆる名門大学に進学させる高校になった——が原因だと考える」。

　香港の石川は、「2003 年から 2015 年にかけて、若干の変化は見られるものの、他の国・地域と比較しても社会経済文化的背景にかかわらず学力が高い傾向があることがわかる。香港の場合は、PISA に参加した時期と教育改革の実施が同時だったことや、その後もすべてのサイクルにおける PISA の完全なデータベースを活用しながら、21 世紀型スキルの習得を目指すカリキュラム改革を行ってきたことが影響している」としている。「また、移民の多い香港において社会経済文化的背景の影響が小さい理由は、移民二世の成績がネイティブの生徒と同様に高いことが要因だと考えられる（Ho 2017）。一方で新移民の子どもの成績は思わしくないことから、教育局が新移民のための言語・生活面の様々な手厚いサポートを提供しており、学校現場でも試行錯誤している。社会経済文化的困難を有した子どもへの支援については、その必要性が香港の社会・政府で共有されているように思われる。さらに、社会関係資本の視点から分析した垂見の論文（2015）によれば、「香港では『下位層の親が基本的な学校行事や PTA 活動から遠のいていないこと、またそれにより、下位層の子どもの学力の不利が一部抑えられていることが実証』されており、親の教育への関与の影響がうかがえる」。

　イングランドのハヤシザキは、「この図は、イングランドではなく、大英帝国の 4 つの国をあわせたものなので、正確ではない。ただ、イングランドも

似たような状況にあると推測できる（点数の下降がウェールズ、スコットランドほど急ではない）。イギリスは全体の平均点はさがっているが、階層間格差は縮まっている。階層間格差の縮小は長年、貧困層や地域に手厚い支援をおこなってきた成果がでているともいえる。全体の平均点がさがっているのは深刻な事態である。経済的には成長をしており、貧困率もほぼ平行線の状況のままであるにもかかわらず、平均点が下降するのは、カリキュラムの改革や全体的な教育改革の影響を想定せざるをえない。2015年の15歳の子どもが10歳のとき、すなわち2010年に連立政権が誕生した。それゆえ、連立政権の教育政策がどこかで誤謬をかかえていたといえる」。

フランスの得点は、2003年からは若干下がっているが、ほぼ平均値に位置づき、格差も縮まっていない。この間、高卒者を増やし、留年者や中退者を減らしているが、社会階層間格差を縮小できているわけではないことは、第5章で述べたとおりである。これは、シンガポール同様に、個人の能力には差異があるためとしてきた文化背景が影響していると考える。そのため第12章でみた小学校のように、優先教育地域の困難な学校の取り組みの多くが、学力向上以上に、生徒指導や人権、芸術文化活動などに力を入れてきた点が背景として考えられる。人の能力を同一の修学リズムでスタンダード化された学力のみに還元できないとして、個性の伸長や、共生力に教育目標を見出してきた結果とも言える。

ドイツの濱谷は、「OECD（2018, pp.59-65）によれば、ドイツは、読解力、数学的リテラシー、科学的リテラシーの三領域すべてで公平性が改善した7カ国（チリ、デンマーク、ドイツ、メキシコ、モンテネグロ、スロベニア、アメリカ合衆国）のうちの一つである（読解力は2000年から2015年、数学的リテラシーは2003年から2015年、科学的リテラシーは2006年から2015年の経年変化）。図15-2が示す「数学的リテラシー」については、2003年から2015年の間に、38カ国中15カ国で公平性の改善がみられるが、トルコが最大の改善幅（14.7%）、次いでドイツが二番目（10%）の改善幅を示している（OECD 2018, p.63）。このように、ドイツでは、他国と比べ依然として社会経済文化的背景が学力に与える影響が強いものの、12年間の間に着実に差が改善してきたことが確認できる。一方で、同じOECDの資料（2016, p.4）では、2015年において17%の生徒が

レベル2未満であり、これは2003年より4%縮小しているものの、有意差はないとされる。シンガポールでは、3分の1の生徒が成績上位層であるが、ドイツでは13%であり、2012年の18%から減少している。また男女差が17点あり、2003年から変化がない。したがって、図15-2では格差がある程度改善したように見えるが、レベル2未満の成績低位層、成績上位層、それから女子の数学に関する学力の変化とそれらの間の相関については、より詳細な分析が必要である。連邦政府はPISAやTIMSSでの成績上位層が少ないことを問題視し、「成績低位層の生徒への支援策」を決議した5年後の2015年に「成績上位層の生徒への支援策」を打ち出し、1億2,500万ユーロの予算も計上して「革新的な高度技術国」の維持（連邦教育研究相）を目指している。政策や教育実践による「効果」を計測するのは困難だが、データが教育政策上何を優先させるかに強い影響力を持ち続けていることは確かである」とする。

オランダの末岡は、「OECDによる分析を詳しく見てみると、次のようなことがわかる。この間、全体のスコアは低下しておりその内訳は、上位層の割合が低下、下位層の割合が増加、と結果は芳しくない。しかしながら、社会的要因を除いた移民生徒のパフォーマンスの格差は、依然とあるものの、2006年から2015年までの間に一貫して大きく改善されていることがわかる。また、男女格差も大きく縮小している[1]」とする。

5. 日本への示唆

最後に、日本への示唆について各執筆者のコメントを紹介したい。

シムは、他国の学力格差是正策をそのまま日本に移植することは到底できないものの、シンガポールにおける貧困層への経済的支援策は日本に改善のヒントを与えるかもしれない。例えば、第1章でも触れた通り、年収〇〇〇万円以上の世帯は補助が受けられないという日本とは違って、シンガポールでは世帯月収に応じて下により手厚く段階的に授業料や支援金を設定している。また、シンガポールの教育貯蓄口座の設置例からもわかるように、日本の児童手当とは異なり、その給付金が確実に子どもの教育にのみ活用される点も重要であろう。

さらに、第8章でも詳述したように、少人数分割授業の導入やチームティーチングの活用など学校運営における校長の裁量権の大きさとリーダーシップの強さが、シンガポールの学力格差是正策において重要な役割を果たしていることは言うまでもない。学校現場を最も知っている校長にこそ決定権を広く与えるべきなのではないだろうか。

　朴は、韓国の革新教育は日本の教育、特に佐藤学による学校改革の議論に大きな影響を受けているという。また、日本の小学校教育はこれまで国際的にも高い評価を受けてきたという点も韓国の公教育に影響を与えているとする。しかし、韓国では革新教育を中学校・高校に拡大させるのには困難があるとする。この点では日本も同じではないか。両国とも教育段階が上がるほど、テストの結果が重要になる仕組みを持っているからである。韓国で革新教育をめぐって起こる議論（例えば、学力低下論争）を考慮すると、多様な能力を尊重する教育をしながらも、同時に基本的に備えるべき学力を保障することが初等教育の段階を越えて中等教育までも実現できる方法について工夫することが、日本と韓国に課題として残っている。

　石川は、日本の一般政府総支出全体に占める公財政教育支出の割合は9.1%（2011年）であり、OECD加盟国の平均の12.9%を大きく下回っていることを指摘する。一方で、香港は2012年には20.3%、2018年現在においても一般政府総支出全体に占める18.7%が教育支出として割り当てられている（EDB HP）。このように潤沢な教育費を用いて香港教育局は、社会経済的に困難を有する子どもに対する無償アクティビティなど充実させてきた。さらに、移民の子どもたちの課題に関しては、2000年以降多額の予算を割いて、コンスタントに政策を打ち出してきている。

　経済団体や教育局からの教育に関する補助は、経済的に不利な層や社会文化的な課題を有する生徒の人数に応じて補助金が投入されており、各学校が直面する課題に即して柔軟に使用することが可能である。具体的には補助金を用いて、生徒と同じ移民背景を有する教職員を配置したり、少人数クラスへと変更するための加配を行ったり、無償のアクティビティを充実させたりと、学校の特徴や規模に応じた対応が可能な点が示唆的だとする。

　ハヤシザキは、イギリスのような疑似市場的なしくみを日本ではとりいれる

べきでないとする。現場はガンバっているが、政策にふりまわされて、教員たちは疲弊している。教育政策が政争の具になっているため、コロコロと方針が更新され、目標をクリアすると、その目標がさらに上に設定され、ムゲン地獄となっていると指摘する。

ちなみに、校長裁量の拡大が、シンガポールや香港で評価されているが、それを導入すると、校長が気に入らない教員を、（簡単にではないだろうが）クビにすることもできるわけで、客観的な教員評価どころではない話になる。人間関係のつくりかたが大人な国ではできるが、今でさえパワハラが横行している日本でそれを導入するとどうなるのか。教育行政が介入する仕組みの方がすぐれているとおもう。そして、現在でさえ教員志望者が減少している日本では、さらなる教員志望者の減少を加速させる。大阪市では成果連動型報酬が導入されようとしているが、大阪市からは教員がどんどん流出している。すでに学校のアカウンタビリティをたかめるやり方と疑似市場化で失敗したアメリカの例もある。イギリスも PISA の成績はさがっている。荒れている学校からは、教員が流出し、誰も校長や教員のなり手がいなくなるだけではないか。給料がたくさんでるなら別だが、厳しい学校の校長の給料をあげるだけなら今の仕組みでもできる。

大国では、小国とはちがう力学がはたらく。シンガポールや香港の成功が、学校裁量にあるとは思えない。日本でも外部資金をとってくることはできる。ただし、欧米とちがって、財団がちゃんとまとまった額の金を出さないだけのことで、むしろ、優秀な校長・教員がいることや、多言語教育、中華系の家庭の教育熱心さなどが成功の原因なのではないか。

日本では、悉皆調査の全国テストを導入し、テストの点を比較して、都道府県間、そして、学校間の競争をうながしたり、民間人校長を導入して、ビジネスマインドをもつ校長を重宝したり、イギリス・香港・シンガポールなどにみられる学校理事会制度をまねた、学校運営協議会制度を導入したりして、疑似市場化をすすめてきたイギリスを追随しているようにみえる。さらには、査察機関の導入まで検討がなされている。

それでは、成果は英米ともにでていない。このような成果がでていない国をまねるのはバカげている。まして、英国では経済的に不利な層に対する支援が

日本よりも手厚くおこなわれ、結果の平等がもとめられているので、格差是正の点ではバランスがとれているが、それらが存在しない日本で、おなじことをするとさらにヒドイ結果になるのではと危惧する。

　他方で、貧困削減としておこなわれてきた格差是正策の具体的なとりくみについては、参考になる点が多々ある。保護者の支援、福祉との統合、かつては手厚かったイギリスのチルドレンズ・センターなどでの支援などがそれにあたる。その実践と予算の投入の仕方にはまなぶところが多いとする。以上のようにハヤシザキは指摘する。

　フランスは、多極共存型国家を目指し、オリンピックや国連組織など国際的な共存を先導してきた。ヨーロッパ連合も危機にあると言われるが、多様性の中の統一を目指すべく、仏独のリーダーシップの下、進められてきた。しかし教育政策や、学校の取り組みにおいて学力の世界統一基準化には警戒感が強い。よってこれまで国際学力調査の結果には、一喜一憂しない姿勢を首相や文部大臣はとってきた。そして、エッフェル小学校のような独自の教育理念に基づいた実践を一部推奨してきたところがある。また個性教育に対する寛容さと、そうした個性こそがあらゆる世界で活躍できる秀でた才能を伸ばすためには必要としてきた。学力の基準を一つのものさしに集約することには抵抗がみられ、このことはいずれの政権においても一定の共通認識がみられる。一見すると、中央集権による統一管理が制度化されているが、こうした個性教育については裁量を一定程度認める風土がある。そのことによって、社会階層格差は縮小できないというジレンマを持っているが、どこかで卓越したエリートの人材養成には成功している自負がみられる。事実、フランスは、表15-2にみるPISA調査の得点にあるように高得点者を生み出していて、かれらが各界のリーダーとして活躍するための高等教育機関（グランゼコール）が維持されているため、平均値を問題にしないヨーロッパ大国としての風潮がある。その結果、デザイン、モード、料理など個性が際立つ分野を得意としてきた。他方で、世界から見ると日本は立派な教育大国であり、多くの国にとって成功モデルのはずである。だが、なぜ同じ学力トップのフィンランドのように世界から注目されないのか。一つには、国際調査において日本人生徒の学校満足度・教育病理や、教師の働き方・ストレス度に対する疑問についてヨーロッパ人から耳に

することが多い。フランスの学校の生徒や教師も、決して満足度の高い国ではない。しかし、価値観の多様性を重んじる文化があるため、生徒、学級、学校、社会の画一化に対して危惧する。そのことは、国際学力調査などにはマイナスなのかもしれないが、教育学者も政治家も、学力平均の向上よりも、生徒一人ひとりの個性を伸ばす教育を大事にすることで多様性の中の統一を見出そうとする。この点は、日本の教師、校長、教育委員会、首長、文部科学大臣のレベルまで国としての一貫したグランドデザインを描く必要があろう。目指すべき社会像に照らして教育をデザインし世界に発信することが、真の教育先進国には求められる。

濱谷は、ドイツでは、PISA以降明るみになった「社会階層間の学力格差」や「移民の背景の有無による学力格差」等の問題点が、それまでの教育のあり方への反省と改革を迫り、教育政策のパラダイム転換がなされてきたと言う。2010年代以降も、連邦規模の「教育報告書」や州間学力比較調査を通した教育モニタリングによって、「個々への支援」を目指すエビデンス・ベースの教育政策はいっそう強化されているように見える。

一方で、一人ひとりの子どもの学習を支える現場の教員は、そうした政策に緩やかに向き合いつつも、学校が終日化しても午前中の勤務時間を守り、午後の学習は分業化して地域ともつながり、教職員のメンタルヘルスを大切にした働き方を基本としている。加えて、教師と専門家との交流が、多様な背景を持つ子どもを包摂するインクルーシブな教育実践を可能にしている。日本においては、「学校における働き方改革」が進められているが、無理をせず勘所をおさえて複数の教員と専門家で実践にとりくむドイツの教員の姿が、ひとつのモデルを提示しているように思われる。

末岡は、移民の背景をもつ子どもが大規模に学校に入学し始めた1980年代前半から今日に至るまでの40年間で、補償教育政策は「労働者階級のオランダ人」への施策と統合され、家庭背景に応じた小学校予算の行財政システムや、政策的ゲストワーカー子弟への母語教育のカリキュラム等、多文化社会の成功モデルと言われてきたオランダの施策は、これから本格的な文化的多様性を迎える日本にとって参考になる施策が多いとする。政策変更の背景要因や打ち切りになった経緯も含めて、政策の変遷を丹念に追うことが望まれる。

一方で、今日では移民の世代が進み、量的に拡大、質的にも多様化する中で、「すべての子ども」のもてる潜在能力を最大限に伸ばすことをミッションとするオランダの教育の在り方を遂行しようとする上で、小学校教員の負担は著しく増加している。2010年からの現自由民主国民党政権下では、小学校教員の賃金はあがっておらず、教員らの不満が増大し、近年ではストライキが活発に行われている。このような経緯も含めて、長期的視点で日本の実情にあった諸策を参照するのがよいだろう。

　以上7カ国の示唆をまとめると、シンガポールにおける校長の裁量権の大きさとリーダーシップの強さ、韓国の多様な能力を尊重する教育をしながら、同時に基礎学力を保障すること、香港の潤沢な教育費による社会経済的に困難を有する子どもに対する無償アクティビティや、イギリスの保護者の支援、福祉との統合を目指したチルドレンズ・センターの支援などの実践と予算の投入の仕方、フランスのグローバル基準に向けた学力の平準化よりも、生徒一人ひとりの個性を伸ばす批判的思考力、ドイツの教職員のメンタルヘルスを大切にした働き方、オランダの補償教育政策にみる家庭背景に応じた行財政システムや、多文化社会の成功モデルの諸施策は、これから本格的な文化的多様性や、多様な働き方や、多元的な能力が求められる日本にとって参考になる施策が多い。

6. おわりに

　本書で扱った7カ国はそれぞれ、アジアとヨーロッパの一部の国であり、歴史、文化、教育制度、経済状況も異なる国々である。最初から7カ国に共通した比較の座標軸が存在していたわけではない。ただ、図15-1にみるように、東アジアの3カ国と日本の明らかに国際学力調査において突出して高得点の国と、ヨーロッパ4カ国のOECDの平均的な国を比較したら、何か日本への示唆があるかもしれないという問題関心から始めた研究である。

　東アジアのシンガポールと香港は多民族国家であり、都市国家（小国）という特殊事情のなか、経済成長に人材育成が最重要課題となっている。韓国と日本は、外国人労働者に門戸を開いたばかりで、他国のようなエスニシティによる学力差は問題とされていない。またPISA、TIMSS両調査国のなかでは社

会経済文化的背景における格差は小さい社会である。

　ヨーロッパ４カ国は移民の背景を持つ生徒が一定の割合を占めていて、いずれの国でも移民は教育政策課題として扱われている。また国民の社会階層間格差もみられる。そうしたなかでイギリスとフランスは経済が停滞し、若者の失業が重要な社会問題化されているなか、普通教育課程を重視している大国であり、OECD加盟国でも平均値の得点国とされている。オランダは分岐型教育制度であるが、学校選択の自由度を含め、学校の自律的経営が高いなか、得点を下げている国である。移民が集住する都市部における学校間格差が大きいため、効果的な政策の取り組みが追いついていないように感じる。政治学者の水島（2019）が指摘するように、オランダの労働政策と社会政策の特長とされてきたフレキシキュリティ法の弊害が教育にも影響しているかもしれない。もう一つの分岐型のドイツは、社会格差の縮小には成功しているようにみえる。ドイツの成功は、若者の高雇用率を含めたヨーロッパ経済の一人勝ちによるものなのか、あるいは教育政策の効果なのかは判断が難しい。

　そうしたなか、複数年間の小学校訪問を通して執筆者全員が口をそろえて言えることがある。それは、何よりも学校では、楽しんでいる子どもたちの笑顔とやりがいを感じている教師たちの充実した表情に出会えたことにある。家庭や地域の環境が決して豊かとは言えないなか、各国の学校の取り組みは、児童と保護者一人ひとりに真摯に耳を傾け、異なる学力困難とその背景に向き合い、諦めずにがんばる教師による、多様で固有な実践で、自ら教材を作成し、評価し、終わりなき挑戦、という地道な努力の繰り返しがみられた。どんなに忙しいときも、我々調査者に対して誇らしげに、自分たちの実践を語る姿が忘れられない。毎回歓迎してくれたそれぞれの学校・教師・職員・児童・保護者一人ひとりに感謝を申し上げると同時に、これからも応援のエールをおくり続けたい。

　またこの本を手にした読者には、日本の教育が世界に誇れる学校であると自信を持って言いたい。世界の教師には楽しみながら、保護者の支援を得ながら、日本同様にがんばる先生たちがいることを知ってほしい。

❖注

▶ 1　https://www.oecd.org/pisa/pisa-2015-netherlands.htm　（最終閲覧日 2019/02/17）

❖参考文献

バウマン, ジークムント（2001 = 2000）森田典正訳『リキッド・モダニティ』大月書店。
ベック, ウルリッヒ, ギデンズ, アンソニー, ラッシュ, スコット（1997=1994）松尾精文・小幡正敏・叶堂隆三訳『再帰的近代化』而立書房。
ブルデュー, ピエール（2012=1989）立花英裕訳『国家貴族Ⅰ、Ⅱ』藤原書店。
エリアス, ノルベルト、スコットソン, ジョン L.（2009=1965）大平章訳『定住者と部外者』法政大学出版局。
Ho, Esther Sui-Chu（2017）"What We Learned From Pisa: The Outstanding Performance Of Students In Hong Kong And East Asia" World Scientific Publishing Co. Pte Ltd.
カステル, ロベール（2012=1995）前川真行訳『社会問題の変容』ナカニシヤ出版。
国立教育政策研究所編（2002）『生きるための知識と技能』ぎょうせい。
国立教育政策研究所編（2004）『生きるための知識と技能②』ぎょうせい。
国立教育政策研究所編（2007）『生きるための知識と技能③』ぎょうせい。
水島治郎（2019）『反転する福祉国家』岩波書店（岩波現代文庫）。
OECD（2015）*Résultats du PISA 2015（Volume I）　L'excellence et l'équité dans l'éducation.*（DOI:https://dx.doi.org/10.1787/9789264267534-fr）（最終閲覧日 2019/02/07）
OECD（2016）*"Deutschland: Wichtigste Ergebnisse"*, pp.1-16.（https://www.oecd.org/pisa/PISA-2015-Germany-DEU.pdf）（最終閲覧日 2019/02/07）
OECD（2018）*Equity in Education: Breaking Down Barriers to Social Mobility,* pp.59-65.（https://read.oecd-ilibrary.org/education/equity-in-education_9789264073234-en）（最終閲覧日 2019/02/07）
OECD・PISA ホームページ　http://www.oecd.org/pisa/（最終閲覧日 2019/02/07）
TIMSS ホームページ　http://timss2015.org/timss-2015/mathematics/student-achievement/（最終閲覧日 2019/02/07）
垂見裕子（2015）「香港・日本の小学校における親の学校との関わり──家庭背景・社会関係資本・学力の関連」比較教育学研究（51）, pp.129-150.

おわりに

　本シリーズ「学力格差」4巻本のしんがりをつとめる役割を果たすのが、この本である。『世界のしんどい学校』というタイトル、読者の皆さんはどうお感じになるだろうか。私自身はとても気に入っている。
　最初に、三人の編者たちがこのタイトルを提案してきた時、私はいささか驚いた。「しんどい」という口語を、この種の本に使う発想は私にはなかったからだ。しかしほどなく、今の若い人たちの表現を使うなら、「これ、ありかも」と感じるようになった。本書の主要なメッセージを伝えるうえで、非常に的確な表現であると思えたからである。
　本づくりの段階で、明石書店の編集者から、「『世界のしんどい学校』だけだとネガティブな面しか出ていないので、サブタイトルが必要」との指摘をもらった。そこで私は改めて思った。「そうか、『しんどい』はネガティブなのか」。
　私は関西人であり、「しんどい」は日常用語である。東京での学生生活を終え、助手として大阪に戻り、学校現場に通い始めたとき、先生方の会話のなかに「あの子はしんどいなあ」とか、「うちはホンマにしんどい学校やわ」などと聞くことがしばしばあった。しかしながら、そこには、「きびしい状況にあるけど、何とかしてやりたい」とか、「大変やけど、あきらめへん」といった、ポジティブなニュアンスが含まれていることが多かった。端的に言うなら、関西弁の「しんどい」は、必ずしもネガティブワードではないのである。
　思い返すなら、私は、研究者になって以来、ずっと「しんどい」学校を追いかけてきたと言える。何しろ最初の著作のタイトルが、『よみがえれ公立中学』（徳田耕造と共著、有信堂、1991年）である（自己弁護になるが、これは私自身が好んで付けたものではなく、出版社の「営業」の一環として与えられたタイトルである。公立中学は決して死にかけているわけではない。当時も今も）。

社会経済的にきびしい状況下にある公立学校の教育をどう積極的に評価しうるかというモチーフが、私の問題意識の底流にある。そうしたことが関連してか、以降現在にいたるまで、お声がかかるのは、主として「しんどい」タイプの学校や地域である。そうした研究関心、具体的な研究成果の延長線上にあるのが、この本だと位置づけることができる。

　この４巻本は私が研究代表をつとめる科研費の共同研究プロジェクトにもとづくものだが、実質的には、これに先立つ、２つの科研調査の成果の延長線上にあるものである。

① 2008〜10年の科研費（基盤研究（A））プロジェクト

　志水宏吉・高田一宏編著『学力政策の比較社会学 国内編——全国学力テストは都道府県に何をもたらしたか』明石書店, 2012年。

　志水宏吉・鈴木勇編著『学力政策の比較社会学 国際編—— PISA は各国に何をもたらしたか』明石書店, 2012年。

② 2011〜13年の科研費（基盤研究（A））プロジェクト

　志水宏吉・山田哲也編著『学力格差是正策の国際比較』岩波書店, 2015年。

　上の②の成果をもとに、今回の科研費「国際班」の研究計画が立てられた。その際の重点は、以下の２点に集約できる。第一に、これまで焦点を当てられなかった東アジア諸国にも目を向けようということ、第二に、各国の特定の小学校を対象に、経年的な参与観察調査を行おうということ。その当初案は、試行錯誤しながらではあったが、おおむね予定通りに遂行することができたのではないかと思う。

　編者の三人のうち、ハヤシザキさん、園山さんは、上記①の共同研究以来の「古参」メンバーである。イギリスの事情に明るいハヤシザキさん、フランス教育の専門家園山さんは、私にとっていつも心強い「相棒」だ。シンガポール人シムさんは、学会の編集委員会でご一緒したことをきっかけに今回のチームに加わってもらった「ニューカマー」である。国際班の「ムードメーカー」としてご活躍いただいた。本書「はじめに」では、「しんどい」という語をフルに生かした素敵な文章をお書きになっている。

　本書に収められた原稿を通読した際に私が強く感じたことは、「どこの国で

● おわりに ●

も先生方はがんばっている。捨てたものではない」というものだった。

　園山さんとともにかつて訪問したフランスの中学校の印象は、実はそれほどよいものではなかった。校内のトラッキング構造（＝学級編成のやり方）がきわめて固定的に思えたからである。またずいぶん以前になるが、シンガポールを訪れた際、その強烈に能力主義的な学校システムを目の当たりにして、いかがなものかと感じたこともある。

　しかし、当然のことなのではあるが、それらの国々にも、というか本調査の対象となった七つの国すべてで、しんどい地域に立地する公立小学校があり、そこに勤務する先生方は、種々の制約のなかで子どもたちのためにベストを尽くしておられた。その事実を確認することができたことが、本書の最大の収穫である。

　最後になるが、この4巻本を出版するにあたって、明石書店の大江道雅氏（現社長）に大変お世話になった。氏の英断がなければ、この4巻本は成立しなかった。また、編集の総指揮をふるわれた神野斉氏（編集部部長）のテキパキした采配がなければ、このシリーズの刊行は大幅に遅れたに違いない。また、編集の実務に当たられた寺澤正好氏の丁寧なお仕事ぶりによって、素敵な4冊本を仕上げることができた。明石書店の三氏に、この場を借りて改めて感謝申し上げたい。

　お礼を言わなければならない方々はそれだけではない。監修者である私は直接にお目にかかる機会はなかったが、トータル七つの国々で調査メンバーがお世話になったすべての人々、すなわち、中央および地方の教育行政担当者、現場の教職員の皆さん、地域・保護者の方々、そして小学生の子どもたち、に心からの「ありがとう」を捧げる。

志水 宏吉

監修者略歴

志水 宏吉（しみず こうきち Kokichi Shimizu）　　　　（「おわりに」担当）
所属：大阪教育大学講師、東京大学助教授などを経て、現在、大阪大学大学院人間科学研究科教授。専門：教育社会学・学校臨床学。主な著書：『「つながり格差」が学力格差を生む』亜紀書房、2014年。『マインド・ザ・キャップ！』（髙田一宏と共著）、大阪大学出版会、2016年。

編著者略歴

<編著> （執筆順）

ハヤシザキ カズヒコ（Kazuhiko Hayashizaki）　　（序章、第4章、第11章担当）
所属：福岡教育大学准教授。専門：教育社会学、人権教育。主な著書・論文：『「往還する人々」の教育戦略』（共著）明石書店、2013年。「英米のコミュニティ・スクールと社会的包摂の可能性」『教育社会学研究 第96巻』、2015年。

園山 大祐（そのやま だいすけ Daisuke Sonoyama）　　（第5章、第12章、終章担当）
所属：大阪大学大学院人間科学研究科教授。専門：比較教育社会学、移民教育研究。主な著書：『日仏比較　変容する社会と教育』（編著）明石書店、2009年。『岐路に立つ移民教育』（編著）ナカニシヤ出版、2016年。『フランスの社会階層と進路選択』（編著）勁草書房、2018年。

シム チュン・キャット（Sim, Choon Kiat）　　（「はじめに」、第1章、第8章担当）
所属：昭和女子大学人間社会学部准教授。専門：比較教育社会学。主な著書：『シンガポールの教育とメリトクラシーに関する比較社会学的研究——選抜度の低い学校が果たす教育的・社会的機能と役割』（単著）東洋館出版社、2009年。『論集　日本の学力問題　上巻：学力論の変遷』（共著）日本図書センター、2010年。『現代高校生の学習と進路——高校の「常識」はどう変わってきたか？』（共著）学事出版、2014年。

<執筆> （執筆順）

朴 志煥（ぱく じほわん Jeehwan Park）　　　　　（第2章、第9章担当）
所属：全北大学考古文化人類学科副教授。専門：教育人類学、政治人類学、日本文化論。主な著書・論文：Hierarchical Socialization in a Japanese Junior High School, *Social Science Japan Journal* 17（2）, 2014.『안전사회 일본의 동요와 사회적 연대의 모색』（編著）박문사、2016年。

石川 朝子（いしかわ ともこ Tomoko Ishikawa）　　　（第3章、第10章担当）
所属：帝京大学理工学部講師。専門：教育社会学、華僑華人研究。主な著書：『高校を生きるニューカマー──大阪府立高校にみる教育支援』（共著）明石書店、2008年。『日本の外国人学校──トランスナショナリティをめぐる教育政策の課題』（共著）明石書店、2014年。

濵谷 佳奈（はまたに かな Kana Hamatani）　　　　（第6章、第13章担当）
所属：大阪樟蔭女子大学児童教育学部准教授。専門：比較教育学、カリキュラム論、道徳教育論。主な著書・論文：『ヨーロッパにおける市民的社会性教育の発展──フランス・ドイツ・イギリス』（共著）東信堂、2007年。「ドイツにおける倫理・哲学科による道徳教育カリキュラム改革──コンピテンシー・モデルへの転換に注目して」『カリキュラム研究』25号、2016年。『ドイツの道徳教科書── 5、6年実践哲学科の価値教育』（監訳）明石書店、2019年。

末岡 加奈子（すえおか かなこ Kanako Sueoka）　　　（第7章、第14章担当）
所属：元大阪大学大学院。専門：教育社会学，比較教育学。主な論文：「グローバル化時代における貧困予防としての「言語力」──オランダの非西洋系児童集中校の事例から」『教育学研究』第81巻、2014年。「英語圏サブサハラアフリカ諸国における「遺伝リテラシー」の意義──'人類の起源'アフリカにおける「いのちの教育」の観点から」『生物の科学　遺伝』（共著）第69巻、2015年。

シリーズ・学力格差
第4巻〈国際編〉
世界のしんどい学校
——東アジアとヨーロッパにみる学力格差是正の取り組み

2019年9月20日　初版 第1刷発行

監修者　志　水　宏　吉
編著者　ハヤシザキカズヒコ
　　　　園　山　大　祐
　　　　シム チュン・キャット
発行者　大　江　道　雅
発行所　株式会社 明石書店
〒101-0021 東京都千代田区外神田6-9-5
電話 03（5818）1171
FAX 03（5818）1174
振替 00100-7-24505
http://www.akashi.co.jp/

進　　行　　寺澤正好
組　　版　　デルタネットデザイン
装　　丁　　クリエイティブ・コンセプト
印刷・製本　モリモト印刷株式会社

（定価はカバーに表示してあります）　ISBN978-4-7503-4880-3

JCOPY〈出版者著作権管理機構　委託出版物〉
本書の無断複写は著作権法上での例外を除き禁じられています。複製される場合は、そのつど事前に、出版者著作権管理機構（電話 03-5244-5088、FAX03-5244-5089、e-mail: info@jcopy.or.jp）の許諾を得てください。

未来を創る人権教育
大阪・松原発 学校と地域をつなぐ実践
志水宏吉、島善信編著 ◎2500円

学力政策の比較社会学[国際編]
PISAは各国に何をもたらしたか
志水宏吉、鈴木勇編著 ◎3800円

学力政策の比較社会学[国内編]
全国学力テストは都道府県に何をもたらしたか
志水宏吉、高田一宏編著 ◎3800円

高校を生きるニューカマー
大阪府立高校にみる教育支援
志水宏吉、中島智子、鍛治致編著 ◎4500円

日本の外国人学校
トランスナショナリティをめぐる教育政策の課題
志水宏吉、中島智子、鍛治致編著 ◎3800円

ニューカマーと教育
学校文化とエスニシティの葛藤をめぐって
志水宏吉、清水睦美編著 ◎2500円

「往還する人々」の教育戦略
グローバル社会を生きる家族と公教育の課題 [オンデマンド版]
志水宏吉、山本ベバリーアン、鍛治致、ハヤシザキカズヒコ編著 ◎3500円

外国人の子ども白書
権利・貧困・教育・文化・国籍と共生の視点から
荒牧重人、榎井縁、江原裕美、小島祥美、志水宏吉、南野奈津子、宮島喬、山野良一編 ◎3000円 ◎2500円

南三陸発！志津川小学校避難所
59日間の物語 ～未来へのメッセージ～
志津川小学校避難所自治会記録保存プロジェクト実行委員会、志水宏吉・大阪大学未来共生プログラム編 ◎1200円

移動する人々と国民国家
ポスト・グローバル化時代における市民社会の変容
杉村美紀編著 ◎2700円

日仏比較 変容する社会と教育
園山大祐、ジャン＝フランソワ・サブレ編著 ◎4200円

現代フランスにおける移民の子孫たち
都市・社会統合・アイデンティティの社会学
エマニュエル・サンテリ著、園山大祐監修、村上一基訳 ◎2200円

新自由主義的な教育改革と学校文化
大阪の改革に関する批判的教育研究
濱元伸彦、原田琢也編著 ◎3800円

批判的教育学事典
マイケル・W・アップル、ウェイン・アウ、ルイ・アルマンド・ガンディン編、長尾彰夫、澤田稔監修 ◎25000円

学校に居場所カフェをつくろう！
生きづらさを抱える高校生への寄り添い型支援
居場所カフェ立ち上げプロジェクト編著 ◎1800円

めっしほうこう（滅私奉公）
学校の働き方改革を通して未来の教育をひらく
藤川伸治著 ◎1600円

〈価格は本体価格です〉

学校を長期欠席する子どもたち
不登校・ネグレクトから学校教育と児童福祉法の連携を考える 保坂亨著
◎2800円

教育のワールドクラス
21世紀の学校システムをつくる
アンドレアス・シュライヒャー著 経済協力開発機構（OECD）編 ベネッセコーポレーション企画・制作 鈴木寛・秋田喜代美監訳
◎3000円

ともに生きるための教育学へのレッスン40
明日を切り拓く教養
北海道大学教育学部 宮崎隆志、松本伊智朗、白水浩信編
◎1800円

新 多文化共生の学校づくり
横浜市の挑戦
山脇啓造、服部信雄編
◎2400円

幼児教育と「こども環境」
豊かな発達と保育の環境
氏原陽子、倉賀野志郎、くしろせんもん学校、幼児の「環境」研究グループ編
◎2000円

外国人児童生徒受入れの手引【改訂版】
文部科学省総合教育政策局 男女共同参画共生社会学習・安全課編著
◎800円

色から始まる探究学習
アートによる自分づくり・学校づくり・地域づくり
「地域の色・自分の色」実行委員会、秋田喜代美編著
◎2200円

ジェンダーについて大学生が真剣に考えてみた
あなたがしいられるための29問
佐藤文香監修 一橋大学社会学部佐藤文香ゼミ生一同著
◎1500円

ドイツの道徳教科書
5、6年実践哲学科の価値教育
ローラント・ヴォルフガング・ヘンケ編集代表 濱谷佳奈監訳 栗原麗羅、小林亜未訳
世界の教科書シリーズ46
◎2800円

スタディツアーの理論と実践
オーストラリア先住民との対話から学ぶフォーラム型ツアー
友永雄吾著
◎2200円

反転授業が変える教育の未来
生徒の主体性を引き出す授業への取り組み
反転授業研究会編 芝池宗克、中西洋介著
◎2000円

21世紀型スキルとは何か
コンピテンシーに基づく教育改革の国際比較
松尾知明著
◎2800円

21世紀型スキルと諸外国の教育実践
求められる新しい能力育成
田中義隆著
◎3800円

授業づくりで子どもが伸びる、教師が育つ、学校が変わる
「授業づくり・学校づくりセミナー」における「協同的学び」の実践
石井順治編著 小畑公志郎、佐藤雅彰著
◎2000円

2017小学校学習指導要領の読み方・使い方
「術」「学」で読み解く教科内容のポイント
大森直樹、中島彰弘編著
◎2200円

2017中学校学習指導要領の読み方・使い方
「術」「学」で読み解く教科内容のポイント
大森直樹、中島彰弘編著
◎2200円

〈価格は本体価格です〉

若者のキャリア形成
スキルの獲得から就業力の向上、アントレプレナーシップの育成へ
経済協力開発機構（OECD）編著　菅原良、福田哲哉、松下慶太監訳
竹内一真、佐々木真理、橋本諭、神崎秀嗣、奥原俊訳
◎3700円

TIMSS2015 算数・数学教育／理科教育の国際比較
国際数学・理科教育動向調査の2015年調査報告書
国立教育政策研究所編
◎4500円

生きるための知識と技能6
OECD生徒の学習到達度調査（PISA）2015年調査国際結果報告書
国立教育政策研究所編
◎3700円

PISA2015年調査 評価の枠組み
OECD生徒の学習到達度調査
経済協力開発機構（OECD）編　国立教育政策研究所監訳
◎3700円

アートの教育学
革新型社会を拓く学びの技
篠原康正、篠原真子、袰岩晶訳
◎3700円

メタ認知の教育学
生きる力を育む創造的数学力
OECD教育研究革新センター編著
篠原真子、篠原康正、袰岩晶訳
◎3600円

学びのイノベーション
21世紀型学習の創発モデル
OECD教育研究革新センター編著
有本昌弘監訳　多々納誠、小熊利江訳
◎4500円

多様性を拓く教師教育
多文化時代の各国の取り組み
OECD教育研究革新センター編著　斎藤里美監訳
布川あゆみ、本田伊克、木下江美、三浦綾希子、藤浪海訳
◎4500円

21世紀型学習のリーダーシップ
イノベーティブな学習環境をつくる
OECD教育研究革新センター編著　木下江美、布川あゆみ監訳
斎藤里美、本田伊克、大西公恵、三浦綾希子、藤浪海訳
◎4500円

21世紀のICT学習環境
生徒・コンピュータ・学習を結び付ける
経済協力開発機構（OECD）編著　国立教育政策研究所監訳
◎3700円

教員環境の国際比較
OECD国際教員指導環境調査（TALIS）2013年調査結果報告書
国立教育政策研究所編
◎3500円

諸外国の初等中等教育
文部科学省編著
◎3600円

諸外国の教育動向 2018年度版
文部科学省編著
◎3600円

図表でみる教育 OECDインディケータ（2018年版）
経済協力開発機構（OECD）編著　徳永優子、稲田智子
大村有里、坂本千佳子、立木勝、松尾恵子、三井理子、元村まゆ訳
◎8600円

主観的幸福を測る OECDガイドライン
経済協力開発機構（OECD）編著
桑原進、高橋しのぶ訳
◎5400円

OECD幸福度白書4
より良い暮らし指標：生活向上と社会進歩の国際比較
OECD編著　西村美由起訳
◎6800円

〈価格は本体価格です〉

これがホントの生活保護改革 「生活保護法」から「生活保障法」へ
生活保護問題対策全国会議編 ◎1200円

間違いだらけの生活保護バッシング Q&Aでわかる生活保護の誤解と利用者の実像
生活保護問題対策全国会議編 ◎1000円

間違いだらけの生活保護「改革」 Q&Aでわかる基準引き下げと法「改正」の問題点
生活保護問題対策全国会議編 ◎1200円

Q&A 生活保護利用ガイド 健康で文化的に生き抜くために
山田壮志郎編著 ◎1600円

生活保護「改革」と生存権の保障 基準引き下げ、法改正、生活困窮者自立支援法
吉永純著 ◎2800円

格差・貧困と生活保護 「最後のセーフティネット」の再生に向けて
杉村宏編著 ◎1800円

新貧乏物語 しのび寄る貧困の現場から
中日新聞社会部編 ◎1600円

入門 貧困論 ささえあう/たすけあう社会をつくるために
金子充著 ◎2500円

Q&A 生活保護手帳の読み方・使い方 よくわかる生活保護ガイドブック1
全国公的扶助研究会監修 吉永純編著 ◎1300円

Q&A 生活保護ケースワーク 支援の基本 よくわかる生活保護ガイドブック2
全国公的扶助研究会監修 吉永純、衛藤晃編著 ◎1300円

生活困窮者への伴走型支援 経済的困窮と社会的孤立に対応するトータルサポート
奥田知志、稲月正、垣田裕介、堤圭史郎著 ◎2800円

QOLと現代社会 「生活の質」を高める条件を学際的に研究する
猪口孝監修 村山伸子、藤井誠二編著 ◎3800円

居住の貧困と「賃貸世代」 国際比較でみる住宅政策
小玉徹著 ◎3000円

新版 ソーシャルワーク実践事例集 社会福祉士をめざす人・相談援助に携わる人のために
渋谷哲、山下浩紀編 ◎2800円

スラムの惑星 都市貧困のグローバル化
マイク・デイヴィス著 酒井隆史監訳 篠原雅武、丸山里美訳 ◎2800円

不平等 誰もが知っておくべきこと
ジェームス・K・ガルブレイス著 塚原康博、馬場正弘、加藤篤行、鑓田亨、鈴木賢志訳 ◎2800円

〈価格は本体価格です〉

子ども食堂をつくろう！ 人がつながる地域の居場所づくり
NPO法人豊島子どもWAKUWAKUネットワーク編著　◎1400円

子どもの貧困と教育の無償化 学校現場の実態と財源問題
中村文夫著　◎2700円

子どもの貧困と公教育 義務教育無償化・教育機会の平等に向けて
中村文夫著　◎2800円

子どもの貧困対策と教育支援 より良い政策・連携・協働のために
末冨芳編著　◎2600円

子どもの貧困と教育機会の不平等 就学援助・学校給食・母子家庭をめぐって
鳫咲子著　◎1800円

社会的困難を生きる若者と学習支援 リテラシーを育む基礎教育の保障に向けて
岩槻知也編著　◎2800円

子づれシングルと子どもたち ひとり親家族で育つ子どもたちの生活実態
神原文子著　◎2500円

シングル女性の貧困 非正規職女性の仕事・暮らしと社会的支援
小杉礼子、鈴木晶子、野依智子、横浜市男女共同参画推進協会編著　◎2500円

子どもの貧困 子ども時代のしあわせ平等のために
浅井春夫、松本伊智朗、湯澤直美編　◎2300円

子どもの貧困白書
子どもの貧困白書編集委員会編　◎2800円

日弁連 子どもの貧困レポート 弁護士が歩いて書いた報告書
日本弁護士連合会 第53回人権擁護大会シンポジウム第3分科会実行委員会編　◎2400円

子ども虐待と貧困 「忘れられた子ども」のいない社会をめざして
松本伊智朗編著 清水克之、佐藤拓代、峯本耕治、村井美紀、山野良一著　◎1900円

二極化する若者と自立支援 「若者問題」への接近
宮本みち子、小杉礼子編著　◎1800円

フードバンク 世界と日本の困窮者支援と食品ロス対策
佐藤順子編著　◎2500円

貧困とはなにか 概念・言説・ポリティクス
ルース・リスター著　松本伊智朗監訳　立木勝訳　◎2400円

貧困問題最前線 いま、私たちに何ができるか
大阪弁護士会編　◎2000円

〈価格は本体価格です〉

シリーズ 子どもの貧困
【全5巻】

松本伊智朗【シリーズ編集代表】

◎A5判／並製／◎各巻 2,500円

① **生まれ、育つ基盤**
子どもの貧困と家族・社会
松本伊智朗・湯澤直美 [編著]

② **遊び・育ち・経験** 子どもの世界を守る
小西祐馬・川田学 [編著]

③ **教える・学ぶ** 教育に何ができるか
佐々木宏・鳥山まどか [編著]

④ **大人になる・社会をつくる**
若者の貧困と学校・労働・家族
杉田真衣・谷口由希子 [編著]

⑤ **支える・つながる**
地域・自治体・国の役割と社会保障
山野良一・湯澤直美 [編著]

〈価格は本体価格です〉

シリーズ
学力格差
【全4巻】

志水宏吉【シリーズ監修】

◎A5判／上製／◎各巻 2,800円

第1巻〈統計編〉
日本と世界の学力格差
国内・国際学力調査の統計分析から
川口俊明 編著

第2巻〈家庭編〉
学力を支える家族と子育て戦略
就学前後における大都市圏での追跡調査
伊佐夏実、前馬優策 編著

第3巻〈学校編〉
学力格差に向き合う学校
経年調査からみえてきた学力変化とその要因
若槻健、知念渉 編著

第4巻〈国際編〉
世界のしんどい学校
東アジアとヨーロッパにみる学力格差是正の取り組み
ハヤシザキ カズヒコ、園山大祐、シム チュン・キャット 編著

〈価格は本体価格です〉